立石展大著

日中民間説話の比較研究

汲古書院

目 次

日中民間説話の比較研究

序章　本書の目的

第一節　日中民間説話の比較研究の意義

題名に挙げた民間説話とは、口承つまり口伝えの伝説、昔話、世間話を指す。また神話を含む場合もある。一方、中国で民間説話に相当するのは「民間故事」や「民間文学」であり、口伝えの神話、伝説、昔話を指す。本書では、このうちの昔話について、特に重点をおいて述べていきたい。

昔話を更に細かく分類をすると、例えば、関敬吾が中心となり編集した『日本昔話大成』(1)ではこの項目を動物昔話・本格昔話・笑話の三分類で立てている。これはアンティ・アールネとスティス・トンプソンが行った国際的な昔話分類に沿ったものであった(2)。一方の中国では幾つかの分類がある。近年の例を挙げると姜彬主編『中国民間文学大辞典』(3)では民間故事に民間童話・動物故事・生活故事・新故事・機智人物故事・民間笑話・民間寓言と細かい項目立てを行っている。また教科書の体裁を取っている段宝林主編『中国民間文芸学』(4)では、幻想故事・生活故事・民間寓言（人物寓言・動物寓言）・民間笑話を挙げている。そして中国昔話の話型研究を行っている劉守華主編『中国民間故事類型研究』(5)では、動物故事・寓言・幻想故事・生活故事・笑話の分類を行っている。研究者によって様々な分類が行われているが、大きな傾向として、中国昔話の特徴から寓言を一つの項目として挙げ、日本の本格昔話に相当する話を生活故事と幻想故事（民間童話）に分類している。また、動物昔話に相当する話を動物故事として項目立てするかどうかに違いが見られるが、笑話を一つの項目とするところは日本と同様である。

さて、日本の昔話を見ていく上で、東アジアの国々との交流で形成されてきた側面を無視することはできない。自国の昔話の特徴やその昔話を育んできた文化的な土壌を知るためにも、周辺諸国の昔話との共通点や相違点を探る基礎的作業は必要となろう。わけても、わが国に大きな文化的影響を与えてきた中国との比較は避けて通ることはできない。

日本の民俗に、様々な中国からの影響が見えるのは周知のことであるが、このことは、昔話も同様である。中国大陸より多くの昔話がこれまでわが国へと伝わってきた。これは、書物による伝播、人の移動に伴う口伝えの伝播と様々である。このような状況の中で、日本の昔話の特徴を知るためにも、中国大陸で伝わっている話を詳しく知る必要がある。また、中国大陸より伝播した話が、わが国において伝承される内に如何に変化したかという点においても、これを伝承する上での日本的特徴が現れる。

そこで、日本と中国大陸を中心としてその周辺諸国にも目を配り、そこに伝承される話を比較し、わが国の昔話の経緯、特徴を探り、ひいては東アジアにおける日本の昔話の位置づけを考えるのが本書の目的である。アンティ・アールネ『昔話の比較研究』(6)に次のような一節がある。

昔話研究は、昔話の原型、発生地、発生時期および伝播経路をみいだすことにつきるものではない。「それがすんだのちはじめて」、カールレ・クローンはかつて、おどけた調子でいっていた、「本当の昔話研究がはじまるのだ」と。いまや、いままでにえた結果を媒介として、元来昔話を組み立てている諸要素、すなわち昔話のなかで民間信仰とか習慣などに属しているものを、調べることが可能である。昔話は二、三の他の科学、すなわち民族誌、考古学などを研究する際の非常に重要な補助手段となる。またわれわれは昔話を手がかりとして、昔話にあらわれる、比較研究では既にその極限まで検討されている民族心理学的諸現象を、さらに詳しく説明することすら可能なのである。どういうふうに、各民族が彼らのもとに伝わっていた昔話の影響を受けたかというような問題は、いまこそ、より本格的により効果的に研究されねばならないときである。諸民族相互の文化的影響は、昔話の伝播経路によって明らかにされる。これらのすべての問題を更に詳しく討議することは、将来の研究の課題であって、ここではそれを暗示するだけにとどめる。

現在のわが国の昔話と周辺諸国との繋がりについては、まだまだ多くの研究の余地が残されているのが現状である。前掲の「本当の昔話研究」の、その基礎的資料が整っていないと言ってよい。そこで、この基礎的作業を行って、将来の研究の礎を築いていきたい。

本書では、まずインドを源とした昔話を中心に分析していく。すなわち、第一章の「猿の生き肝」、第二章の「鼠の嫁入り」、第三章の「古屋の漏り」である。詳細は各章に譲るとして、これらの話は、いずれも中国を経由して、口承でわが国に伝播した側面を持つ話群であり、伝播の方向性が見えやすい話である。一つ一つを分析をしていくと、それぞれの話が文献によらない伝播の道筋を持ち、各地の民俗と交わりつつ、話を伝えてきたことが見えてくる。

また、第四章の「小鳥前生譚」は、前の三章とは違い、はっきりとした伝播の道筋をたどることは出来ないが、日中両国の話を比較することによって、その話を支える民俗の共通点や相違点を探ることが出来る。

そして、第五章と第六章では中国貴州省での調査で得られた資料を基に、中国での昔話調査の課題を挙げ、また日本の昔話との比較を行った。

第二節　日中の民間説話研究に関する視点について——動物昔話を例として

近年、中国における昔話の採集作業には、目覚ましいものがある。中国全土において、国家の関係機関が主導し、日本の「市」レベルでの採集作業が行われた。一九八四年に開始された中国民間文学三套集成の編集作業は、一九九〇年までに中国全土で一八四万余の昔話を収集した。中国神話研究の第一人者である段宝林と一九九二年に話す機会を得た際、報告された資料は一生かかっても読み終わらないと氏が言っていたのが印象的であった。その成果の一部は（本当に一部であるが）、省ごとの『中国民間故事集成』として出版された。また現在は「市」レベルでまとめられた『中国民間故事全書』シリーズが刊行され始めた。

このように中国の昔話に関しては、かなりの話が揃いつつある。では、その昔話に対する視点というと、若干の違和感を覚える点もある。日中両国ともに昔話はその伝承地の民俗が密接に関わっているという点で一致している。

また、中国の民間説話研究を主導してきた鍾敬文の言説にも見られるように、中国の研究者も日本を含めた中国の周辺国との民間説話の比較研究にも前向きであり、「中日民間故事比較泛説」(7)では、日本との比較が出来る五十三の昔話を挙げている。

他には劉守華も『比較故事学』(8)を著し、中国とインドやアラブとの比較をするとともに、日本との比較も進めている。例えば日本と中国の昔話に交流があることを述べて、「姥棄て山」についての比較研究を行っている。

その一方で、中国で特徴的なのは、昔話の社会的効用を考えるのが目立つ点であろう。文学は人民に奉仕するものであるという思想が中国にはあるが、その延長線上に位置するように見える。これは、恐らく政治体制の違いから出るものであろう。鍾敬文「民間文学述要」[9]では、「過去の人民が無数の口頭文学作品を作り、人民の現実の生活を助けて、彼らの精神活動などを育んできた」と書いた後、現代においても、作家の作品と呼応しあいながら、社会の改革と生活の推進を助けていくべきであることが述べられている。

動物昔話について語っている、張紫晨「略論動物故事」[10]でも、動物昔話は人間の社会を動物に置き換えた話であるとして、例えば昔話に出てくる凶暴な虎は、封建社会における支配者階級を表しているという、一種の方程式を使ったような読み解き方がなされる。故に強い虎が、弱い動物をいじめるのは、人民が封建社会において支配者に圧迫されていたことを伝えるものであるということになる。

譚達先『中国動物故事研究』[11]は、一冊全て中国の動物昔話について書かれている本であり、全七章からなっている。動物昔話の特徴や、民間説話における位置を始め、動物昔話と他の昔話の繋がりを解説する中で、第三章の「動物昔話のモチーフ、思想内容」の章は非常に多くの紙幅を使って説明がなされている。全一一七頁のうち、この章のみで四五頁も使っていることを考えると、その重要性が窺える。この章では、例えば動物たちが協力して、果物を取る話を挙げ「集団の力が個人の力よりも大きく、有用であることを讃えている。この力を人民が偉大だと思い、称賛に値し、貴いものと認識している」と解説をつけていく。他にも、蜜蜂が蓄えを残さず、その日に食べる分のみ餌を取っていたら、冬になって餌に困り、腰の部分が細くなってしまったという話を挙げ、これを「勤労と節約の日々を送ることの品行を讃えている」と解説する。こういう解説を重視するところからも、昔話を研究する際、その話の伝播・

伝承を探り、その民俗の中でどのように位置づけをしていくかよりも、その話の社会的な効用に研究の重点が置かれているとみることができよう。

中国民間説話研究史については、また機会を改めて詳述したいが、まずは日中の視点の違いを挙げ、論を進めることとする。

註

（1）関敬吾『日本昔話大成』一巻〜一〇巻　角川書店　一九七八年〜一九八〇年（なお『日本昔話大成』は他に一一巻の資料篇と一二巻の研究篇があり、全一二巻である）

（2）これは、一九一〇年にアンティ・アールネ作成した『昔話の型目録』（Antti Aarne "Verzeichnis der Märchentypen" FFC3）をスティス・トンプソンが増補改訂したもので、分類された昔話には二人の頭文字を取って、ＡＴ番号がつけられた。なお、現在はハンス・ゲオルグ・ウターがさらに増補改訂を行い『国際昔話の型』（Hans-Jörg Uther "The Types of International Folktales" FFC 2004）が出され、ＡＴＵ番号がつけられている。

（3）姜彬主編『中国民間文学大辞典』上海文芸出版社　一九九二年

（4）段宝林主編『中国民間文芸学』文化藝術出版社　二〇〇六年

（5）劉守華主編『中国民間故事類型研究』華中師範大学出版社　二〇〇二年

（6）A・アールネ著　関敬吾訳『昔話の比較研究』岩崎美術社　一九六九年　七二〜七三頁

（7）黄書権編『鍾敬文文集』安徽省教育出版社　二〇〇二年（一九九一年二月北京師範大学における文章）なお、挙げられている昔話は次の通りである。（話型名は『日本昔話大成』に拠った）
「十二支の由来」「猿蟹合戦」「古屋の漏り」「雁と亀」「天人女房」「笛吹聟」「絵姿女房」「蜂の援助」「謎解聟」「蛇息子」「子育て幽霊」「炭焼き長者」「産神問答」「犬と猫と指輪」「花咲爺」「地蔵浄土」「瘤取爺」「米福粟福」「栗拾い」「唄い

骸骨」「手無し娘」「浦島太郎」「竜宮童子」「黄金の斧」「狼報恩」「報恩動物・恩知らずの人」「忠義な犬」「天道さん金の鎖」「姉弟と山姥」「旅人馬」「猿神退治」「宝化物」「甲賀三郎」「太陽の三本の毛」「鴨に小判」「児引き裁判」「夫婦の縁」「尼裁判」「糸合図」「嫁の歯」「肝試し」「父親を焼く」「金を拾ったら」「八石山」「尾張が遠い」「無言較べ」「蟻通明神」「金ひり馬」「遠国の火事」「熊の子」「孟宗竹」「笊水」「魚石」

(8) 劉守華『比較故事学』上海文芸出版社　一九九五年　また、この書籍は『比較故事学論考』(黒竜江人民出版社　二〇〇三年)として増補改訂されている。

(9) 黄書権編『鍾敬文文集』安徽省教育出版社　二〇〇二年　二六頁(底本は『中国大百科全書・中国文学』第一分冊「民間文学」一九八六年)

(10) 「民間文学」一九六五年第三期

(11) 譚達先『中国動物故事研究』商務印書館上海分館　一九八一年

第一章　「猿の生き肝」の比較研究

第一節　「猿の生き肝」の比較研究の目的

「猿の生き肝」の話は、わが国では「海月骨なし」とも称されている。全国で伝承されているが、この話はこれまでほとんど書承、つまり文献との繋がりで研究が行われてきた。そこで中国の口承資料中の「猿の生き肝」を視野に入れて、改めてわが国の「猿の生き肝」を考察していく。すると、文献との繋がり以外の、新しい伝承が見えてくることが分かった。

わが国の口承「猿の生き肝」については管見の話を表にまとめ、後に示すが、まず伝承されている話を一話、『越後・守門村　馬場マスノ昔話集』(1)の「海月骨なし」から紹介する。

むかしがあったてんがのォ。

龍宮の乙姫様が病気出したって。ほうしてお医者さんにみてもらっても、どうしても治らねんだんが、ありがてえ占い師に聞いたって。ほうしたら、

「お前《めえ》は猿の生肝を食べれば治る」

ってそう言って聞かせてもらったたって。

「そいじゃ猿の生肝なんていうの誰か取りに行って来てくれる」

って言ったら、亀がの、

「じゃあ俺《おら》が取り行ってこう」

って言って、ほうして亀が沖のほうへ猿の生肝を取りに来たたって。

ほうしたら猿がちょうど海にのり出した木にあがって、日向ぼっこしったたって。ほうしたら、

「猿どん猿どん、龍宮ってとこはいいとこだから、遊び来てくんねえか」

って言ったたと。

「はて、いいとこで行きてえども、俺も水の中は行かんねえが」

なんて言ったら、

「いや、お前俺におんぶしれば俺が連れていく」

って言って、ほうして亀が猿乗せて龍宮へ連れて来たって。

ほうしたら龍宮の衆が毎日毎日ごっつぉして食わして、ほうして遊ぶとこへ遊ばしとくって。猿は喜んでごっつぉ食べちゃ遊び場へ行っちゃあっち飛びこっち飛びして運動して遊んでいたって。ほうしたら海月がの、焼餅焼いて、

「猿のばーか、お前そっけんしてごっつぉ食って遊んでもてはやされてるども、お前あれだぁど、生肝抜かれるがんだど」

って言ったたって。ほうしたら、〈さあ生肝なんぞ抜かれちゃ大変だ〉と思っての、泣き始めたと。ほうしたら亀が、

「お前どうして泣くがったい」

って言ったら、

「俺、沖の木に生肝をひっ掛けて忘れて来て、ほんのおおごとした」

って泣いてるってんがの。〈生肝が欲しいからこそ俺が連れて来たがんに、生肝なん忘れて来られちゃおおごった〉と思っての、

「そら大変だんが。俺がじゃもう一度連れて行く」

ってがって、ほうして連れて来たと、また家へ。

　ほうして来たら、まちょっとで木のとこへ着くころになったら、猿なんだんがピョーンと跳んで、その木に登って、

「亀のばーか、生肝ってのはこっけんとけ掛けて忘れてなん行くんじゃねえよ。生肝は俺が腹ん中へあらあ。生肝なん取られてどうする、亀のばーか」

なんて言ったたって。ほうしたら亀ががっかりして、また龍宮へ戻って来たってんがの。ほうしてその話したら、誰がまあそっけんこと教えたってがってみんな調べたら、海月がの、焼餅焼いて教えたんだって。ほうして海月はさんざんにみんなしての、叩いたりあれしたりしたら骨がなくなったたって。それで海月は骨抜きんなって、いつもクラクラクラクラしてるがんだって。

　いちごさけ申した。

ここに挙げたのはほんの一例であり、この話はわが国に於いて、北海道、本州、沖縄の地域ごとに特色が見られる。本州でも青森から鹿児島まで広く伝えられており、そのおよそのところを纏めると次の通りであろう。

竜宮の乙姫が病気になる。治すには猿の生き肝が必要である。そこで亀が竜宮へ猿を連れてくることになる。陸へと探しに来た亀は猿を見つけ、「竜宮へ招待する」と言って、猿を騙し竜宮に連れてくる。ところが竜宮に着くと、海月が「実はおまえは肝を取られに来たのだ」と、猿にばらしてしまう。それを聞いた猿は「肝を家に忘れてきた」と言い、亀と再び肝を取りに戻る。猿は陸に着くと逃げてしまう。亀は仕方なく竜宮に戻り、海月は余計なことを言ったので、竜宮のものたちから叩かれ、骨が砕け今のような姿になる。

この話は、海月の骨がなくなった由来を説くことから「海月骨なし」とも呼ばれている。また海月の他に、蛸の骨がなくなった由来や亀の甲羅のひびの由来、カレイやヒラメの形状由来を説く場合もある。

わが国の文献では『今昔物語集』巻第五天竺部や『沙石集』巻五に、この話の類話を見ることができる。『今昔物語集』の話の筋はおよそ次の通りである。

妊娠した亀の妻が安産のために猿の心臓を食べたくなり、夫の亀に取ってこいと言う。亀は家に招待すると言って猿を背に乗せ海に出るが、途中でわけを話してしまう。そこで猿が心臓はいつも木に掛けているといい、二匹は取りに戻る。猿は陸に着くと木に登り逃げてしまう。

ちなみに猿を狙う動物が『今昔物語集』では亀であるのに対して、『沙石集』では虬《きゆう》という架空の動物が登場する。しかし、『今昔物語集』と『沙石集』の話は大筋において違いはない。

さて、口承の資料と文献の間には大きく二点の違いがある。まず一点目は、猿が生き肝を狙われる理由である。口承では主に乙姫の病気を治すためである。一方、文献では亀の妻が夫をそそのかしたためとなる。二点目は、日本の口承ではほとんどが海月等の形状由来を説いているが、文献資料には一切出てこないことである。この話の違いに対しては、中国から文献資料で入ってきた「猿の生き肝」の話が国内で伝承されていくうちに、現在の口承で採集される資料の形になったからであろうとの説明もある。(2)しかし、中国の「猿の生き肝」の口承資料を見ていくと、必ずしもそのようには言えないのではないかと思われる。そこには、今まで考えられていた文献による伝播とは別の、口承による伝播の道筋が見えてくる。本章ではこの点を明らかにしていきたい。

第二節　文献の「猿の生き肝」の伝播

前掲の『今昔物語集』『沙石集』へ、どのような経路でインドから話が伝わったかということについて、岩本裕は『インドの説話』(3)の中で次のように説明する。「四世紀頃に成立した仏典『マハーバスツ』の異本をもとに中国で『仏本行集経』が六〇四年に成立。これが『法苑珠林』(六六八年成立)に記載され、『今昔物語集』『沙石集』に伝わる。」としている。

その『マハーバスツ』の「猿本生」に見える話は、およそ次のようである。

猿と鰐が友達になる。猿と鰐は仲が良いので、鰐の妻が仮病を使い、治すためには猿の心臓が必要だという。鰐は、うまい果実の多い向こう岸へ連れていってやると語り、猿を自分の背に乗せて泳ぎだしたが、わずかばかり行くと猿を水の中に落として、自分の計画を話す。猿は心臓を木に掛けてきたと鰐を騙して逃げる。

わが国に伝わった文献上の流れは以上の通りだが、「猿の生き肝」が最初に現れるのは『マハーバスツ』より古い『ジャータカ』（紀元前三世紀中頃）の「鰐本生」「猿本生」である。また『パンチャタントラ』（成立年代ははっきりせず一～六世紀）の第四巻（ボンベイ版）にも現れる。その梗概をまとめ、文献において如何に記載されているかを整理したい。

『ジャータカ』（インド・紀元前三世紀中頃に成立）

ある川岸に、猿が住んでいた。その川の真ん中に果実が実った山があった。猿は川岸から川中に頭をだしている岩を跳び、島に渡っていた。その川に鰐の夫婦がいた。妻は妊娠したため猿の心臓の肉が喰いたいと鰐に言う。鰐は猿が跳んでいる岩に化けて猿を捕まえようとする。猿は岩に化けた鰐に気づき、三度岩に声をかける。猿が「岩よ、どうして今日は返事をしてくれないのか」と言う。鰐は返事をしてしまい正体がばれてしまう。

『パンチャタントラ』（インド・一世紀～六世紀に成立）

猿と鰐が友達になる。嫉妬した鰐の妻が食べれば長生きをするという猿の心臓を、夫の鰐に取ってこいと言う。家に招待すると言って猿を背に乗せ鰐は海に出るが、途中で訳を話してしまう。猿は心臓は、いつも木の穴に隠しているといい、二匹は戻る。猿は木に登り逃げてしまう。

『六度集経』（中国・二五一年〜二八〇年に成立）

スッポンの妻が病を得て、猿の肝を食べたくなる。雄が猿を探しに行き、猿が樹から降りてきて水を飲むのを見つける。（以下、話の筋はパンチャタントラと近い。）

『生経』（中国・二八〇年前後に成立）

スッポンと猿が友達になる。スッポンの妻が嫉妬し、仮病を使い、猿の肝を食べないと自分は死ぬと夫を脅迫する。（以下、話の筋はパンチャタントラと近い。）

『仏本行集経』（中国・六〇四年に成立）

虬の妻が妊娠する。そして猿の心臓を食べたいという。（以下、話の筋はパンチャタントラと近い。）

ここに挙げた文献の話で共通するのは、全てわが国の『今昔物語集』や『沙石集』と似た話の筋を持つことである。すなわち、猿が肝を狙うのは、猿の妻がそそのかすためであり、話の最後でわが国の口承の「猿の生き肝」のように海月や亀の形状由来を説くことはない。

文献上、口承と同じ筋の「猿の生き肝」が確認できる最も古いものとしては、徳田和夫の指摘(4)にあるように、一色直朝が記した『月菴酔醒記』（日本・一五七五年頃）の中の記述である。ここでは、先に口承の例としてあげた話の概要と同じ筋立てで「猿の生き肝」が記載されている。この『月菴酔醒記』を基にして、室町後期には、現行の口承「猿の生き肝」の話が語られていたと、徳田和夫は推測している。

第三節　わが国の「猿の生き肝」について

本節では、わが国における口承の「猿の生き肝」について確認していく。管見の一四五話を表に整理した。伝承は各地に見られ、いかにこの話がわが国で好まれて語られていたかを窺わせる。

調査話一覧（出典資料名は章末に記載）

	伝承地	狙われる	狙う	理由	由来・備考
1	北海道石狩・旭川市	兎	トド	海の神の娘の病	
2	宗谷・稚内市	兎	トド	海亀の妹の病	
3	日高・沙流郡門別町	兎	鯱神の子	海主の翁神様の娘の病	
4	日高・沙流郡門別町	兎	トド	海の神の娘の病	
5	日高・沙流郡平取町	兎	トド	海の神の妹の病	
6	青森県下北郡佐井村	猿	海月	海の竜宮様の病	海月骨なし
7	三戸郡五戸町	猿	鮭	海の竜宮様の病	蛸骨なし
8	木造町	猿	わに	竜宮の乙姫の病	人を騙すと騙される話
9	下北地方	猿	海月	竜宮様の病	海月骨なし
10	脇野沢村	猿	亀	竜宮様の娘の病	カレイが平たく、口が後ろにある由来。

11	宮城県栗原郡高清水町	猿	海月	竜宮の乙姫の病	
12	栗原郡若柳町	猿	亀	竜宮の乙姫のお産	海月骨なし
13	仙台市	猿	亀	竜宮の乙姫の病	海月骨なし
14	多賀城市	猿	亀	竜宮の乙姫のお産	海月骨なし
15	登米郡南方町	猿	亀	竜宮の乙姫の病	
16	秋田県仙北郡田沢湖町	猿	二人の女	竜宮の乙姫の病	見張りの男が肝を取りに猿を岸に連れて行くが、猿に逃げられる。
17	男鹿市	猿		乙姫の病	フナが海にいない由来。
18	山形県酒田市	猿	人	殿様の奥さんの病	門番が肝を取られ、皮を剥がれて海に捨てられ海月になる。
19	上山市	猿	蛸・烏賊	竜宮の乙姫の病	猿が怒り蛸を干し蛸、烏賊を干しするめにする。
20	上山市	猿	蛸	竜宮の乙姫が病	猿は連れて行かれるとき鯨を見て肝をつぶしたと言うと帰される。蛸は帰り、骨を折ったが見つからないと報告し、骨がなくなる。
21	上山市	猿	亀	竜宮の乙姫の病	亀は猿に甲羅を割られる。
22	南陽市	猿	亀	竜宮の乙姫の病	蛸骨なし
23	西置賜郡白鷹町	猿	亀	亀の子の病	
24	飽海郡	猿	海月	竜宮の娘の病	海月骨なし
25	福島県福島市	猿	亀	竜宮の乙姫の病	海月骨なし 亀は万年の寿命がなくなる。
26	群馬県新田郡藪塚本町	猿	海月	海の殿様の奥方	海月骨なし
27	埼玉県川越市	猿	亀	竜宮の乙姫の病	海月骨なし
28	比企郡吉見町	猿	亀	海底の宮殿の王女	
29	千葉県安房郡白浜町	猿	海月	竜宮の乙姫の病	海月骨なし
30	安房郡	猿	亀	八大竜王の乙姫の病	海月骨なし
31	東京都大田区	猿	海月	乙姫の娘の病	海月骨なし

32	新潟県東頸城郡松代町	猿	海月	竜宮の乙姫の病	海月骨なし
33	小千谷市	猿	亀	竜宮の乙姫の病	海月骨なし
34	小千谷市	猿	亀	竜宮の乙姫の病	海月骨なし
35	北蒲原郡安田町	猿	亀	竜宮の乙姫の病	海月骨なし 亀は猿に甲羅を割られる。
36	古志郡山古志村	猿	亀	竜宮の乙姫の病	海月骨なし
37	五泉市	猿	海月	竜宮の乙姫の病	
38	新発田市	猿	海月	竜宮の乙姫の病	猿に骨を抜かれる。
39	栃尾市	猿	亀	竜宮の乙姫の病	海月骨なし
40	長岡市	猿	亀	竜宮の乙姫の病	海月骨なし 亀は甲羅を割られる。
41	長岡市	猿	亀	竜宮の乙姫の病	こんべが平たい由来。
42	長岡市	猿	亀	竜宮の乙姫の病	海月骨なし
43	長岡市	猿	亀	竜宮の乙姫の病	こんべは亀に叩かれ平たくなる。
44	長岡市	猿	亀	竜宮の乙姫の病	こんべが平たい由来。
45	長岡市	猿	亀	竜宮の乙姫の病	海月骨なし
46	長岡市	猿	亀	竜宮の乙姫の病	海月骨なし
47	長岡市	猿	亀	竜宮の乙姫の病	海月骨なし
48	中蒲原郡村松町	猿	亀	竜宮の乙姫の病	
49	中蒲原郡村松町	猿	亀	竜宮の乙姫の病	海月骨なし 猿が亀に木の枝をぶつける。
50	西蒲原郡吉田町	猿	亀	竜宮の乙姫の病	海月骨なし
51	東頸城郡松代町	猿	海月	竜宮の乙姫の病	海月骨なし
52	両津市	猿	蛸	竜宮の乙姫の病	海月骨なし 蛸の猿皮
53	古志郡山古志村	猿	海月	竜宮の乙姫の病	海月骨なし

54	見附市	猿	亀	竜宮の乙姫の病	海月骨なし
55	栃尾市	猿	亀	竜宮の乙姫の病	海月骨なし
56	守戸村	猿	亀	竜宮の乙姫の病	海月骨なし
57	北蒲原郡豊浦町	猿	亀	竜宮の乙姫の病	海月骨なし
58	岩船郡神林村	猿	海月	竜宮の乙姫の病	
59	岩船郡神林村	猿	亀	竜宮の乙姫の病	海月骨なし 猿が亀に木をぶつける。
60	北蒲原郡豊浦町	猿	亀	竜宮の乙姫の病	烏賊骨なし
61	両津市	猿	蛸	竜宮の乙姫の病	海月骨なし 蛸の猿皮
62	両津市	猿	竜宮の使い	竜宮の乙姫の病	海月骨なし
63	東頸城郡松之山村	猿	河童	竜宮の乙姫の病	海月骨なし
64	栃尾市	猿	亀	竜宮の乙姫の病	海月骨なし
65	富山県射水郡小杉町	猿	海月	竜宮の乙姫の病	海月骨なし
66	石川県小松市	猿	亀		海月骨なし
67	福井県坂井郡三国町	猿	龍（蛇）	メンジャ（雌蛇）の難産	
68	山梨県西八代郡 市川大門町	猿	海月	乙姫の病	海月骨なし
69	長野県上伊那郡辰野町	猿	海月	海の王の病	海月骨なし
70	愛知県西尾市	猿	鮫	鮫が亀の卵を食べ過ぎ胃を悪くした	
71	岐阜県大野郡丹生川村	猿	河童	竜宮の乙姫の病	猿は肝の代わりにアケビを河童に投げる。
72	京都府与謝郡伊根町	猿	海月	竜宮の乙姫の病	海月骨なし
73	別所	猿	海月	竜宮の乙姫の病	海月骨なし

74	三重県志摩郡志摩町	猿	亀	竜宮の乙姫の病	猿が肝を忘れるモチーフはない。こどらの告げ口で亀は猿の群に背を割られるが、一匹連れ帰り姫は治る。こどらは体を切られ目を取られる。
75	三重県志摩郡志摩町	猿	亀・なまこ	竜宮の乙姫の病	猿が肝を忘れるモチーフはない。なまこの話により竜宮に行かない。亀は甲羅を割られ、なまこは目口を取られ体を刺し通される。
76	志摩郡志摩町	猿	亀	竜宮の乙姫の病	亀は蛸に猿のために石を打ち付けられ、海月は蛸に骨を抜かれる。
77	和歌山県伊都郡高野町	猿	海月	竜宮の妃の病	海月骨なし
78	大阪府高石市	猿	海月	竜宮の乙姫の病	海月骨なし
79	高石市	猿	海月	竜宮の乙姫の病	海月骨なし
80	兵庫県美方郡村岡町	猿	わに	わにの母親の病	
81	津名郡淡路町	猿	亀	竜宮の乙姫の病	
82	美方郡村岡町	猿	医者	ある村の一人息子の病	猿と肝を取りに戻った医者が、猿と仲間に食われる。
83	鳥取県東伯郡関金町	猿	亀	竜宮の乙姫の病	猿が亀に石をぶつけた。
84	八頭郡河原町	猿	亀	竜宮の乙姫の病	海月骨なし
85	島根県隠岐郡海士町	猿	海月	竜宮の乙姫の病	海月骨なし
86	邑智郡川本町	猿	亀	竜宮の乙姫の病	海月骨なし 亀が叱られ高所から落とされて背が割れる。
87	邑智郡川本町	猿	鯛 しび・鰹 海月	竜宮の乙姫の病	海月骨なし
88	邑智郡大和村	猿	亀	乙姫の血の道による頭痛	猿の投げた石により亀の甲羅が割れ、それを乙姫が縫い、縫い目が残った。

89	大原郡木次町	猿	海月	竜宮の大王の病	猿に叩かれ海月は骨なしとなる。
90	隠岐郡知夫村	猿	亀	長者の妻	海月骨なし
91	隠岐郡	猿	亀	竜宮の乙姫の病	猿が石を投げ、亀はその時の傷跡が残った。
92	能義郡広瀬町	猿	海月	島の殿様の病	海月骨なし
93	松江市	猿	亀	竜宮の乙姫の病	海月骨なし
94	岡山県阿哲郡哲西町	猿	海月	竜宮の乙姫の病	海月骨なし 竜宮に帰ることを許されず波に漂う。
95	阿哲郡哲西町	猿	竜宮家来	竜宮の姫の病	
96	阿哲郡哲西町	猿	蛸	竜宮の乙姫の病	
97	広島県甲奴郡上下町	猿	蛸	分限者の姫の病	肝を忘れるモチーフはない。 失敗した蛸は自分の骨を焼いて渡し、骨なしとなる。
98	甲奴郡上下町	猿	河童	分限者の娘の病	
99	山口県大島郡東和町	猿	亀	竜宮の乙姫の病	蛸骨なし
100	豊浦郡	猿	亀	竜王の妻のお産	蛸骨なし
101	愛媛県北宇和郡三間町	猿	海月	乙姫の病	海月骨なし。その恨みから毒で人を刺すようになる。
102	北宇和郡広見町	猿	亀	竜宮の乙姫の病	ヒラメの由来
103	高知県高知市	猿	亀	乙姫の目の患い	海月骨なし
104	高知市	猿	海月	竜宮の乙姫の病	海月骨なし
105	佐賀県神埼郡	猿	海月	竜宮の乙姫の病	海月骨なし
106	大分県南海部郡蒲江町	猿	亀	竜宮の乙姫の病	海月骨なし 猿が石を投げ亀の甲を割る。
107	長崎県壱岐郡	猿	亀	ある家の爺さん	猿に投げられて、亀の背が割れた。
108	長崎県壱岐郡郷ノ浦町	猿	亀	竜宮の乙姫の病	海月骨なし カレイが二つに断ち割られる。

109	諫早市	猿	亀	竜宮の乙姫の病	海月となまこが骨を抜かれる。
110	熊本県阿蘇郡小国町	猿	亀	竜宮の奥方のお産	海月骨なし
111	鹿児島県名瀬市	猿	海月	ネリヤの娘の病	海月骨なし
112	大島郡	猿	犬	ネリヤの娘の病	蛸骨なし 針ふぐは骨を砕かれ今のようになる。
113	大島郡奄美大島	猿	亀	ネリヤの王様の病	海月骨なし ヒラメが体を半分にされる。
114	大島郡宇検村	猿	亀	大家の女の子の病	猿が石を投げ亀の甲を割る。 蛸骨なし ヒラメが平たくされる。
115	大島郡喜界町	猿	犬	ネリヤの娘の病	蛸骨なし 針ふぐが骨を砕かれる。
116	大島郡大和村	猿	ヒラメ	竜宮の姫の病	ヒラメが二つに裂かれる。
117	薩摩郡下甑村	猿	亀	竜宮の姫の病	亀は猿に落とされ甲を割られる。 ユスズは頭に碁石を打ち込まれる。 海月骨なし
118	奄美大島	猿	亀	ネリヤの姫の病	亀は猿に落とされる。 ヒラメは片目を取られる。
119	屋久町	猿	亀	竜宮の乙姫の病	猿が石を投げ亀の甲を割る。 カワハギが口を縫われる。
120	南種子町	猿	海月	竜宮の乙姫の病	海月は猿と竜宮のものから殴られ、竜宮に戻れないよう海に浮かべられた。
121	奄美大島	猿	海月	ネリヤの娘の病	海月骨なし
122	沖縄県石垣市	猿	蛸・亀	竜宮の王の病	蛸骨なし 蛸の骨を針千本が自分につけた。

123	石垣市	猿	亀	竜宮の神の病	猿が石を投げ亀の甲を割る。 蛸骨なし・蛸の骨を針千本が自分につけた。
124	石垣市	猿	蛸・亀	竜宮の神の病	猿が石を投げ亀の甲を割る。 蛸骨なし・蛸の骨を針千本が自分につけた。 蛸は蝦に告げ口されたので二匹は仲が悪い。
125	石垣市	猿	亀	竜宮の王の病	猿が石を投げ亀の甲を割る。 蛸骨なし・蛸の骨をフグが自分につけた。
126	石垣市	猿	亀	竜宮の神の病	猿が石を投げ亀の甲を割る。 蛸骨なし・蛸の骨を針千本が自分につけた。
127	石垣市	猿	亀		蛸骨なし
128	石垣市	猿	亀	竜宮の王の病	猿が亀の甲を割る。 蛸骨なし・蛸の骨を針千本が自分につけた。
129	国頭郡恩納村	猿	亀	竜宮の神の子の病	猿が石を投げ亀の甲を割る。 蛸骨なし
130	中頭郡与那城村	猿	亀	竜宮の神の病	猿が柿の種を投げ亀の甲が一三に割れる。 亀が蛸を叩き蛸の骨がなくなる。
131	中頭郡読谷村	猿	亀	竜宮の姫の病	亀は猿に石で甲に割れ目を入れられ、頭や尾を打たれたので隠すことが出来、海で育つようになった。
132	那覇市	猿	亀	竜宮の神の病	猿が石を投げ亀の甲をでこぼこにする。 蛸骨なし
133	那覇市	猿	海月	海の中の神の病	猿が石を投げ海月の骨を砕く。
134	那覇市	猿	亀	竜宮の王の病	猿が石を投げ亀の甲を割る。 蛸骨なし
135	平良市	猿	亀	竜宮の王の病	猿が石で亀の甲を叩く。 蛸と烏賊とクスーミャ（烏賊の一種）は叩かれる。

136	平良市	猿	亀	竜宮の王の病	猿が石を投げ亀の甲を割る。甲烏賊と烏賊と蛸は叩かれ足が増えた。
137	平良市	猿	亀	竜宮の王の病	猿が石を投げ亀の甲を割る。蛸骨なし 烏賊とクブシメは体の半分下を叩かれる。
138	平良市	猿	亀	竜宮の王の病	猿が石を投げ亀の甲を割る。蛸と甲烏賊は叩かれ足が増え今のようになった。
139	宮古郡上野村	猿	蛸	竜宮の神の娘の病	猿が蛸を岩に叩きつけ八つ裂きにする。それに驚いた蟹が横に歩くようになる。
140	宮古郡上野村	猿	亀	海の王の病	猿が石で亀の甲を割る。
141	宮古郡城辺町	猿	亀	竜宮の姫の病	亀は猿に甲を割られるが姫に万年の寿命をもらう。罰として蛸は骨を抜かれ、蟹は横に歩くようになる。
142	八重山郡竹富町	猿	亀・フカ	海の王の病	猿は亀の甲を石で割り、フカの頭を踏みつぶす。蛸骨なし・蛸の骨をフグが自分につけた。
143	八重山郡竹富町	猿	亀	海の神の病	猿が金槌で亀の甲を割る。蛸骨なし・蛸の骨を針千本が自分につけた。
144	八重山郡竹富町	猿	亀	竜宮の神の病	猿が亀の甲を割る。蛸骨なし・蛸の骨を針千本が自分につけた。
145	石垣市	猿	亀	竜宮の神の病	猿が石を投げ亀の甲を割る。蛸骨なし・蛸の骨を針千本が自分につける・蛸は蝦が告げ口をしたので仇に思う。

以上確認したところに拠ると、「猿の生き肝」の分布は、北海道から沖縄まで全国に広まっている。話を整理すると次のようになる。

（一）動物の形状由来を説く話は一四五話中一一三話。由来を説明される動物の内訳は、海月が七二話、亀が三八話、蛸が三〇話、針千本が九話、ヒラメが五話、烏賊が四話、こんべが三話。以下が二話ずつで、蟹、なまこ、甲烏賊、カレイ、蛸の猿皮の部分。以下が一話ずつで、フナ、フカ、ユスズ、カワハギ、クスーミャ、クブシメ、干蛸である。なお、合計が一一三話より多くなるのは一つの話の中で二つ以上の動物の由来を説くことがあるからである。

（二）肝を狙われる動物は、猿が一四〇話、兎が五話。ほとんどが猿であり、兎の五話は全て北海道の伝承である。

（三）肝を狙う動物は、亀の八三話、海月の三三話が多い。他には蛸が九話、トドが四話、以下が三話ずつで、河童、人。以下が二話ずつで、犬、鮫、鰐。そして以下が一話ずつで、鯱神の子、鮭、烏賊、龍（蛇）、なまこ、鯛、しび、鰹、ヒラメ、竜宮の家来、竜宮の使いである。

（四）肝を狙う理由は、およそ二つに分かれる。竜宮の乙姫などが病気になったので、これを治すために肝を狙うのが一三七話、乙姫などのお産のためが六話。しかし、お産に関しても難産をよくするためなどの理由であり、きちんとした区別ができるわけではない。他に、理由が欠落しているのが二話。病気になった者の内訳を見ると、竜宮の乙姫が一〇五話、竜宮の王が二三話と多く、長者などの奥方が五話、以下一話ずつで、亀の子、鰐の母親、竜宮の神の子、鮫となっている。お産をする者の内訳は、竜宮の乙姫が三話、竜宮の奥方が二話、雌蛇が一話となっている。

（五）地方ごとの特徴が現れているのは北海道と沖縄である。北海道は、前述のように狙われる動物は兎であり、狙う動物はほとんどがトドである。そして、動物の形状由来は一様に説かれていない。また沖縄では、これは以前から言われていたことながら、海月の形状由来は語られない。(5)今回調べた一四五話中沖縄の話は二四話あったが、そのうち、海月の形状由来が説かれているのは一話であった。沖縄で説かれる動物の形状由来は、蛸や亀が多い。また、一つの話の中で蛸や亀、針千本など複数の形状由来を説くことが多い。本州、四国、九州のように海月について語ることがほとんどない一方、形状由来を説かない話もない。

さて、ここまでわが国の口承の「猿の生き肝」を整理してきたが、話の中に竜宮や海の神などが登場するのは、一四五話中一三九話であり、『今昔物語集』『沙石集』に見られる「猿の生き肝」と同じ構造を持っている話は表の67と80のわずかに二話のみである。つまり、わが国における口承の「猿の生き肝」は、文献に見られる話から離れ、舞台を竜宮などに移している。そして海に関係があり、ある程度特徴的な姿の動物の形状由来を説くことに重点を置くようになったといえる。

第四節　肝を食す習俗について

さて、このように全国に伝承されている「猿の生き肝」であるが、この伝承の要は、やはり肝の効用について信じるか否かにあろう。文献に見える話では、鰐やスッポンが病気を治すため、またお産のために心臓や肝を欲する。口承の話では、竜宮の王や乙姫の病気を治すために肝が必要とされる。文献においては、肝と並んで心臓も必要とされるが、わが国の口承においては、心臓は影を潜め、もっぱら肝が必要とされる。

そこで本節において、わが国ではどのように肝が受容されているかを見ていく。

まず、『日本史のなかの動物事典』(6)の「熊の胆」の項に猿の肝に関する記述があるので当該箇所を引用する。

「熊の胆」

中世までは医師も少なく、薬品も修験や僧侶の知識の経験から口頭で伝えられたものが多く、秘伝として一般には普及していなかった。近世初頭に至って中国から体系的本草学書としての『本草綱目』が伝えられ、それまで猿の胆、狐の胆などが用いられていたものが、一般的に熊の胆の効を知るようになって、民間では万病に効あるもののように考え始めたらしい。

この項目の説明に従えば、江戸時代に『本草綱目』が伝わる以前、猿の肝は民間において珍重されていたことが窺える。しかし、『本草綱目』が伝わって熊の胆が広まってから後、猿の肝は、まがいもののレッテルを貼られてしまう。まず、小野蘭山『本草綱目啓蒙』から熊の胆の項目を引いてみる。引用は東洋文庫[7]に拠った。

巻之四十七　獣之二　獣類　熊

胆　クマノイ。夏胆、冬胆ノ別アリ。採時節ヲ以テ名ヅク。夏胆ハ皮厚クシテ胆少シ。黄赤色ニシテ透明ナリ。コレヲ琥珀様ト称シ、上品トス。冬胆ニ勝レドモ、コレハ稀ナリ。皮トモニ透明ナルモアリ。皮透明ナラズシテ内真ナルモアリ。琥珀様熊胆ノコト本草必読ニ出。八月以後ニ採ヲ冬胆ト云。皮薄クシテ胆満リ。コレヲ折バ色黒沢ニシテ漆ノ如シ。黒胆トモ云。上品ナリ。コレハ常ニ多シ。然ドモ偽物多シ。凡胆ヨク乾燥スル者ヲ良トス。偽物ハ燥キ難シ。冬ハ燥キタルモ、夏ニ至レバ柔軟ニナルナリ。上品ノ者ハ四時共ニ乾燥シテ柔ニナラズ。然ドモ又真正ニシテ夏月柔ナル者アリ。コレハ熊ノ性ニヨルナリ。凡胆初メハ皆黄水也。コレヲ乾シテ漸ク凝堅クナル。味ハ苦クシテ微甘ヲ帯ルヲ真トス。然ドモ熊ノ性ニヨリテ純苦ナルモノモアリ。又岡胆、島胆ノ別アリ。北国加賀越前ヨリ来ルモノヲ岡胆ト云。腥味ナクシテ上品ナリ。東国松前蝦夷ヨリ出ルヲ島胆ト云。真物ト雖ドモ腥気アリテ服シガタシ。故ニ下品トス。是、羆胆ナリ。蝦夷ノ熊ハ松魚ヲ食フ。故ニ胆ニ腥気アリ。岡胆ノ大ナルハ二三十銭ノ重サニ至ル。島胆ノ大ナルハ五六十銭ノ重サニ至ル。試法水ニ点ジテ塵ヲサケ運転スルコト甚急ニシテ圏ヲナス者ヲ上トス。緩ナル者ハ圏ヲナサズ、又少許水面ニ置バ黄色一道サガルヲアシト云。甚ダ細ク線ノゴトクニシテ、ソノ水底黄色ニナルヲ真トス。アシ細カラズシテ粉ノ如キモノ砕ケ落、水底褐色ニナルヲ偽トス。又アシナクシテ水面黄色トナルアリ。是ハ胆ノ硬柔ニヨルナリ。凡偽物ハ多クハ苦味ノ薬末或ハ膏ヲ用テナス。故ニ味ヲ以試ムベシ。薬ノ苦味ト胆ノ苦味トノ異アルコト、沙糖ノ甘ト甘草ノ甘ト異ナルガ如キコトヲ嘗識ベシ。（傍線部は筆者による）

『本草綱目啓蒙』においては、熊の肝の品評に熱心である。夏にとれた胆と冬にとれた胆の優劣を論じ、加賀越前で取れた胆を上品（第一等）としている。また、傍線を引いた箇所を見て分かる通り、胆の真偽について論じている。この『本草綱目啓蒙』の影響を受けて成立した『本朝食鑑』の熊と猴の項目では、より一層熊と猿の胆の違いについて強調してくる。ここでは、東洋文庫の島田勇雄訳(8)を引用する。

獣畜部　熊　胆

昔から謂われていることに、苦寒、無毒。本当に熊の胆かどうか、その真偽の見分け方については、李氏の『本草綱目』に詳しい。猿胆も、水に入れると飛転し塵をはじくが、惟熊の胆は、水に入れ砕いて飛転する時、常に一線の黄縷を曳き、透明である。猿の胆も黄線を曳くけれども、散乱し、煙のようになる。このようにすると、真偽を証明できる。

獣畜部　猴

現今、猴の胆を取って熊の胆としてごまかすことがあるので、よく知っていなければならない。これについては、熊の胆の条項に詳しく述べてある。

さて肝（胆）について、ここまでをまとめると、江戸期以降、肝の第一等はやはり熊の肝である。猿の肝は、江戸期以前、珍重されていたが、『本草綱目』が熊の肝を喧伝して以降、一気にその価値は落ちて、熊の肝の「偽物」扱いを受けるまでになってしまった。『本草綱目啓蒙』もその影響を受けている『本朝食鑑』も、「本物」か「偽物」かの見分け方に熱心である。特に『本朝食鑑』では明らかに猿の肝を偽物扱いしている。江戸期には、猿の肝を熊の肝として売ることが相当あったのであろう。となれば、民衆の生活の中でも猿の肝は身近な存在だったはずである。ちなみに江戸期は、「猿の生き肝」の話が赤本で出されるほどに知られていた時期である。

また、獣ではないが、人の肝も江戸期では随分と珍重されていたようである。これについては氏家幹人『大江戸死体考』(9)第四章「胆（きも）を取る話」に詳しい。『大江戸死体考』は江戸期、幕府の御様御用（刀剣の試し切り）を勤めた山田浅右衛門を中心に、江戸期の試し切りの実状を記した書である。全部で五章からなるが、その内の一章を割いて、人の胆を薬としていたことについて書いている。山田家は罪人の試し切りの後、体から肝を取り、それで薬を調合して売り、財をなしたという。

また、『遊歴雑記』の記述に「人胆」が出てくることの指摘もある。神田向柳原の医学館（漢方薬を教授した幕府の学校）で秘蔵の薬材を虫干しした際の記述で、将軍家の薬材の中に「人胆」「人油」が含まれていたことが分かる。そこから江戸時代において「人胆」が忌まわしい民間薬ではなく、歴とした最高級薬材の一つだったことが明らかになっている。

「猿の生き肝」の話がわが国で広まっていく際、こうした猿や熊、人の肝の効用を信じていた人々の意識が下地になったのは言うまでもないだろう。

第五節　中国の「猿の生き肝」について

中国においても「猿の生き肝」の話は広く語り伝えられている。ほぼ中国の全域に広がっていると見られる。今回の調査で当たることができた話は全部で二七話であり、別表にまとめた。中国の「猿の生き肝」に関しては、劉守華が、『比較故事学』(10)の中で研究している。インドの『パンチャタントラ』『ジャータカ』、中国の経典『生経』等の文献に見える「猿の生き肝」との比較を試み、中国の口承の「猿の生き肝」の話の型を大きく「山地型」「海洋型」の二つに分類した（別表の1、5、6の話を「山地型」、22、26の話を「海洋型」としている）。今回、日本との比較を行う際にもこの分類が便利なのでこれに倣った。ただ、話の展開と分布の地域を考えた時、内陸部と沿海部に於いてある程度のまとまりがあるので、ここではそれぞれの型に伝承地域を加えた分類をして「内陸部の山地型」「沿海部の山地型」「内陸部の海洋型」「沿海部の海洋型」として分類した。

内陸部の山地型（出典資料名は本章末に記載）

	狙われる動物	狙う動物	理由	糞	AT66	備考	伝承地 民族
1	猿	亀	亀が心臓を欲しがる	○	○	亀は死ぬ。動物の由来譚は無い。	モンゴル族
2	猿	ヒキガエル	亀が心臓を欲しがる	○	○	ヒキガエルは死ぬ。動物の由来譚は無い。	モンゴル族
3	猿	亀	嫉妬した雌亀の仮病	○		動物の由来譚は無い。	モンゴル族
4	猿	亀	嫉妬した雌亀の仮病	○		動物の由来譚は無い。	チベット族
5	猿	亀	亀が心臓を欲しがる		○	動物の由来譚は無い。	チベット族
6	猿	蛙	蛙が心臓を欲しがる	○		動物の由来譚は無い。	チベット族
7	猿	亀	嫉妬した妻の仮病		○	動物の由来譚は無い。	チベット族
8	猿	スッポン	父親の病気を治す			スッポンは死ぬ。動物の由来譚は無い。	トウー族
9	猿	亀	妻の病気を治す		○	亀の妻が死ぬ。動物の由来譚は無い。	エヴェンキ族
10	猿	スッポン	賢くなりたい			動物の由来譚は無い。	トウチャ族
11	猿	スッポン	自分の仮病を治す			家に来た猿を追い返したくて、仮病を使い、猿の心臓を欲しがる。動物の由来譚は無い。	河南省 漢族

沿海部の山地型

12	猿	亀	母親の病気を治す			亀は竜宮の住人。亀は死ぬ。動物の由来譚は無い。	山東省 漢族

内陸部の海洋型

13	猿	魚	自分が長生きしたくて、竜王の妻の病を治すのに必要と偽る			動物の由来譚は無い。	青海省回族
14	猿	魚の精	竜王の娘の病を治す			動物の由来譚は無い。	青海省漢族
15	猿	亀	竜王の娘の病を治す			亀は死ぬ。動物の由来譚は無い。	甘粛省回族
16	猿	スッポン	竜王の病を治す			動物の由来譚は無い。	陝西省漢族
17	猿	スッポン	員外の娘の病を治す			スッポンは死ぬ。動物の由来譚は無い。	寧夏・回族自治区回族
18	猿	亀	竜王の娘の病を治す			猿に騙された亀は首を縮めるようになる。	雲南省ペー族
19	猿	亀	竜王の娘の病を治す			猿に騙された亀は首を縮めるようになる。	雲南省ペー族
20	猿	鯉の精	竜王の病を治す			動物の由来譚は無い。	吉林省漢族
21	猿	張才	竜女の病を治す			動物の由来譚は無い。	吉林省漢族

沿海部の海洋型

22	猿	海月	竜王の娘の病を治す			口を滑らせた海月は、骨を抜かれ、波に漂うことになる。	広東省
23	猿	亀	竜王の病（頭痛）を治す			脳みそを狙われた猿が、仕返しに亀を断崖から落とし、亀は甲羅を一三に割られる。	広東省漢族
24	白兎	海月	竜王の病を治す			兎に逃げられた竜王の八つ当たりにあい、海月は竜宮を追いだされ海に漂う。	浙江省漢族
25	鹿	亀	竜王の病（頭痛）を治す			脳髄を狙われた鹿が、仕返しに亀を断崖から落とし、亀は甲羅を割られ今のようにな	上海付近漢族

						る。	
26	兎	亀	竜王の病を治す			兎と肝を取りに戻った結果、兎に逃げられてしまい、亀は水晶宮に帰れず陸で生活するようになる。	吉林省 朝鮮族
27	兎	亀	竜王の病を治す			兎は逃げる。動物の由来譚は無い。	朝鮮族

（※26の話は、伝承地は吉林省であるが朝鮮族の伝承であるため、沿海部型に分類した）

まず、「内陸部の山地型」の話を見ていく。この話は、ほぼ『パンチャタントラ』『ジャータカ』『仏本行集経』『生経』等の文献に見える話の筋を含んでいる。そして表にも示した通り、話の後半部に猿が亀など自分の肝を狙う動物に対して、仕返しに騙して糞を喰わせるモチーフとAT六六のモチーフの両方か、どちらか片方が加わることが多い。AT六六のモチーフは「猿の生き肝」ではおよそ次の通りである。

亀など肝を狙う動物が、猿の住処に隠れて猿を狙う。猿はそれに気づき、住処に対して声をかける。猿は亀に聞こえるように、「住処の返事がないのは亀が隠れているからだ」とうそぶく。亀は、自分が隠れていることを悟らせまいとして、自ら返事をして隠れていることを明らかにしてしまう。

ここで、別表1のモンゴル族に伝わる話が糞を喰わせるモチーフとAT六六のモチーフの両方を備えているので、訳して具体的に見ていく。なお、後の説明の便宜上、三ヶ所にA、B、Cのアルファベットをうった。

1　「烏亀和猴子」（亀と猿）（モンゴル族）

A　一匹の亀が海に住んでいたが、ある日、大波にさらわれて、とても遠い陸に運ばれてしまった。亀は海から離れてしまい、遠い山のふもとまで這ってきたが、見る見るうちに餓死しそうになる。ちょうどその時、一匹の猿に会った。
亀は生き延びたいと思い、猿に向かってご機嫌をとり、自分と兄弟になることを求めた。

猿は気心の優しさから、亀の要求に応え兄弟となった。その後、猿は亀を自分の住んでいる山の頂に連れていき、とっておいた食べ物を全て持ってきて亀をもてなした。

猿は亀の災難を救ってあげた後、海まで送った。

しかし、亀は災難を脱して海に戻ってから、恩を忘れ猿のしっぽに噛み付いて言った。

「猿よ！　私は体の調子が悪い。おまえの心臓を食べれば良くなると思うのだが」

猿は聞くと、亀の心根が悪いのを察し、知恵を働かせ、二つ返事で言った。

「亀の兄さんの体のためなら、弟の何が欲しいと言っても、弟は何でも差し上げます。しかし、私たち山の動物は、いつも自分の山と林を愛しているので、出かけるときは心臓を木に掛けて、これまで身につけていたことはありません。弟の私も当然例外ではありません。亀の兄さん、もし弟の心臓が食べたいのならば、私と山へ帰りましょう！」

口卑しい亀は猿の心臓を食べたい一心で、また海岸を離れ、猿と山へ引き返した。
B　猿は山に着くと、亀を大木の下に連れて行き言った。
「この木の下で口を開いて待っていてください。わたしは木に登って心臓を採って来たらすぐ口の中に投げ入れます」

猿は言い終わると、逃げ、木に這い上がった。亀は、心臓を食えると思い、大口を開いて、木の下でぼうっとうずくまっていた。猿は木に登ると思った。（亀は海から離れ、すぐに干からびるだろう。性根の悪い奴だ。まだ心臓を食べようと待っている。本当に、何考えているんだ。おまえに糞を喰らわせてやろう！）

そこで、猿は亀の口めがけて糞をした。
C　木の下の亀は口の中が糞で一杯になり、怒り心頭に発した。亀は、猿の住処の山の頂まで這い上ると隠れて、猿が帰って来たときに殺そうとした。
亀の行動を、猿は早くから分かっていた。

夜になると、猿は亀をからかおうと思い、山の頂に帰ってくると三回叫んだ。「山の頂！　山の頂！　山の頂！」そして、からかうように言った。

「悪い亀、おまえは山の頂で待って私の心臓を食べようとしているな。もし、おまえがいなかったら山の頂は私が呼ぶのが聞こえたらすぐ、あ、あ、あ、と応えるからな」猿は言い終わると、身を翻し去った。

二日目の夜、猿はまた戻ってきて、三回「山の頂」と呼んだ。この時山の頂にいた亀は、昨夜の猿の嘘を真に受けて、慌てて三回「あ、あ、あ」と応えた。そして自分では、今回は猿が罠にかかると思った。

猿は亀の声を聞くと冷たく笑って、

「馬鹿な亀、まだ山で待っていたか！　おまえはいつ、山が生き物のように、あ、あ、あ、と応えるのを聞いたことがある」

猿は言い終えると、森の中へ去っていった。

亀は干からび、飢え、遂に陸の上で死んだ。

以上が、モンゴル族に伝わる「猿の生き肝」の一話である。

Aでは、猿に助けられた亀が恩を忘れて猿の心臓を食べたくなると話は展開し、猿は知恵を働かせ危機を脱する。一方、文献に現れる話は、鰐やスッポンの妻が夫をけしかけて猿の心臓を取ってこさせるという具合に展開するのがほとんどである。多少の違いはあるが、モンゴル族やチベット族の他の口承の「猿の生き肝」（例えば表の3、4、7）には、文献同様に妻が夫をけしかける話もある。口承においてこのように多少の違いはあるが、いずれにしても「内陸部の山地型」の話では、亀やスッポンが猿と一度友人となり、その友人を裏切ったことによりしっぺ返しを食らうという構造に変わりはない。そのしっぺ返しが、BやCであり、時に話の結末で亀やスッポンが死ぬこともある。

Bは亀が猿に仕返しとして糞を喰わされるモチーフである。このモチーフは文献に見あたらない。現在のところ、モンゴル族とチベット族の「猿の生き肝」の話の中に見えるのみである。

そして、CがAT六六のモチーフにあたる。このモチーフは、中国では「猿の生き肝」の他、後述のチベット族の動物昔話にも見える。また、中国にのみあるものではなく、古くは『パンチャタントラ』の第三巻、第四話（ボンベイ版）に次のような内容が見られるので、その梗概を示す。

森にライオンがいた。飢えに苦しんだが動物を見つけることができなかった。日没の頃、洞窟を見つけ、そこに隠れ待ち伏せして帰ってくる動物を食べようと考える。ジャッカルが帰ってくる。ジャッカルは洞窟に入るライオンの足跡があるが、出ていく足跡がないのを見て考えた。そして「おおい、洞窟やあい」と叫び、続けて「約束通り呼び返さないのなら他の洞窟へ行くぞ」と言う。ライオンはそれを聞きジャッカルを呼び、ジャッカルは一目散に逃げる。

この話は『パンチャタントラ』中の「猿の生き肝」とはまったく関係のないところに出てくるが、話の骨子は中国「猿の生き肝」に出てくるAT六六のモチーフと一致している。もとはインドで伝わっていたと見て良さそうである。また、『ジャータカ』の「猿王本生」にも見られる。梗概は次の通りである。

ある川岸に、猿が住んでいた。その川の真ん中に果実が実った山があった。猿は川岸から川中に頭をだしている岩を跳び、島に渡っていた。その川に鰐の夫婦がいた。妻は妊娠したため猿の心臓の肉を食べたいと鰐に言う。鰐は猿が跳んでいる岩に化けて猿を捕まえようとする。猿は岩に化けた鰐に気づき、三度岩に声をかける。猿が「岩よ、どうして今日は返事をしてくれないのか」と言う。鰐は返事をしてしまう。猿は鰐に何故そこにいるのかと問い、鰐は猿の心臓の肉がほしいからだと答える。鰐は口を開けると目を閉じるものなので、猿は、体を鰐にあげるから口を開けろと言う。猿は鰐が口を開け目を閉じると、鰐の頭を踏んで逃げる。

この話には、猿が生き肝を住処に忘れてきたとするモチーフはないが、鰐の妻が猿の心臓を欲し夫に取りに行かせるところは共通している。中国の口承の「猿の生き肝」にAT六六のモチーフが付いているのも、やはりこの文献との関係性を窺わせる。

また、このモチーフはインドの口承においても確認することが出来る。西岡直樹『インド動物ものがたり　同じ地上に生なすもの』(11)の「ワニとジャッカル」がそれであるので、引用をさせてもらう。

「ワニとジャッカル」（西ベンガル州メディニプル県採話）

ある河にワニがいた。そのワニには七匹の子があった。子思いのワニは、自分の子供たちが立派なワニに育って欲しいと思っていた。

同じその河の岸辺にジャッカルの学者が住んでいた。そのジャッカル先生が、どんな生徒でも七日のうちに立派な学者に仕立て上げてしまうという噂を聞いて、ワニは自分の七匹の子供をジャッカルにあずけることにした。ところがこのジャッカル先生は、あずかったワニの子を毎日一匹ずつ喰っていった。三日目にワニの親がようすを見に行くと、ジャッカルは四匹しかいなくなったワニの子をとっかえひっかえ穴から出してきて、七回みせた。ワニは安心して帰っていった。

七日目にワニが学者になったわが子のようすを見に行くと、穴のなかはもぬけのからで、そこにはワニの子の骨が散らばっていた。事態をさとったワニは悔しがって、

「ジャッカルのやつめ、きっとこの仕返しはしてやるからな」とつぶやいて帰っていった。

ある日、河岸のガマル（キダチヨウラク）の木の根元で、ジャッカルがカニを喰っているのを見つけたワニは、そっとジャッカルに近寄り、その足に噛みついた。ジャッカルは足の痛みをぐっとこらえて言った。

「はは……、私の足を噛まずに、ガマルの根っこを噛んでますよーだ」

ワニはあわててジャッカルの足を放し、そばに突き出ていたガマルの木の根を噛みなおした。ジャッカルはそのすきに、逃げていった。騙されたワニはひじょうに悔しがって、どうしたらこの仕返しができるか、考えあぐねた。

百姓が田に犂を引くころに、ジャッカルは田にカニを喰いにやってくるという。そこでワニは田に行って畦のようにまっすぐになって寝そべっていた。

ジャッカルはやってきて畦に下りようとしたが、よく見るとどうもワニのようなので、「これは変だ。百姓は畦をくねくね曲げて引くものなのに……」と言ってみた。するとワニはくねくねと体を曲げて見せた。ジャッカルは、

「ははは……、畦が動くとはこりゃおかしい」と言って、笑いながら逃げていった。

またある日、ジャッカルが川に水を飲みに行くと、ワニがモイ（田ならしに使う梯子状の道具）のようにまっすぐな格好をして流れてきた。ジャッカルはこれをあやしいと思って、

「おかしいなあ、百姓のモイならぐるぐる回って流れるもんだが……」と言ってみた。するとワニはぐるぐると回ってみせた。ジャッカルは、

「ははは、ひとりでに回りだすモイとは、こりゃ面白い」と言って逃げていった。

ワニは、なんとしても憎いジャッカルをやっつけてやらねばと、ジャッカルの巣穴探しにやっきになっていたが、ある日とうとうその穴を見つけた。そして、その中に入ってジャッカルの帰りを待っていた。

戻ってきたジャッカルは巣穴の前にワニの足跡があるのを見て、これはあやしいと思った。そこでジャッカルは、穴に向かって「家よ、家よ！」と呼んでから、こう言った。

「おかしいなあ、私の穴は、私が呼べばいつも返事をするのに、今日はどうしたんだろう」

これを聞いたワニは、この穴のやつは今日は自分がいるから返事をしないのだろうと思って、代わりにこう返事をしてやった。

「はいはい、私はちょっと居眠りをしていたのですよ。安心して入っておいで」

ジャッカルはふむふむとうなずいてその場を去ると、しばらくして柴を集めて戻ってきた。そして柴を穴の前

に置いてこう言った。

「家よ！　それではいつものように、これを中に引っ張り込んでおくれ」

そしてワニが柴を引っ張り込んだところで、百姓が焚火をした跡の残り火を持ってきて、柴の下に置いてやった。すると間もなく柴はぱちぱちと燃えだして、穴の中にいたワニは焼け死んでしまった。

先に挙げた『パンチャタントラ』の第三巻、第四話との繋がりを窺わせるこの話で、鰐は非常にかわいそうな役回りである。自分の子どもをジャッカルに喰われ、その後、鰐は三度復讐を企て、その度にジャッカルに騙され最後には自身も殺されてしまう。鰐が最初に子供を確認する際にジャッカルに騙されたのを含めると、合計四回も騙されたことになり、ジャッカルの狡賢さが強調された話である。狡猾なものが最後まで得をして、被害者が殺されてしまう話は、日本人には受け入れがたく、わが国でこのような話を耳にすることは無かろう。違和感を覚える話である。そこで、この違和感を探る手がかりとして、前掲『インド動物ものがたり　同じ地上に生なすもの』に収録されている別の話「ジャッカルのほら」の後に次にような記述(12)があるので、紹介したい。

だいたいインドの昔話では、動物の主人公は性格が決まっている。ワニ、トラはたいてい馬鹿、サルは利口者ということになっているのだが、そのサルでさえジャッカルにはかなわないようだ。

ベンガルでは、抜け目がないとかずるいということをチャクラという。その反対に、人の言うことを疑わず、鵜呑みにして騙されるのをボカ（馬鹿）という。インドのように言葉や宗教、習慣の違う、多様な文化的背景をもつ人々が入り混じって暮らす国では、常識もいろいろ、暗黙の了解というものは通用しない。バザールでの買い物も、注意しないと高い買い物をしてしまうことになる。純朴でいてはやっていかれない。チャクラである必要があるのだ。ボカの代表格がワニとトラ、どちらも恐い動物だが、いつも弱小なジャッカルに抜け目のなさでやりこめられてしまう。富も力もないベンガルの村人たちは、ただ抜け目のなさだけで強いトラやワニを負かしてしまうジャッカルに、何か小気味のよい共感を覚えるのかもしれない。

さて、この解説によって考えれば、鰐はインドの昔話世界で、馬鹿にされ、同情されない存在のようである。思えば、文献の「猿の生き肝」の話でも、鰐は猿との友情を裏切り、最後には猿の智恵に翻弄されている。鰐は騙される存在、浅はかな存在として認知されている所以であろう。

すると、先の私の鰐に感情移入をした感想は、インドの人が話を聞いた時の感想から外れたものであることになる。これは、ひとえに他民族の中で生活する者と、ほぼ単一民族の国で育った筆者とのギャップであろう。わが国の村社会において、この話に出てくるジャッカルのような狡猾ともいえる賢さは歓迎されるものではない。村社会の調和を壊しかねない危険な賢さであり、このようなジャッカルは、日本では最後に懲らしめられなければならない存在である。

ともあれ、この話の最後ではAT六六が用いられている。このインドの「ジャッカルのほら」と中国の「猿の生き肝」の直接の関係性はおそらく薄いであろう。ただし、類話に近いものとして、チベット族の「狐と大亀」が挙げられる。話の展開としては、全く異なるものの、登場する動物がジャッカルに対して狐、鰐に対して大亀であり、AT六六のモチーフが使われている点では一致している。ちなみにこの話では、大亀は始めから悪役として登場し、最後に懲らしめられて終わり、貪欲で間抜けな存在として語られている。この貪欲で間抜けという性質は、口承の「猿の生き肝」で語られる亀と同じである。この話を次に挙げる。

「狐狸和大亀」(13)(狐と大亀)(チベット族)

昔、八匹の鹿が、朝晩、湖に水を飲みに行っていた。湖の大亀に四匹食べられてしまい、残った四匹は二度と湖に水を飲みに行かなかった。

ある日、鹿達が渇きのあまり息を切らしているのを狐が見て、聞いた。

「君達はどうして湖に水を飲みに行かないのか」

鹿達が理由を説明すると、狐は少し考えてから言った。

「方法を考えてあげる。大亀は一匹だから、あなた達は二つに分かれて、大亀がこっちに来たらあっちが飲んで、あっちに行ったらこっちが飲んで、大亀は二つを追いかけるから、誰も掴まらない」

鹿はこの方法で毎日安全に水を飲んだ。大亀はこれが狐の考えだと分かって、狐を殺してやろうと思っていた。狐は湖に水を飲みに来ると、大亀に備えて、まず脚を伸ばして湖に入れてみた。だが、何とそこには大亀が待っており、伸ばした狐の脚を掴まえた。利口な狐は、わざと気にしない様子で大笑いして言った。

「はっはっ！　この大亀は本当につまらない奴だ。棒を引っ張って放さない」

大亀は棒と聞くと手をゆるめてしまい、狐は脚を抜くや逃げ出した。

ある日、狐が湖のほとりを歩いているのを見た大亀は、岸で死んだまねをして、狐を罠に掛けようとした。狐はとても賢く、大亀が四肢を伸ばして死んでいるのを見ると、言った。

「こいつは死んだまねをしているな。もし本当に死んでいるのなら、脚は縮こまるはずだ」

大亀はそれを聞くと急いで縮こまり、狐はそれで大亀が死んだまねをしているのがはっきりとして急いで走りだした。

大亀は何度も狐をやっつけられず、頭に来ていた。ある日、大亀はこっそりと狐の洞穴に隠れ、狐の帰りを待って不意打ちをかけようとした。

狐は家の入口まで帰ってくると、亀の足跡がたくさんあるのを見つけ、大亀が来たことを知った。しかし今も洞穴にいるかどうかと思い、知恵を働かせて、わざと岩に向かって大きな声で言った。

「岩よ、今日誰か来たかい。そいつは帰ったかい」

そして、狐は独り言を言った。

「この岩め、中に誰かいるな、岩が答えようとしない」

これには、大亀が慌てて、大亀は岩を装って言った。

「今日は、誰も来ていないよ」

狐はそれを聞くと、大亀がやはり中にいることが分かったので、遠くへ去った。大亀は洞穴の中で七日七晩、狐を待って、干涸らびて死んでしまった。

ここに挙げた話は、中国でもチベット族にのみ、現在のところ確認できる。表でも確認できるが、中国「猿の生き肝」のAT六六のモチーフは、チベット族やモンゴル族、そしてエヴェンキ族（内蒙古や黒竜江省に住む、ツングース系の少数民族）で語られている。いわゆる中原地域では見られず、どうもチベットやモンゴルという周縁部で語られているようである。AT六六のモチーフが『パンチャタントラ』や『ジャータカ』に見られ、同じくインドで昔話「ワニとジャッカル」が伝えられていることを考えれば、このモチーフの源はインドにあることは疑いなかろう。これが、チベットかモンゴルに伝わり、この二つの民族の宗教上の緊密さ、また人的交流の多さが手伝って、このモチーフを共有したと考えることができる。AT六六が、弱いものが強いものをやりこめる際のモチーフとして、チベット族やモンゴル族に受け入れられたのであろう。

次に中国の口承「猿の生き肝」における「沿海部の山地型」を見ていく。この話は、表の12に挙げたように、現在山東省に一話確認できるのみである。

12 「猴子和烏亀」（猿と亀）（漢族）

昔、ある猿が花果山で遊んでいると、ちょうど亀に会った。猿が亀にどこから来たか聞くと、亀は「私は東海竜宮から来た」と答えた。猿が更に「竜宮の風景はたいそうきれいと聞きますが、本当ですか」と聞くと、亀が言った。「全くその通りです。もし行きたければ、私たちは義兄弟の契りを結んで、お連れします」

猿が「よし」と応じ、直ちに猿と亀は土饅頭を香炉にして、草を挿して香とし、兄弟の契りを結んだ。年齢によって、亀が兄、猿が弟になった。

亀は猿を背負って海の中央に出ると、言った。

「猿の兄弟、相談があるが、聞いてくれるか」

猿は言った。

「兄さん、何を言っているんだ。私たちは兄弟だ。できることであれば、必ずしますよ」

すると亀が言った。「私の母親が病気で、医者はおまえの心臓を副薬にしなければならないと言う。心臓を私にくれ」

猿は、目をぐるっと回して言った。

「これは大変だ。兄さんが言わなかったから忘れてしまった。急ぎましょう。家に心臓を置いてきてしまった。兄さん、早く私を家に送ってください。心臓を持ってきてお母さんの病を治しましょう」

亀は猿を岸に送ると、猿は言った。「亀、おまえは私の心臓を欲しても手に入れられない、おまえの心臓が赤いか黒いか見てやる」

言い終わると猿は石で殴り殺した。

この話は、亀が竜宮から来たと名乗る点で後述の「海洋型」に通じるが、心臓を狙う理由は「海洋型」のように竜王やその娘の病ではない。身内の病のために心臓を狙うのは「内陸部の山地型」と同様である。また、海洋型に登場するような動物の形状由来も語られない。こうしてみると、ここに挙げた「沿海部の山地型」の話は、「内陸部の山地型」と「沿海部の海洋型」のそれぞれの話の中間に位置する内容である。

次に、「海洋型」の話を確認するために「内陸部の海洋型」「沿海部の海洋型」の「猿の生き肝」を見ていく。「山地型」と「海洋型」の区別は、竜王もしくはその娘の病を治すために心臓を狙うか否か、加えて恩賞目当てに猿を騙すか否かを以てした。その「海洋型」の話の中でも、内陸部で語られるか沿海部で語られるかでも区別をして「内陸部型の海洋型」と「沿海部の海洋型」で分類をした。面白いことに、甘粛省や陝西省などのかなりの内陸部でも竜宮を語る話がある。竜宮は海の中だけではなく、川の底にも存在する。

さて「海洋型」と「山地型」の話を今少し詳しく比較してみたい。まず「内陸部の海洋型」では狙われる動物が猿であり、「山地型」とそれほど変わらないが、「沿海部の海洋型」になると、つまり語られる場所が海に近くなると、狙われる動物に、白兎、鹿、兎、等様々な動物が登場するようになる。また、肝を狙う理由は、竜宮や水晶宮の竜王が病に冒されたためと変わり、竜宮や、そこに住む海の動物が話の中に現れる。そして、「内陸部の海洋型」「沿海部の海洋型」ともに、糞を喰わされるモチーフ、AT六六のモチーフは見られなくなる。その代わりに、「沿海部の海洋型」になると海月が海を漂っているわけ、海月の骨が無いわけ、亀の甲羅が割れているわけ、亀が陸で生活するようになったわけを最後に説く傾向が強くなる。ただし「内陸部の海洋型」の話においては動物の形状由来はあまり語られず、「沿海部の海洋型」の話と特徴を異にしている。

それでは、「山地型」の話との違いを明確に確認するため、ここで別表24の「沿海部の海洋型」の話を訳して具体的に見ていく。浙江省で伝わる話である。

24 「海母随風潮飄」（海月が風に吹かれ潮に漂う）（浙江省　漢族）

伝えられるところでは昔々、海月は竜王の寵臣であり、人々は海母丞相と呼んでいた。

ある時、竜王が重い病気になった。竜宮の医者は、心臓に病気があると診断し、そして竜宮にはこの種の病気を治す良い薬はなく、山林の白兎の肝さえ取ってくれば、治すことが出来ると言った。竜王はそれを聞いた後、すぐに文武百官を召して言った。

「白兎の肝を取ってきたものには、たくさんの褒美を与える」

文武百官はお互いを見合うばかりで、誰もこの役目を受けようとしなかった。

竜王は大いに怒って言った。「日頃わしがおまえたちに不当な待遇をしたことはないのに、今困ったことが起きても誰もわしのために心配しようとはしない。恨めしい、恨めしいぞ！」

この時、海母丞相が列から出て奏した。

「臣が我が王のために尽力いたします」

竜王は大いに喜び、すぐ前へ出るように命じた。海母丞相は王の意を受け、文武百官に別れを告げ、水に道をつくり、海岸へと一路急いだ。

海母は水面に出るや、一匹の白兎がちょうど岸の上で餌を探しているのを見た。海母はとても喜んだが、大急ぎで思いやりのある様子をつくろい、声高に叫んで言った。

「白兎さんよ！　あんたは一人でここで遊んでいて、すごく退屈でしょう！　私たちの竜宮は良いところですよ、どうして竜宮へ行って遊ばないのですか」

白兎は言った。

「竜宮は一面水でしょう、どこが山林より景色がよいと言うんだ！」

海母はしきりに頭を振って言った。

「そんなことはない！　私たちの海の中には、海の木や珊瑚、青玉、夜光玉があり、いろいろな草が青緑色をなし、いろいろな花が鮮やかだ。四季の風景は言い尽くせず、それぞれの景色は見尽くせない。それに慈悲深い竜王と客好きの水族もいる。これら一切、山林とどうして比べられよう」

兎はそれを聞くととても驚いて言った。

「あなたの海の中がこんなにも良いと言うことを聞いても、惜しいことに泳ぎの心得がなく、行きたくても行くことが出来ないよ！」

海母丞相は白兎の言葉が柔らかくなったことを見て、胸を叩いて言った。

「それは心配する必要はないよ。もし竜宮へ行く気があるなら、私があなたを連れていける。私が前で水を分けるから、あなたは後ろからついてくれれば、陸の上を歩くのと同じようだよ。ちょっとの水もあなたを濡らすことはない」

白兎はためらっていたが、突然海母丞相が水に道をつくるのを見て、信用した。そこで海母丞相について水の底に着いた。兎はまず竜宮の門の外で風景を見て、確かにすばらしいと思い、楽しく遊ぼうという気になった。海母丞相は白兎の思いを見抜き言った。

「あなたはしばらくここで遊んでいなさい、私が先に竜宮へ行って竜王に上奏して、それからあなたを連れていきます」

海母丞相は竜宮へはいると、喜びあふれるさまで竜王へ上奏した。

「白兎はもう竜宮の外で待っています」

竜王はそれを聞くと喜び、急いで白兎を呼ぶように伝えた。

白兎は竜宮へはいると、礼をして尋ねた。

「大王、私を召されて、何か御用ですか」

竜王はズバリと本題に入り、白兎の胸のところを指さして言った。

「わしは重い病気にかかり、おまえの肝でしか治せない、おまえの肝をちょっと借りたい」

白兎は聞くと驚き、密かに考えた。私の肝は一つしかない、どうして貸すことが出来る？　これは私の命が欲しいと言うことではないか！　兎はとっさにいい知恵が浮かび、すぐ竜王に言った。

「大王、絶対にだめです。粗忽な海母丞相が悪いのです！　私を海底に来させたとき、大王が肝を必要だと言うことを全く言いませんでした。だから私は肝を持ってきませんでした。まだ山の巣に置いてあります。もし大王がどうしても借りたいとおっしゃるのでしたら、私はすぐ山へ取りに戻ります。大王のお考えはいかがでしょう」

竜王は聞くと海母丞相の方を怒りの目で見て、激怒したさまで言った。

「わしはおまえに肝を取りに行かせたのに、おまえはどうしてそのことを伝えなかった？　本当に役立たずだ！今おまえはもう一度白兎と一緒に行って、必ず肝を取ってこい！」

海母丞相は仕方なく、再び白兎を連れて海を出た。岸辺に着くと、白兎は身を踊らせ岸に飛び移り、海母丞相の方を振り返り大笑いして言った。

「はっ、はっ！　愚かな竜王、間抜けの丞相！　世界のどこに肝のない兎がいる」

海母丞相は聞くや、はっと悟り恥じて焦ったが、白兎が草むらの中へ飛び跳ねていくのをみすみす見逃してしまった。瞬く間に跡形も見えなくなり、やむなく竜宮へ戻り復命し、事の経過を話した。竜王は聞いてなんと悔やんだことか！　竜王は怒りをぶつけるところがなく、海母丞相の職を取り上げ、罰として永遠に竜宮へ入ることを出来なくした。海老や蟹の将兵は声を上げると、海母を竜宮から追い出した。

これ以後、海母は帰るべき家もなく、やむなく海の上を漂い、至る所放浪した。潮が寄せると、潮に乗って海辺へ漂い、潮が引くと、また潮に乗って海へ戻っていった。

表の22～27の話を見れば、この「沿海部の海洋型」の伝承地域は朝鮮族が住んでいる中国の東北地方から広東まで中国の沿海部に沿って南北に長くなっていることが分かる。この先の資料の補充により、話の分布がもっと広くなる可能性はある。ただ、中国大陸の中でも海に近い場所で語られているであろうことは、話の内容からも推測ができる。

さて、この六話の筋を見ていくと共通する点としない点があることが分かる。そして共通しない点については三つに分けることが出来る。まず、共通するのはいずれの話も竜宮にあたるものが話の舞台に登場し、それにより亀や海月が肝や心臓を狙う理由も竜王やその娘の病になっている点である。共通しない点は、話の結末部に現れる。表22・23・25の結末は、海月と亀の形状由来をそれぞれ説いている。表24・26の結末は同じく由来を説いてはいるが、海月と亀の生態の由来についてである。そして、表27は何の由来も説いていない。

中国「沿海部の海洋型」の話の成立については、文献もしくは口承の「山地型」の話からの変化であることは予想される。ちなみに「沿海部の海洋型」の話よりも「内陸部の山地型」の話が先に語られていたことは、これがインドの説話集『パンチャタントラ』（一世紀から六世紀頃に成立）や『ジャータカ』（紀元前三世紀中頃）に載せられている話と内容を同じくすることから明らかである。

そこで、「沿海部の海洋型」の話の成立を考える上で、示唆を与えてくれるのが、「内陸部の海洋型」と「沿海部の山地型」の話である。「沿海部の海洋型」の文献資料が確認できない現在、この話の成立を考える上で推定できるのは、文献の話か「内陸部の山地型」の話から「内陸部の海洋型」もしくは「沿海部の山地型」へ変わり、そして「沿海部の海洋型」へと変わる道筋である。

「内陸部の山地型」と「沿海部の海洋型」の違いは先にも挙げたが主に二点である。竜宮もしくはそれに準ずるものが舞台として登場し、これに伴い猿や兎の心臓、肝を狙う理由が竜王やその王女の病を治すためになる点。そして話の結末に亀や海月の形状や生態の由来を説く点である（ただし、動物の形状や生態の由来についてはこれをを説かない話もある）。

「内陸部の山地型」の冒頭は、例えば猿と亀が仲良くなり、そのために嫉妬した亀の妻が仮病を使い（もしくは本当に妻が病気となり）、病を治すために亀に猿の心臓や肝を要求すると始まる。また、猿と仲良くなった亀自身が、猿の心臓や肝を欲するという冒頭部分もある。いずれにしても、猿と亀の葛藤が中心となる。一方、「沿海部の海洋型」の冒頭はその特徴で述べてきたが、竜王やその王女が病にかかり、それを治すために猿もしくは兎の心臓や肝が必要になると始まる。このように冒頭が変わった後、結末に「海洋型」のもう一つの特徴である動物の形状や生態の由来が加わったと思われる。冒頭部分より先に結末部分が変化しなかったのは、竜宮の登場する話にのみ動物の形状由来が語られていることから推測できる。また段階的に考えて、冒頭部分より後の変化と考える方が無理ないであろう。

中国の「内陸部の山地型」の話と「沿海部の海洋型」の話の関係は、およそこの通りであろう。ただ、変化したことにより話としてどこに重点が置かれるかが変わった。「内陸部の山地型」では、亀が仲の良い猿を裏切ったことにより、猿に騙され最後に報復を受けるという二匹の葛藤譚が中心である。これに対し、「沿海部の海洋型」では竜王の命令を完遂出来ないことに派生する、形状や生態の由来譚が多い。この多くの場合、話の冒頭で猿と亀の仲が良いことは語らず、結果二匹の葛藤譚にはならない。

つまり、内陸部から沿海部へと伝播する内に、話の主題が変化していったと言える。ちなみに「沿海部の山地型」と「内陸部の海洋型」の話では、その冒頭部分で、猿と亀の二匹が兄弟の契りを結ぶほど仲がよいことが語られる点において、「内陸部の山地型」の話と変わらず、その一方に於いて竜宮が登場する話を語るなど、話の変化を示唆するようで興味深い。

とにも角にも、ここで挙げた「沿海部の海洋型」は、海月や亀が竜王のためにある動物を狙い、その動物に騙されて失敗し、最後に形状由来や、海月が海を漂う等の習性を説いて話が終わる。そして、これはわが国の口承の「猿の生き肝」の話の展開と一致する。この一致は、やはり個別に話が発生した結果の偶然の一致とみるよりは、どちらかが一方に影響を与えたとする方が自然であると思われる。そこでおそらくは中国の沿海部で語られていた話がわが国へ伝播したと考えることができよう。そしてわが国においても、肝を食べる習俗とも相まってごく自然に受け入れられた。

「猿の生き肝」の話をインドから日本までの広がりで見た時、東シナ海を挟み、言語の壁があるものの、わが国は明らかに中国の沿海部と、この話を共有していると言える。

註

（1）民話と文学の会『越後・守門村　馬場マスノ昔話集』一九九一年　一四三〜一四四頁
（2）稲田浩二・大島建彦・川端豊彦・福田晃・三原幸久編『日本昔話事典』（弘文堂　一九七七年）・日本民話の会『ガイドブック日本の民話』（一九九一年）に記載の「海月骨なし」の説明等。
（3）岩本裕『インドの説話』（紀伊國屋書店　一九六三年）八六〜一〇一頁
（4）大林多良編『民間説話の研究』（同朋舎　一九八七年）所載の徳田和夫「民間説話と古文献――『月菴酔醒記』の〈猫と茶釜の蓋〉〈海月骨なし〉を紹介しつつ――」
（5）「琉球新報（夕刊）」一九七六年八月二七日に記載の「おきなわむかしばなし」の解説。
（6）金子浩昌・小西正泰・佐々木清光・千葉徳爾『日本史のなかの動物事典』（東京堂出版　一九九二年）四〇頁
（7）小野蘭山『本草綱目啓蒙』四（平凡社　一九九二年）七二〜七三頁
（8）島田勇雄訳注『本朝食鑑』五（平凡社　一九八一年）熊…二八三頁　猴…三一八頁
（9）氏家幹人『大江戸死体考　人斬り浅右衛門の時代』（平凡社新書　一九九九年）
（10）劉守華『比較故事学』（上海文芸出版社　一九九五年）
ちなみに韓国との比較については、次の二論文が挙げられる。

孫秀珍「昔話『猿の生き肝』の日・韓比較考察」（「国語の研究」二五号　大分大学国語国文学会　一九九八年）

許玩鍾「韓国の『兎の生き肝譚』をめぐって」（「昔話――研究と資料」三一号　日本昔話学会　二〇〇三年）

（11）西岡直樹『インド動物ものがたり　同じ地上に生なすもの』（平凡社　二〇〇〇年）一二二～一二四頁

（12）前掲（11）に同じ　一七～一八頁

（13）中国民間文学集成四川巻編輯委員会『中国民間故事集成・四川巻』（下）（中国 ISBN 中心　一九九八年）一〇〇六～一〇〇七頁

日本「猿の生き肝」調査資料名

＊（通観）は日本昔話通観から直接表にまとめた資料

1、杉村キナラブック『キナラブック・ユーカラ集』旭川市　一九六九年

2、更科源蔵『アイヌ民話集』北書房　一九六三年（表は一九七〇年の改訂増補版による）

3、4、浅井亨『日本の昔話2　アイヌの昔話』日本放送出版協会　一九七二年

5、（通観）萱野茂『小学生日本の民話一五　キツネのチャランケ』小峰書店　一九七四年

6、佐々木徳夫・加藤瑞子『日本の民話2東北一』ぎょうせい　一九七八年

7、能田多代子『日本の昔話7　手っきり姉さま　五戸の昔話』未来社　一九五八年

8、宮本朋典『木造町のむかしコ集』木造町教育委員会　一九八四年

9、國學院大學民俗文学研究会「伝承文芸」第五号　一九六七年

10、『脇野沢村史民俗編資料集』脇野沢村役場　一九八三年

11、（通観）渡辺全恵『さわののむがすっコ』玖光堂　一九七四年

12、佐々木徳夫『全国昔話資料集成29　陸前昔話集』岩崎美術社　一九七八年

13、佐々木徳夫『昔話研究資料叢書15　陸前の昔話』三弥井書店　一九七九年

14、佐々木徳夫『みちのくの海山の昔』講談社　一九七五年
15、佐々木徳夫『日本の昔話11　永浦誠喜翁の昔話』日本放送出版協会　一九七五年
16、今村泰子『日本の昔話20　羽後の昔話』日本放送出版協会　一九七七年
17、寺山千枝子「男鹿羽立の昔話（上）」（昔話研究懇話会編『昔話――研究と資料――12号』三弥井書店　一九八三年所収）
18、野村純一『酒田の昔話』酒田市　一九七六年
19、萩生田憲夫『小僧ッ子と鬼婆』上山市郷土史研究会　一九六五年
20、21、武田正『佐藤家の昔話』桜楓社　一九八二年
22、武田正『羽前の昔話』日本放送出版協会　一九七三年
23、武田正『牛方と山姥――海老名ちやう昔話集』海老名正二　一九七〇年
24、野村純一他『飽海郡昔話集』荻野書房　一九七九年
25、（通観）7　遠藤稿本
26、群馬県史編さん委員会『群馬県史　資料編27民俗3』群馬県　一九八〇年
27、鈴木棠三『川越地方昔話集』民間伝承の会　一九三七年
28、川越高等女学校校友会郷土研究室『川越地方郷土研究第4集』一九三八年
29、ふじかおる「海女の語る民話」（『民話の手帖　第7号』所収）
30、高橋在久『日本の昔話26　房総の民話』未来社　一九六〇年
31、東京都大田区教育委員会『大田区の文化財第22集』一九八六年
32、（通観）松代高等学校文芸部『くびきの民話』一九六七年
33、水沢謙一『日本の昔話2　とんと昔があったけど第2集』未来社　一九五八年
34、水沢謙一『ろばたのトントムカシ』野島出版　一九七二年
35、（通観）羽田啓次『村の風土記5』村の風土記刊行会　一九七七年

36、『日本の昔話1　とんと昔があったけど第1集』未来社　一九五七年
37、村松高等学校社会クラブ『五泉の民話』中村書店　一九六八年
38、佐久間淳一『全国昔話資料集成2　北蒲原昔話集』岩崎美術社　一九七四年
39、水沢謙一『栃尾郷昔ばなし集』栃尾市教育委員会　一九六三年
40、水沢謙一『赤い聞耳ずきん』野島出版　一九六九年
41、45、水沢謙一『日本の昔話8　いきがポーンとさけた』未来社　一九五八年
42、水沢謙一『ふるさとの夜語り』野島出版　一九七三年
43、水沢謙一『平凡社名作文庫6おばばの夜語り』平凡社　一九七八年
44、水沢謙一『雪国のおばばの昔』講談社　一九七四年
46、水沢謙一『おばばの昔ばなし』野島出版　一九六六年
47、水沢謙一『昔あったてんがな』長岡史蹟保存会　一九五六年
48、村松町史編纂委員会『村松町史資料編第五巻　民俗別巻　村松のむかし話』一九八〇年
49、水沢謙一『雪国の夜語り』野島出版　一九六八年
50、水沢謙一『日本の昔話8　越後の昔話』日本放送出版協会　一九七四年
51、（通観）松代高等学校文芸部『くびきの民話3』一九六七年
52、浜口一夫『鶴女房』桜楓社　一九七六年
53、山古志村史編集委員会『山古志村史　民俗』山古志村役場　一九八三年
54、水沢謙一『――見附の昔話――あったてんがな』見附市教育委員会　一九八三年
55、水沢謙一『栃尾市史資料集（第14集）民話編』栃尾市史編集委員会　一九七七年
56、民話と文学の会『越後・守門村　馬場マスノ昔話集』民話と文学の会・守門村役場　一九九一年
57、佐久間惇一『波多野ヨスミ女昔話集』波多野ヨスミ女昔話集刊行会　一九八八年

58、大谷女子大学説話文学研究会『神林村昔話集』一九八六年
59、國學院大學民俗文学研究会『伝承文芸第3号』一九六五年
60、水沢謙一『ばばさのトントンムカシ』野島出版　一九七六年
61、62、大谷女子大学説話文学研究会『両津市昔話集（下）』一九七九年
63、水沢謙一『日本の民話3　越後の民話』未来社　一九五七年
64、水沢謙一『雪国の炉ばた語り・越後栃尾郷の昔話』名著刊行会　一九八三年
65、伊藤曙覧『昔話研究資料叢書6　越中射水の昔話』三弥井書店　一九七一年
66、（通観）京都女子大学説話文学研究会「日本昔話通観」編集委員会編『小松市の昔話』小松市教育委員会　一九八一年
67、杉原丈夫『越前の民話』福井県郷土誌懇談会　一九六六年
68、小沢俊夫他『日本の民話5　甲信越』ぎょうせい　一九七一年
69、市ノ瀬義法『伊那のむかし話』社団法人信濃教育会出版部　一九七八年
70、山本節・永田典子・山田八千代『昔話研究資料叢書18　西三河の昔話』三弥井書店　一九八一年
71、（通観）沢田四郎作『丹生川昔話集』一九三九年
72、京都府立総合資料館『丹後伊根の昔話』京都府　一九七二年
73、京都府立総合資料館『山城和束の昔話』京都府　一九八二年
74、75、岩田準一『鳥羽志摩の民俗』鳥羽志摩文化研究会　一九七〇年
76、関敬吾『日本昔話集成1』角川書店　一九五〇年
77、（通観）口承文學の會「口承文学9」
78、近畿民俗學會「近畿民俗1—4」一九三六年
79、宮本常一『とろし』一九三六年
80、82、（通観）京都女子大学説話文学研究会『美方・村岡昔話集』一九七〇年

81、柴口成浩『東瀬戸内の昔話』日本放送出版協会　一九七五年
83、稲田和子『鳥取県関金町の昔話』山陽学園短期大学昔話同好会　一九七二年
84、（通観）昔話研究懇話会『昔話――研究と資料2』三弥井書店　一九七三年
85、島根県立隠岐島前高等学校郷土部編集『島前の伝承4』一九七六年
86、87、（通観）森脇太一『邑知郡昔話第4編』一九五四年
88、民話と文学の会「季刊民話3」一九七五年
89、藤原節子『とんとんむかし――藤原千代子の昔話』一九七三年
90、隠岐島前高校郷土部『島前の伝承1』一九七五年
91、石井民司『日本全国国民童話』同文館　一九一一年
92、（通観）作野加奈恵　近藤昔話稿　一九七五年
93、高木敏雄『日本伝説集』東京武蔵野書院　一九四三年
94、稲田浩二・立石憲利『昔話研究資料叢書8　奥備中の昔話』三弥井書店　一九七三年
95、稲田浩二・立石憲利『中国山地の昔話』三省堂　一九七四年
96、（通観）稲田浩二・立石憲利　奥備中稿　一九七三年
97、98、（通観）山陽学園短期大学昔話同好会　上下稿　一九七六～一九七八年
99、宮本常一『周防大島昔話集』大島文化研究連盟　一九五六年
100、松岡利夫『日本の民話29　周防・長門の民話』未来社　一九六〇年
101、（通観）京都女子大学説話文学研究会　三間稿　一九七二年
102、大谷女子大学説話文学研究会『広見町昔話集』一九七四年
103、桂井和雄『全国昔話資料集成23　土佐昔話集』岩崎美術社　一九七七年
104、坂本正夫『猿の生き肝』桜楓社　一九七六年

105、宮地武彦『日本の民話71　佐賀の民話第2集』未来社　一九七八年
106、『昭和四八年度調査報告書　入津湾の民俗』一九七四年
107、108、山口麻太郎『全国昔話記録　壱岐島昔話集』三省堂　一九四三年
109、（通観）結城次郎「肥前国北高来郡昔話集」（國學院大學方言研究会「方言誌」第二十二輯）一九三九年
110、木村祐章『全国昔話資料集成6　肥後昔話集』岩崎美術社　一九七四年
111、岩倉市郎「奄美大島昔話」（民間伝承の会「昔話研究　2―5」所収　一九三六年九月）
112、民間伝承の会「昔話研究　1―10」所収　一九三六年二月
113、（通観）文英吉『奄美大島物語』一九五七年
114、田畑英勝『日本の昔話7　奄美諸島の昔話』日本放送出版協会　一九七四年
115、岩倉市郎『全国昔話記録　喜界島昔話集』三省堂　一九四三年
116、有馬英子『福島ナオマツ昔話集』一九七三年
117、岩倉市郎『全国昔話記録　甑島昔話集』三省堂　一九四四年
118、田端英勝『全国昔話集成15　奄美大島昔話集』岩崎美術社　一九七五年
119、下野敏見『日本の民話37　屋久島の民話』未来社　一九六四年
120、下野敏見『日本の民話34　種子島の民話』未来社　一九六二年
121、民間伝承の会「昔話研究3」
122、（通観）八重山文化研究会『八重山文化論集』一九七六年
123、125、126、127、128、（通観）立命館大学・大谷女子大学・沖縄国際大学三大学　合同調査カード　一九七五年
124、（通観）NHK沖縄放送局　一九七九～一九八一年
129、「琉球新報」一九七六年八月二七日
130、（通観）沖縄国際大学口承文芸研究会「口承文芸研究会会報2」

131、読谷村教育委員会・歴史民俗資料館『伊良皆の民話・読谷村民話資料集1』一九七九年
132、（通観）那覇民話の会『那覇の民話資料第1集』一九七九年
133、（通観）那覇民話の会『那覇の民話資料第2集』一九八〇年
134、沖縄民話の会「沖縄民話の会会報2」一九七六年
135、琉球大学沖縄文化研究所『宮古諸島学術調査研究報告――言語・文学編』一九六八年
136、琉球大学民俗研究クラブ「沖縄民俗19」一九七二年
137、沖縄民話の会『沖縄の民話資料第1集』一九七八年
138、（通観）沖縄国際大学口承文芸研究会『沖縄昔話資料―上』
139、140、（通観）上野村役場『上野村誌』一九七八年
141、宮古民話の会『ゆがたい・宮古島の民話第2集』一九八〇年
142、上勢頭亨『竹富島誌――民話民俗篇』法政大学出版局　一九七六年
143、福田晃・岩瀬博・遠藤庄治編『日本の昔話30　沖縄の昔話』日本放送出版協会　一九八〇年
144、福田晃・真下厚・狩俣恵一・仲盛長秀・花城正美編『南島昔話叢書9　竹富島小浜島の昔話』同朋社　一九八四年
145、「jaima 7、8月号」一九九三年

中国「猿の生き肝」表　出典資料

表1から27の話は、次から引用して表にまとめた。一つの話に複数の資料が出ているのは、同一の内容が複数の資料に転載されているためである。

1、中国科学院内蒙古分院語言文学研究所『蒙古族民間故事集』上海文芸出版社　一九六二年
胡尓査訳『蒙古族動物故事』中国民間文学出版社　一九八四年
陳慶浩・王秋圭主編『中国民間故事全集三六　蒙古民間故事集』遠流出版（台湾）一九八九年

2、中国民間文芸研究会民間文学編輯委員会「民間文学」一九五七年四月
3、徳・策倫索徳諾姆編『蒙古民間故事選』世界知識出版社　一九八七年
4、陳慶浩・王秋圭主編『中国民間故事全集四〇　西藏民間故事集』遠流出版（台湾）一九八九年
5、中国民間文芸研究会民間文学編輯委員会「民間文学」一九五九年五月
6、上海文芸出版社編『中国動物故事集』上海文芸出版社　一九七八年
7、W・Fオコナー編　金子民雄訳『チベットの民話』白水社　一九八〇年
8、朱剛・席元麟・星全成・馬学義・馬路・循集辦編『土族撒拉族民間故事選』上海文芸出版社　一九九二年
本書編委会『中華民族故事大系』第一〇巻　上海文芸出版社　一九九五年
9、王士媛・馬名超・白杉編『鄂温克族民間故事選』上海文芸出版社　一九八九年
本書編委会『中華民族故事大系』第一四巻　上海文芸出版社　一九九五年
10、帰秀文編『土家族民間故事選』上海文芸出版社　一九八九年
本書編委会『中華民族故事大系』第五巻　上海文芸出版社　一九九五年
11、白庚勝　総主編『中国民間故事全書　河南・淅川巻』知識産権出版社　二〇一一年
12、中国民間故事集成山東巻編輯委員会『中国民間故事集成・山東巻』中国ISBN中心出版　二〇〇七年
13、中国民間故事集成青海巻編輯委員会『中国民間故事集成・青海巻』中国ISBN中心出版　二〇〇七年
14、中国民間故事集成青海巻編輯委員会『中国民間故事集成・青海巻』中国ISBN中心出版　二〇〇七年
15、中国民間故事集成甘粛巻編輯委員会『中国民間故事集成・甘粛巻』中国ISBN中心出版　二〇〇一年
16、中国民間文学集成陝西巻編輯委員会『中国民間故事集成・陝西巻』中国ISBN中心出版　一九九六年
17、中国民間故事集成寧夏巻編輯委員会『中国民間故事集成・寧夏巻』中国ISBN中心出版　一九九九年
18、白庚勝　総主編『中国民間故事全書　雲南・洱源巻』知識産権出版社　二〇〇五年
19、白庚勝　総主編『中国民間故事全書　雲南・大理巻』知識産権出版社　二〇〇五年

20、中国民間文学集成吉林巻編輯委員会『中国民間故事集成・吉林巻』中国文聯出版公司　一九九二年
21、中国民間文学集成吉林巻編輯委員会『中国民間故事集成・吉林巻』中国文聯出版公司　一九九二年
22、王潔・周華斌編『中国海洋民間故事』海洋出版社　一九八七年
23、中国民間故事集成広東巻編輯委員会『中国民間故事集成・広東巻』中国 ISBN 中心出版　二〇〇六年
24、王一奇・凉汀編『中国水生動物故事集』中国民間文芸出版社　一九八四年
中国作家協会福建分会「榕樹文学叢刊」福建人民出版社　一九八〇年一月
邱国鷹・管文祖・金濤編『東海魚類故事』浙江人民出版社　一九八一年
陳慶浩・王秋圭主編『中国民間故事全集二二　浙江民間故事集』遠流出版（台湾）一九八九年
25、山海経編輯部編「山海経　一九八四年　第二期」
26、裴永鎮整理『朝鮮族民間故事講述家金徳順故事集』上海文芸出版社　一九八三年
陳慶浩・王秋圭主編『中国民間故事全集三四　吉林民間故事集』遠流出版（台湾）一九八九年
依田千百子・中西正樹訳『金徳順昔話集――中国朝鮮族民間故事集――』三弥井書店　一九九四年
27、劉蘊傑編『朝鮮族民間故事講述家黄亀淵故事集』中国民間文芸出版社　一九九〇年

第二章　「鼠の嫁入り」の比較研究

第一節　「鼠の嫁入り」の比較研究の目的

この話は、類話まで含めると北海道から沖縄まで全国的に広く語られ、日本において非常に親しまれてきたと言える。伝承の地域差や特徴は後述するとして、まず始めにわが国で語られている一話を、野村純一編『酒田の昔話』[1]から紹介する。


むがし。

ある鼠が、自分の娘ぁ学校でも何んでも出来だとがで、鼠でなぇぐ、もっと賢い人さくれっどがで、あったなでしょ。そんでも、尋ね歩ぐんども、

「この世の中でお天道様ほど賢い者無えんであんめぇが」

って、父さんと母さんど相談したんでしょう。

お天道様どこさ行ってみだど。

「お天道様、お天道様、わだしの娘、嫁に貰《もろ》てもらいだいど思って来ました」

「わだしのような人、駄目なのです。何んぼお天道様賢ぐ照らしたたて、雲の神様に拡がられれば、何んにも見えなぐなっさげで、雲の神様ほど賢いな無いはげ、んでぁあ、娘さんば、雲の神様んどこさ行って見なはれ」

て、こんど雲の神さんさ行ったでぉの。

「わだし、娘、貰てもらいだくてあがたどごだが、お天道様さ行ったどごろがその、あなだほど賢い神様無えさげて、雲の神さんさ行って話した方がいぇがろうってあがたどこだ」

って、雲の神さん、

「やれ、やれ、わだしでも風の神様ほど賢いな無くて、何んぼ空うぢ拡がてみだどごで、風の神様がらつぼめられっど、みんなあっちゃこっちゃ飛ばさってしまうし、風の神様ほど賢いな無いもんだ」

って、そう言わっで、まだ帰って来て、

「ながなが賢いもんも、風の神様一等《えっと》賢いって言うし、せば、今度、風の神様さ行ってみっが」

て、まだほれ、風の神さんさ行ったんでしょ。

「雲の神様ほど賢いな無いって、そういう、お話だしど思って、雲の神様さ嫁に貰てもらいだくて行ったば、『わだすなの、いっこうおがすえもんだ。風の神様がら吹がれれば、どごもなしにみな飛ばせらってしまうもんだし、風の神様ほど賢いな無い。ほんだ、風の神様さ行った方いえのだ』て」て。

そうしたどごろぁ、ほれ、まだ家さ来て、

「んじゃあ、風の神様さ行ってみっが」

て、風の神様さ行ったどごろが、

「雲の神様さ行ったば『風の神様ほど賢いな無い』って言うさげで、あがたどごだはげで、娘貰てもらわんねぇが」って、

「娘貰うごどあ、いぇども、俺より賢い神様あるもんだ。なんだ強い風でも、壁さえさげられれば、あど風と通すごど出来ないもんだ。ほんだ、壁の神様さ行って見んだ」って。

ほれがら、まだ来て相談して、今度、壁の神様さ行ったでぉの。まだその通り、

「壁の神様は『世の中で一番賢いな神様だ』って、言うさげで、あがたどごだはげで、娘貰てもらわんねぇが」って。

「わだすのような人駄目だ。なんぼ立派な壁塗らっでも、鼠に穴開げられっど駄目だはげで、鼠ほど賢いな無え。なんぼ立派に壁塗らっでも、鼠に穴開げられれば、風通すべし、鼠ほど賢いな無い」て。

そうして今度、帰って来たところが、

「とても鼠の子は鼠さなて、『鼠ほど賢いな無え』て、そう言わっだもんだし、鼠さ『貰てくれ』て、そう言うがて無えごんだ」て。そして鼠の夫婦だ安楽したけって。

そんで、どんぺかだり・なえーっと。


（飛島・進藤なたゑ）


さて、わが国に於いては、展開に多少の相違が見られるものの、およそのところをまとめると次の通りである。

鼠、又は土竜が美しい娘を生む。そこで、世界で一番偉い人を婿にと思い、まず太陽を訪ねる。太陽は、自分を隠してしまう雲の方が偉いと言う。雲を訪ねると、雲は自分を吹き飛ばす風の方が偉いと言う。風を訪ねると、風は自

分を遮る壁の方が偉いと言う。そこで、壁を訪ねると、壁は自分を囓る鼠（又は自分を崩す土竜）の方が偉いと言う。そして、最後は自分の同族を婿にする。

次に、この話が、一般にどのようにとらえられているかを『日本昔話事典』(2)の該当する項目をまとめ、確認してみる。なお、「鼠の嫁入り」は「土竜の婿取り」の項で解説されており、執筆は黄地百合子によっている。

「土竜の婿取り」の概要

現在（一九七七年時点）青森から九州まで、ほぼ全国から約三〇話の報告例がある。動物を主人公としているが、『日本昔話集成』では、笑話の「愚か嫁」に分類。『日本昔話名彙』では「婿入り話の笑話化であろう。形は動物物語だが実は智巧譚。または言葉の巧みの大話」と解説。順を辿り、最後に元に戻る妙を興味の中心とした話である。また、分相応のつながりを教えたものとも考えられる。主人公となる動物は、土竜の他、鼠、石屋など。現在のところ、鼠はほぼ全国に、土竜は新潟及び関西以西、石屋は東北、関東に分布。

本話型の話は『沙石集』に見え、落語として寄席でも話されてきた。朝鮮半島にもその話の分布が見え、恐らく、大陸から伝播した話が、中世近世を通じ特定の噺家達（説教僧なども含む）により民間にもたらされ、昔話として定着した。分布が広いが、報告例による異同が少なく、簡単な構成に関わらず緻密にハナシとして面白く語っているものが多いことも本話型の特徴である。国際的にはAT二〇三一C「男は娘の婿に一番強い者を捜す」に相当。『パンチャタントラ』などインドの説話集や口承物語に現れる。

『日本昔話事典』ではおよそ以上のようにまとめられている。そこで、この「鼠の嫁入り」を扱うに当たって、本章では中国と比較することにより、わが国の話の特徴、また伝播経路の一端について考察していく。

次に研究史を紐解いてみる。

第二節　「鼠の嫁入り」の研究史

「鼠の嫁入り」の研究に関して、まず、松村武雄「『鼠の嫁入り』説話研究」（「東洋学芸雑誌」第三二巻四〇六号　一九一五年）がある。松村はここで、「鼠の嫁入り」が「循環形式」の話であり、話の最後に元の出発点へ戻るところに興味を求めるとしている。そして、『パンチャタントラ』『カタサリッツァーガラ』『印度神話学』について語り、話の源をインドであるとした。同年、この研究に対して、南方熊楠が「『鼠の嫁入り』の話について」（「東洋学芸雑誌」第三二巻四〇七号　一九一五年）を著し、『沙石集』所載の話など、資料を補充する。

また、他国の昔話との比較という点では、一九三二年、中里龍雄「朝鮮民譚もぐらの嫁探し」（「俚俗と民譚」第五号　一九三二年）において、朝鮮の「鼠の嫁入り」が紹介された。同年これを受けて、南方熊楠が、「もぐらの嫁さがし」（「俚俗と民譚」第七号　一九三二年）を著す。ここで、『パンチャタントラ』『応諧録』『沙石集』を足がかりとして、インドから日本へ話が移動したことを述べている。そして、他国との比較ではないが、先の南方熊楠の論を受けて、やはり同年、栗山一夫が「『もぐらの嫁探し』に就いて」（「俚俗と民譚」第一〇号　一九三二年）の中で、この話に差別を肯定させる階級性があることを説く。

さらに近年では、鵜野祐介「『鼠の嫁入り』の起源と構造――伝承文学にみる『子どものコスモロジー』――」（「梅花女子大学心理こども学部紀要」第一号 二〇一一年）において、この話の構造分析がなされ、他の子どもの遊びやわらべ唄、昔話との共通性が指摘されている。

本章で扱う中国の「鼠の嫁入り」についての研究となると、野村純一「『老鼠娶親』の道」（『昔話伝説研究』第一三号 一九八七年）が挙げられる。ここでは、中国の年画に描かれる「鼠の嫁入り」と『応諧録』所載の「猫の命名」を主に用いて、中国の「鼠の嫁入り」について迫っている。同年、百田弥栄子「俗信の所産としての『鼠の嫁入り』」（『民話と文学』第一八号 一九八七年）でも年画「鼠の嫁入り」の背景に口承の昔話「鼠の嫁入り」があることが明らかにされ、幾話かの年中行事「鼠の嫁入り」[3]の起源を説く口承「鼠の嫁入り」が紹介された。また、中国の少数民族において「鼠の嫁入り」が伝承されていることも紹介された。そして、年画やそれにまつわる言い伝えには豊作を祈願する気持ちが込められていたと結論づけている。中国に於いて「鼠の嫁入り」が伝えられていることは、以上の二つの研究により明らかにされた。

また、野村純一「『老鼠娶親』と『逼鼠蚕猫』」（『國學院雜誌』第一〇三巻第一一号 二〇〇二年）では、中国の年画「鼠の嫁入り」の中で、猫が鼠の嫁入り行列を襲う場面がある理由を探っている。年画「逼鼠蚕猫」を手がかりに、財宝神とされる鼠を歓迎する一方、鼠の著しい増殖を抑制しようとする考えがあることを指摘している。これについては、この説を補強する資料があり、第四節で再び述べる。

「鼠の嫁入り」の研究史は以上の通りである。次に文献上に残された「鼠の嫁入り」と日中両国の口承の「鼠の嫁入り」を、新資料を元に分析していく。

第三節　文献に見える「鼠の嫁入り」

「鼠の嫁入り」の話の源は、研究史で既に触れた通りインドにある。インドの『パンチャタントラ』[4]・ボンベイ版第四巻　第八話（一～六世紀に成立）に記載の話をまとめると、およそ次のようである。

苦行僧（隠者）が鷹に襲われた子鼠を助ける。鼠を少女の姿に変え娘とする。娘が年頃となったので婿を捜す。太陽→雲→風→山→鼠と辿り、結局娘は鼠の姿に戻り、鼠へと嫁ぐ。

インドとわが国の架け橋となる中国では「鼠の嫁入り」に関する文献上の話は今のところ見つかっていない。ただし、後述するが同じ循環型の話（順を巡り、最後に元に戻る話）として「猫の命名」は、見ることが出来る。

そしてわが国では『沙石集』[5]（一二七九年以降の数年間に成立）に「鼠の嫁入り」が載っている。筋は次の通りである。

鼠が娘を生む。天下に並びない婿をとろうと太陽→雲→風→山→鼠と辿り、結局鼠を婿にとる。

このように見ていくと、インドとわが国では話の冒頭のみに相違があり、後はほぼ同じ筋であることが分かる。では、次に中国の「猫の命名」について探る。

「鼠の嫁入り」の研究史の中でも触れたことであるが、「猫の命名」は既に中国の『応諧録』[6]に記載されていることが指摘されている。『応諧録』は劉元卿（一五五四～一六〇九年）によりかかれた書で、成立年は不明である。話の筋は次の通りである。

最初、猫を「虎猫」と名付けていたが、虎より龍の方が強いので名前を「龍猫」にしようとする。しかし、龍は雲に乗らなければ天に昇れないので、雲が尊いとなり、雲は風に及ばない、風は壁に遮られると話が展開する。そして、壁は鼠に穴を掘られるので「鼠猫」と名付くべきとなるが、猫は鼠を捕るので、猫の名前は即ち「猫」となる。

この話は、わが国へも伝わり、落語などで主に語られていることも既に明らかにされている。ちなみに『落話花之家抄』（一七七八年）の「猫」という件では、猫→虎→龍→雲→牆→鼠→猫と名前が変わり、その筋立てにほとんど変わりがないことが見て取れる。

この「猫の命名」についてこれまで『応諧録』の記載のみが指摘されてきたが、他にも記載があることが分かった。『詞謔』と『一笑散』(7)中の記載である。この二冊についても成立年は不詳であるが、どちらも李開先により書かれたものである。李開先の生没年は一五〇一年もしくは一五〇二年から一五六八年であり、劉元卿より五十歳ほど年長であるが、二人は同時代を生きている。つぎに、比較のために『一笑散』と『応諧録』の「猫の命名」を挙げておく。話の筋は、冒頭以外はほぼ同じである（ちなみに『詞謔』と『一笑散』の筋は同一）。

『一笑散』

谷少岱璇璣詞韻、過于用心、費了許多轉摺、終不如舊韻之簡便。主人有好諛者、客但稱其好事或好物、則出酒食相労、不則終日清坐而已。客有饑而投謁者、素知其性、見一猫自内出、即従而稱之曰、身如白玉、尾如黄金、此名金鈎掛玉瓶、他人家何得有此、主即喜而呼茶酒。已而問何物出猫之上、則曰猫似虎、虎大而猛獣也、因名猫以虎。又問虎之上、則曰龍升天而虎在地、又稱必先龍而後虎、乃又名猫以龍。又問知龍非雲不神、雲因風而散、風遇牆而止、鼠鑽牆而穴、乃又名猫以雲、以雲以牆以鼠。至是而酒食酔飽。復問鼠有何物出其上、惟猫能捕之。卒帰于原名曰猫而已。是事得無類于改韻書耶。

『応諧録』「猫號」
斉奄家畜一猫、自奇之、號于人曰虎猫。客説之曰、虎誠猛、不如龍之神也。請更名曰龍猫。又客説之曰、龍固神于虎也。龍升天、須浮雲、雲其尚於龍乎。不如名曰雲。又客説之曰、雲靄蔽天、風倏散之、雲故不敵風也。請更名曰風。又客説之曰、大風飈起、維屏以墻、斯足蔽矣。風其如墻何、名之曰墻猫可。又客説之曰、維墻雖固、維鼠穴之、墻斯圮矣。墻又如鼠何、卽名曰鼠猫可也。東里丈人嗤之曰、噫嘻、捕鼠者故猫也。猫即猫耳。胡為自失本眞哉。

さて、どちらがわが国へ影響を与えたかということについては、今後の課題とする。しかし、李開先と劉元卿の生きていた明時代に、「猫の命名」が少なくとも知識階級には随分と知られていた話であったということは推測できる。

第四節　「鼠の嫁入り」の背景としての民俗

中国に於いて「鼠の嫁入り」と言った場合、昔話と年中行事、そして年画の三つを指すことになる。昔話「鼠の嫁入り」は、インドを話の源として、中国でも広く伝承されている話である。一方、年中行事と年画については、嫁入りの際の様子を始めとして中国の特徴が強く出たものと言える。

年中行事「鼠の嫁入り」については、永尾龍造『支那民俗誌』第二巻（支那民俗誌刊行會　一九四二年）の第一章・第六節・第二項「鼠の嫁入り」に詳しく紹介されている。また、中国側の資料としては、馬昌儀『中国生肖文化叢書鼠咬天開』（社会科学文献出版社　一九九八年）において、地方史誌を基にした丁寧な紹介がなされている。

永尾龍造は、年中行事「鼠の嫁入り」と昔話「鼠の嫁入り」は無関係であるとした上で、年中行事「鼠の嫁入り」を紹介している。その述べるところは次のようである。中国中部の「最も華やかな鼠の嫁入り」を総合しての記述を要約した。(8)

嫁入りに必要ないろいろな道具を家庭の女子供が作ってやる。大体、人間の嫁入りに必要なものを標準として作る。

まず一番必要なのは輿。きびがら、竹、草の茎などを乾かしたものを骨組みとして糸で縛り、五色の紙を貼って輿の形を作り、周囲に細かい模様のものを貼る。

この他、行列の人が持っていく官銜牌、旗、傘、金瓜、剣戟、長槍、鉞斧、提灯、提爐、などの儀仗を揃える。

ただし、楽器類はあまり作らないようである。

次に、鼠の嫁さんの着物を作る。着物には夏、冬どちらのものも用意してやる。そして、靴も用意。他に擡盒といって嫁入り小道具を載せて担ぐ台を幾つか作り、その中に入れる机、椅子、花瓶、痰壺、時計、茶碗、皿などを紙細工で作る。

これらの道具が出来ると、子供達は鼠の嫁入りの晩、九時か十時頃、人が寝静まってから、部屋の東南の隅に並べる。その前に、香をたき、灯明を灯して鼠の神を祀るのだが、子供の遊びなので、祭肴を供えたり、紙銭を焚いたりはしない。祭りが終わると、「飯団」(ご飯で作った団子)や棗をいくつか地面に並べ、これらの食物の上に、嫁入り道具や儀仗などを挿し立てる。順序は一番先に旗、傘、牌子、次に提灯、そして花嫁の輿、最後に花嫁の粧身具や持ち物。

ここで、子供は小声で「鼠公」(鼠のお父さん)にお祝いを言う。この日は鼠に敬称をつける。この時子供達はお祝いを述べるとともに、どうかこの年中家の中を荒らさないでくれと言うようなことも併せて唱える。

これが済むと、子供達は静かに寝室に入って寝なければならない。夜中に寝台を降りたり、覗いたりしてはならない。もし、嫁入りの邪魔をすると、鼠はその子供の着物ばかりを噛むという。

そして朝起きて、行列の儀仗などが散乱し、団子や棗などが無くなっていると、鼠の嫁入りが無事終わったとみて、またその年は鼠の害を受けないという。

このような「鼠の嫁入り」に関する、永尾龍造の考えを纏めると次の通りである。

一般の家庭でも農家でも鼠の害に苦しんでいる。鼠を退治して、この鼠の害から免れようとする祈念、及び、鼠の害を恐れた結果、財神として祀る習慣が起こり、それを祈って穀類の増殖を祈る農家の念願とが合わさり、正月始めに「鼠の嫁入り」の習慣が起こった。

鼠の害に苦しむ→あきらめ憎む、または恐怖心が生じる→これが募って神聖視する→鼠を敬して祈る→これに求める気分がさらに一転して親しむ気持ちとなる→鼠を田父とまで呼ぶ。

鼠が「退治される存在」と「祭られる存在」の二面性を持つところから、年中行事の「鼠の嫁入り」が生まれたとするこの考え方は、この後述べる年画「鼠の嫁入り」に登場する猫、すなわち「鼠を抑える存在」を人間が必要とするところへと繋がる。

ちなみに、この年中行事を、永尾龍造は「正月始め」としているが、馬昌儀が調べたところでは、早いところでは、十二月二十三日に行い、遅いところでは、一月二日と、地方によってかなりの開きがある。また、行事の内容も、「鼠の嫁入り」を邪魔しないように静かにするという大枠はある程度共通しているものの、細かい内容となると、これも地方ごとの特徴がかなり見られる。

さて、永尾龍造は年中行事「鼠の嫁入り」と昔話「鼠の嫁入り」の関係を否定していたが、第二節の研究史でも触れた通り、百田弥栄子の研究において、年中行事「鼠の嫁入り」の起源を説く昔話「鼠の嫁入り」が紹介された。後述の第六節になるが中国の「鼠の嫁入り」の表の17・21が、その紹介された話であり、同じ表の11・12・22もまた年中行事「鼠の嫁入り」と繋がる話である。この内、11・12・17の話は、インドに起源を持つ循環型の話であり、中国で伝承されるうちに、年中行事の起源を持つ話として変化したことが窺える。そして21・22の話は同じ題名で語られるものの、循環型の話とは関係なく年中行事の起源を説く話である。

次に、年中行事と密接に関わっている、年画について見ていきたい。

研究史で触れた通り、野村純一「『老鼠娶親』と『逼鼠蚕猫』」では、年画「老鼠娶親（鼠の嫁入り）」と「逼鼠蚕猫」の関係性を指摘している。「逼鼠蚕猫」は養蚕農家が鼠よけのために貼る絵（図1）であり、ここに登場する猫は虎に似せて描かれている。この箇所を引用すると次のように述べられている。

（図1）「逼鼠蚕猫」(9)

（図2）「鼠の嫁入り」(10)

養蚕農家のひとたちは「猫」の中に「虎」を見、同時にまた「虎」の中に、わが家の「猫」を見出して、そのときはじめて「虎」の威力を擁した一匹の「大猫」、いわば不倶戴天の敵、鼠を追い出す「蚕猫」を得るに至った。その上でようやく、絵符の呪力と機能に大いなる期待を寄せたに違いないと考えたからである。

ここで野村純一は、虎のような猫の呪力を説き、それが中国の年画「鼠の嫁入り」に関係があることに言及している。年画「鼠の嫁入り」の絵には、鼠が婚礼の行列を組んでいる様子が描かれているが、時として、嫁入りを邪魔する猫が描かれている（**図2**）。賑々しく鼠の婚礼が執り行われている、その隅に猫が描かれており、中には行列の鼠を襲う猫まで登場する。野村は、この猫に虎の強さがあり、鼠が増えすぎることに対する一種の抑えとして、猫が描かれることを説いている。実は中国の昔話を探ると、この説を補強するある話を目にすることが出来る。文献には見られないものの広い範囲で語られる笑い話「県官画虎（役人が虎を描く）」である。そのうちの一話を紹介し、その後管見の話を纏めた表を示す。

「県官画虎」（後掲「県官画虎」の表2の話）

昔、ある金持ちが金で七品官を買った。彼は学問が無く、政治も出来ない。しかし、彼は気取って、文筆を弄んだ。ある日、彼が一匹の虎を描いていると、一人の使用人が見て「虎ではない、猫のようだ」と言った。役人は怒って、使用人を百叩きにしたが、それでも怒りが解けず、従者に「虎に似ているか」と尋ねた。従者が答えることが出来ずにいると、役人は使用人を指さして「似ているか」と尋ねた。使用人は「怖い」と答えた。

「おまえは何が怖いんだ」

「あなたです」

役人は問い返した。「おまえが私を怖いなら、私は誰が怖いか」

「皇帝が怖いです」

「皇帝は誰が怖いか」

「皇帝は天が怖いです」

「天は誰が怖いか」

「天は地が怖いです」

「地は誰が怖いか」

「地は鼠が怖いです」

「鼠は誰が怖いか」

「鼠はあなたのその絵が怖いです」

役人はそれを聞くと、満足していった。「その通りだ」


例として挙げた話は最後の箇所が重要であろう。最後の部分で使用人の答えは「その絵の猫」が怖いと言ったのであるが、役人は「鼠が怖いのは自分の描いた虎」だと誤解している。ここにこの笑い話の落ちがある訳だが、この話の背景として「虎のような猫」を鼠が怖がる前提がなければ話は成立しない。また、虎の威力を鼠が恐れる前提がなければ役人の誤解は生まれない。さらに表5の話（内容は本書資料編に記載）においても、捕り手役人の答えを聞いた県の長官は、その答えに満足をして褒美を取らせている。ここでも、同じ誤解が生まれている。ちなみに、中国の剪紙（切り絵）における虎は、ほぼ猫のような形で表されることが多く、虎と猫の境界線は曖昧なものであると言ってもよいだろう。

何はともあれ、この「鼠が恐れる絵」の話の中に昔話「鼠の嫁入り」が盛り込まれていることを考えれば、年画「逼鼠蚕猫」と「鼠の嫁入り」の関係も密であったことを想定することは可能ではなかろうか。

中国の「県官画虎」（出典資料名は本章末に記載）（訳は資料編の「鼠の嫁入り」の後に記載）

	虎を描く人	答える人	答える順序	伝承地・民族
1	司法官	お世辞を言いたくない人	虎→太陽→雲→風→壁→鼠→絵	チベット
2	役人（七品官）	使用人	役人→皇帝→天→地→鼠→絵	四川省漢族
3	県の長官	使い走りの者	長官→皇帝→天→雲→風→壁→鼠→絵	湖北省漢族
4	県の長官	下級役人	長官→皇帝→天→雲→風→壁→鼠→絵	湖南省漢族
5	県の長官	捕り手役人	長官→皇帝→天→雲→風→壁→鼠→絵	福建省漢族
6	国王の猫を殺したコックが、罪を許される代わりに、国王に循環形式の話をすることを求められる。		国王→天→雲→風→壁→鼠→猫→コック→国王	チベット

（6の資料に関しては、「官県画虎」の話とは直接関わらず、身分の高い者が低い者に難題を押しつけることが共通する類話である）

第五節　わが国の「鼠の嫁入り」について

次に口承の昔話「鼠の嫁入り」について見ていきたい。

手順として、わが国の「鼠の嫁入り」を昔話集や市町村誌などから集め、整理した。全国から五二話、それ以外の循環形式の話に関しては一一話集めることが出来た。ここで分析した結果を報告する。

「鼠の嫁入り」に関しては、先に述べた『日本昔話事典』よりさらに多くの話にあたることが出来たが、結果として、『日本昔話事典』の解説の確認をするにとどまった。全国的に（アイヌを抜かして）話に大きな変化はない。その他の循環形式の話については、次の三パターンが語られている。

一　氷の上で滑った動物から世の中で何が偉いかを考え始め、最後に人に辿り着く。（アイヌで語られる話）

二　飼っている動物に、より強いものを名前としてつけようとして、最後にその動物に辿り着く。（「猫の命名」と同じ筋）

三　仕事に不満を持つ石屋が、より偉いものに姿を変え、最後に石屋に辿り着く。

日本「鼠の嫁入り」調査話一覧（出典資料名は章末に記載）

	伝承地	動物	結婚相手を捜す順序	備考
1	青森県下北郡東通村	鼠	月→雲→風→柵→鼠	
2	西津軽郡車力村	鼠	太陽→雲→風→壁→鼠	
3	宮城県栗原郡一迫町	土竜	太陽→雲→風→地蔵→土竜	
4	本吉郡津山町	土竜	太陽→雲→風→地蔵→土竜	
5	秋田県北秋田郡阿仁町	鼠	月→雲→風→壁→鼠	
6	平鹿郡増田町	鼠	月→雲→土蔵の白壁→鼠	鼠は鼠の子、百姓は百姓の子。
7	山形県南陽市	鼠	太陽→雲→風→壁→鼠	
8	南陽市	鼠	太陽→雲→風→壁→鼠	
9	西置賜郡白鷹町	鼠	太陽→雲→風→山→マリ→鼠	（冒頭）梟が落とした鼠の前世を坊さんが見ようと魔法で元に戻す。鼠は一五・六歳の娘となる。山はマリに乗り越えられる。

10	西置賜郡小国町	鼠	太陽→雲→風→土手→鼠	
11	最上郡最上町	土竜	太陽→空→雲→風→山→鼠	
12	酒田市	鼠	太陽→雲→風→壁→鼠	より賢い神様を求めて鼠に戻る。
13	福島県耶麻郡猪苗代町	土竜	太陽→空→雲→風→土手→土竜	
14	田村郡船引町	土竜	太陽→月→風→壁→地蔵→土竜	全てに縁組みを断られ、土竜の嫁となる。
15	福島市	鼠	太陽→雲→風→壁→鼠	
16	栃木県上都賀郡粟野町	鼠	太陽→雲→風→壁→鼠	
17	埼玉県川越市	鼠	太陽→雲→風→壁→鼠	(冒頭)子のない鼠が神に祈り子を授かる。
18	秩父郡皆野町	鼠	太陽→雲→風→壁→鼠	
19	新潟県東頸城郡松代町	土竜	太陽→雲→風→岩山→土竜	
20	佐渡郡赤泊村	鼠	太陽→雲→風→壁→鼠	
21	長岡市上前島町	土竜	太陽→雲→風→土手→土竜	
22	見附市下関町	土竜	太陽→雲→風→山→鼠	
23	南蒲原郡	土竜	太陽→空→雲→風→土堤→土竜	
24	北蒲原郡	鼠	太陽→雲→風→壁→鼠	
25	栃尾市	土竜	太陽→雲→風→土手→土竜	
26	石川県小松市波佐谷町	鼠	太陽→土竜→鼠	
27	長野県伊那地方	鼠	太陽→雲→風→壁→鼠	
28	愛知県岡崎市額田町	鼠	太陽→雲→風→壁→鼠	
29	岡崎市大柳町	鼠	太陽→雲→風→壁→鼠	
30	和歌山県 西牟婁郡すさみ町	鼠	太陽→雲→風→壁→鼠	
31	大阪府大阪市北区	鼠	太陽→月→雨→風→雷→壁→鼠	雷は壁を囓ることが出来ないが鼠は壁を囓ることが出来るという。
32	滋賀県蒲生郡竜王町	鼠	太陽→風→壁→鼠	
33	甲賀郡甲南町	鼠	家の土台の材木→風	

34	甲賀郡信楽町	鼠	太陽→雲→風→白壁→鼠	鼠は身分相応に鼠へ嫁入り。
35	京都府船井郡和知町	どじょう	蛙→たこ面→百足→やまめ→どじょう	全てに嫁取りを断られ、どじょうを嫁にとる。
36	兵庫県美方郡美方町	鼠	太陽→雲→風→壁→鼠	
37	鳥取県東伯郡東伯町	土竜	太陽→雲→風→山→土竜	真っ白な土竜の娘の婿を捜す。
38	岡山県川上郡備中町	土竜	太陽→雲→風→壁→土台→鼠	
39	阿哲郡哲西町	鼠	太陽→雲→風→壁→鼠	
40	阿哲郡大佐町	鼠	太陽→雲→風→壁→鼠	
41	苫田郡上斎原村	鼠	村長→太陽→雲→風→壁→鼠	
42	和気郡和気町	土竜	太陽→雲→風→土塀→土竜	
43	広島県甲奴郡上下町	鼠	太陽→月→雲→風→壁→鼠	太陽は目が眩むので月にした。
44	山県郡千代田町	鼠	太陽→雲→風→唐紙→鼠	
45	山県郡千代田町	鼠	太陽→雲→風→壁→鼠	
46	福山市	土竜	太陽→空→雲→風→土鼠	
47	香川県	鼠	月→雲→風→壁→鼠	
48	福岡県京都郡	土竜	太陽→雲→風→大地→土竜	真っ白な土竜の娘の婿を捜す。
49	大分県東国東郡武蔵町	土竜	太陽→黒雲→風→練塀→鼠	
50	鹿児島県川辺郡大浦町	鼠	太陽→雲→風→壁→鼠	
51	沖縄県那覇市	鼠	太陽→雲→風→壁→鼠	
52	中頭郡勝連町	鼠	壁→月→雲→風→壁→鼠	

日本　循環形式の話　調査話一覧（「鼠の嫁入り」以外の日本に伝わる循環形式の話）

話の筋

○53〜58氷の上で滑った動物から世の中で何が偉いかを考え、最後に人へ辿り着く。

○59・61・62飼っている動物の名付けに、より強いものを付けようとして、最後にその動物へ辿り着く。（猫の命名）

○60・63仕事に不満を持つ石屋が、より偉いものに姿を変え、最後に石屋へ辿り着く。

	伝承地	動物	循環の順序	備考
53	北海道登別市	狼の子	氷→太陽→雲→風→山→木→人	氷に滑った狼の子から偉いものを探す。
54	虻田郡虻田町	人間	氷→太陽→雲→風→山→木→人	
55	釧路市	狼の子	氷→太陽→雲→風→ペソ（地球）→木→人→死神→人	人は死ぬので死神が勝るが、死神も人を全滅できないので、人が勝る。
56	河西郡芽室町	神	氷→太陽→雲→風→山→木→人→死神→犬	死に神は犬に見つけられるので、犬が偉い。
57	沙流郡門別町	狼	氷→太陽→雲→雨→土→木→人	
58	静内郡静内町	小じらみ	氷→太陽→雲→風→斜面→木→人→悪神→土	
59	山形県上山市	猫	天道様→雲→風→板塀→鼠→猫	猫に一番荒い名を付ける。
60	埼玉県川越地方	石屋	太陽→雲→風→岩→石屋	石屋が仕事の苦労を嘆き、偉いものに姿を変えようとする。
61	新潟県長岡市	犬	虎→龍→風→障子→鼠→猫→犬	犬に一番強い名を付ける。
62	山口県大島郡	猫	犬→虎→龍→雲→風→障子→猫	最後は「三毛」という名になる。
63	佐賀県神埼郡	石屋	将軍→太陽→雲→風→山→根石→石屋	

第六節　中国の「鼠の嫁入り」について

中国でも、やはり「鼠の嫁入り」の話は語られている。このことは、すでに研究史でも触れたように、百田弥栄子により指摘されている。そこで、まずここでは中国でどのような語られ方をしているかについて言及する。まずは、中国の「鼠の嫁入り」を表にして示す。

中国「鼠の嫁入り」（循環形式の話を含む）（出典資料名は章末に記載）

	探す動物	探す理由	探すものの順序	伝承地・民族
1	美しい鼠の娘	婿取り	太陽→月→雲→風→山→鼠	カザフ族
2	美人鼠	婿取り	太陽→月→黒雲→大風→高い山→鼠	青海省カザフ族
3	鼠の母	婿取り	太陽→雲→風→壁→鼠	四川省漢族
4	鼠の王	婿取り	風神→水牛→（牛の縄をとる）人→鼠→猫→鼠	雲南省アチャン族
5	鼠の王	婿取り	風神→水牛→（牛の縄をなう）→鼠→猫→鼠	雲南省アチャン族
6	鼠の精	婿取り	太陽→雲→大壁→鼠	雲南省漢族
7	鼠の娘	婿取り	太陽→雲→風→壁→鼠	雲南省ワ族
8	大鷲	落ちる天を支えるものを求めて	猫→月→太陽→雲→大風→蟻→雄牛→縄→猫	雲南省ワ族
9	鳶	猫に襲われる子を助けて貰うため	太陽→霧→風→蟻→雄牛→ランカン→鼠→猫→川獺	雲南省ワ族
10	鼠の親	婿取り	太陽→雲→風→壁→鼠	貴州省漢族
11	鼠の親	婿取り	太陽→雲→風→壁→鼠 嫁入りが一二月二四日。この日を鼠の嫁入りの日として、婚礼を邪魔しないよう米をついたり、臼を回したりしない。	湖北省漢族
12	鼠の親	婿取り	猫→雨→太陽→雲→風→壁→鼠 鼠の嫁入りの日、猫が婚礼の列の整理を手伝った。	湖南省漢族
13	鼠の母	婿取り	月→雲→風→壁→鼠→猫 最後は訪ねた猫に喰われてしまう。	河北省漢族
14	鼠の親	婿取り	太陽→雲→風→雨→石→壁→鼠	遼寧省漢族
15	鼠の母	婿取り	太陽→雲→風→壁→鼠	浙江省漢族

16	魔術を使う老人	娘にした鼠のための婿取り	太陽→雲→風→壁→鼠	海南省漢族
17	仙術を使う老人と鼠の娘	婿取り	太陽→雲→風→壁→鼠 嫁入りをした日は正月二五日。	不明 恐らく漢族
18	鼠が強いものに姿を変えたいと願う。猫→犬→虎→獅子→狩人と思いを巡らせるが、父親から、人が貴いのは勇気があるからで、臆病なおまえは鼠でいるのがよいと言われる。			台湾 民族は不明
19	氷の上で滑った少年が、氷に対して誰が強いかを尋ねる。 氷→太陽→雲→風→岩壁→獣→人と変わり、最後は人が強いとなる。			黒竜江省 ダフール族
20	氷の上で滑ったカワウソが、氷に対して誰が凄いかを尋ねる。 氷→太陽→雲→風→塀→鼠→猫→人と変わり、カワウソは人を訪ねて殺されることを恐れ、最後は人が強いとなる。			エヴェンキ族
21	正月一七日の鼠の嫁入りの日に、猫が鼠を狙う。猫に狙われていると知った鼠は策を練り、猫を魚と酒で買収し無事に嫁入りを終わらせる。			広東省漢族
22	鼠の精が化けた若者が皇帝の娘と結婚する。鼠の精は、鼠達を化けさせ、豪華な婚礼の列を作り、娘を娶る。夜、部屋から抜け出す若者を怪しく思った娘が、跡をつけてみると、若者は鼠の精であり、夜中に「鼠の嫁入り」遊びをしていることを知る。若者の正体を知り怒った娘は、若者を殺す。鼠の嫁入りの日は正月一〇日である。			山西省漢族

では、最初にわが国と全く同じ筋を持つ話が中国でも語られていることを、表1の話を見て確認しておきたい。

「美麗的鼠姑娘」（美しい鼠の娘）（梗概）　カザフ族

昔、鼠が美しい娘を生んだ。鼠の娘は嫁入りの年になると、自分に似合いの相手を捜そうと思った。最初に、太陽が最も美しく価値があり有能であると思い、太陽を訪ねる。しかし太陽は、夜でも昼のように照らすことができる月の方が立派だと言う。そこで月を訪ねると、月は自分を覆う雲を訪ねるべきだと言う。このように、雲は自分を引き裂く風を、風はいくら吹いても微動だにしない山を訪ねるべきだと言う。そして、山を訪ねるが、山は自分に穴を掘る鼠にはかなわないと言う。最後に美しい鼠は、自分の同類に勝る相手を見つけることができず、鼠に嫁入りするしかなかった。

右に要約した話では太陽の次に月を訪ねているが、わが国の口承でも月の登場する話はあり、一読して分かると思うが、話の始まり、展開、結末は同じである。このように中国では、わが国と同じ筋の話が語られている。ただ、この話以外でも中国では、他の話に循環形式の話を組み込んで語られているのが目に付く。その例を挙げてみる。

表8「誰做天下万物之王」（誰が万物の王となるか）（梗概）　ワ族

昔、大地が現れたとき、形が定まらず毎日変化していた。万物は、誰かが大地を固めてくれることを願っていた。蛙が「私の背のようにつるつるになれ」と大地に言うと、大地はその通りに変わったが、全てが平らになったため洪水が起きて失敗する。次に蛇が「私の背のように凸凹になれ」と大地に言う。大地はその通りに変わり、山、平原、河、海ができた。これにより、蛇が万物の王となった。長い月日が過ぎ、蛇の王が死んだ。万物は悲しみ、豚を殺し、蛇に生け贄を捧げた。このことが天上の神を怒らせ、天が落ち始めた。

万物は、天を支えられるものを王にしようと相談する。結果、月に豚の脚を捧げて、王となって貰うことになる。大鷲が豚の脚をくわえ、月へ遣いに行く。途中で猫と会い、猫が豚の脚を欲しがるが、大鷲は断る。大鷲が月と話すと、月は太陽に及ばないと言う。そこで、太陽に行くと、太陽は雲に及ばないと言う。このようにして、大風、蟻、雄牛、縄、鼠と次々に訪ねたあげく、猫へと戻ってくる。猫は、豚の脚を受け取るが、既に臭くなっていた。猫は怒って、豚の脚で大鷲の尻を叩いた。大鷲は、この時から臭くなった。また、万物の願いを無にしたと思い、草むらに隠れあまりでてこなくなった。

一方、落ちてきた天は、米をついていた女性の米搗き棒に押し返されて、元に戻った。これより、人が万物の王となった。

表9「猫和老鷹」(猫と鳶)(要約) ワ族

川獺と猫は仲が良く、いつも川獺が、猫に魚を捕ってあげていた。ある日、猫が貰った魚をすぐに食べず、木の下で昼寝をしていた。その木の上に、子供を孵したばかりの鳶がいて、餌を探しに出た。猫が置いていた魚を、食べ残しと思い、子供に食べさせてしまう。猫がそれに気づき、代わりに鳶の子を食べようとする。

鳶は、猫との間を仲裁して貰うべく、太陽を訪ねる。しかし、太陽は、自分を遮ってしまう霧を訪ねろと言う。そこで、霧を訪ねると、自分を吹き散らす風を訪ねろと言われる。このようにして、風、蟻、牛、ランカン(木)、鼠と訪ねて、結局、鼠よりも猫が強いとなってしまう。

困った鳶は、猫と仲良しの川獺に頼み、このもめ事を収めてもらった。

このように、中国では他の話の中に循環形式の話を組み込んでいる。「鼠の嫁入り」の筋では、鼠は同類の鼠と結婚して「結局、身分は乗り越えられない」という話にもとれる。この点から、研究史でも触れたように「鼠の嫁入り」は身分差別を肯定する構造を持っているという指摘がされてきた。しかし以上見てきた二つの話では、純粋に循環する話の面白さのみに興味があることが分かる。そして、ここに挙げた二つの話が「鼠の嫁入り」の影響を受けて成立していることは見て取れると思う。恐らくは、最初に語られていた「鼠の嫁入り」の話の循環する筋が面白いため、それを別の話に付け加えるなどしたのだろう。

ちなみに、中国で循環形式の話の面白さに目をつけ、それを話に取り込んだといえば、本章の第四節で取り上げた「県官画虎」もその好例であろう。「県官画虎」の話においては既に、「なぜ太陽より雲が強いか」などの理由を語ることなく、「太陽より雲が強い」ことが、自明の理として語られており、明らかに「鼠の嫁入り」を前提とした内容となっている。特に「県官画虎」表6のチベットの話では、国王の猫を殺してしまったコックが、その罪を許してもらうために、国王から循環形式の話をすることを求められる。この時の国王の言葉は「終わらない丸い話をしろ」という表現になっていて、最初に国王から「国王は何が怖いか」という問いかけがコックにある。それを引き継いだコックは、「国王は天が怖い」と語りだし、国王→天→雲→風→壁→鼠→猫→コックと怖い順を挙げていく。そして最後に「コックは国王が怖い」と纏めて、国王に褒められるという話となっている。

さて、中国ではこのように循環形式の内容を様々な話に組み込んで語っているが、これらの話はわが国では今のところ確認できず、日本への影響は無かったものと思われる。

一方で、直接にわが国へ影響を与えたと思われる循環形式の話もある。次に挙げる一話は、中国の東北地方で語られる話である。

表19「誰有本事」（誰が力を持っている）　ダフール族

冬、一人の男の子が河の氷の上で遊んでいた。突然、仰向けに滑って転んでしまった。そこで、男の子は這い起きて、氷に向かって尋ねた。「氷よ、氷。誰が力を持っている?」

氷は答えた。「私が力を持っている。そうでなければ、あなたを滑らせて倒すことが出来るか、出来ないでしょう?」

男の子は再び尋ねた。「あなたに力があるなら、なぜ太陽に溶かされるの?」

氷は答えた。「あ、それなら太陽が力を持っている」

男の子は太陽に向かって尋ねた。「太陽よ、太陽。誰が力を持っている?」

太陽は答えた。「私が力を持っている。そうでなければ、氷を溶かすことが出来るか、出来ないでしょう?」

男の子は再び尋ねた。「あなたに力があるなら、なぜ雲に覆われるの?」

太陽は答えた。「あ、それなら雲が力を持っている」

男の子は雲に向かって尋ねた。「雲よ、雲。誰が力を持っている?」

雲は答えた。「私が力を持っている。そうでなければ、太陽を覆うことが出来るか、出来ないでしょう?」

男の子は再び尋ねた。「あなたに力があるなら、なぜ風に吹き散らされるの?」

雲は答えた。「あ、それなら風が力を持っている」

男の子は風に向かって尋ねた。「風よ、風。誰が力を持っている?」

風は答えた。「私が力を持っている。そうでなければ、雲を吹き散らすことが出来るか、出来ないでしょう?」

男の子は再び尋ねた。「あなたに力があるなら、なぜ岩壁に遮られるの?」

風は答えた。「あ、それなら岩壁が力を持っている」

男の子は岩壁に向かって尋ねた。「岩壁よ、岩壁。誰が力を持っている?」

岩壁は答えた。「私が力を持っている。そうでなければ、風を遮ることが出来るか、出来ないでしょう?」

男の子は再び尋ねた。「あなたに力があるなら、どうして獣に登られるの？」

岩壁は答えた。「あ、それなら獣が力を持っている」

男の子は獣に向かって尋ねた。「獣よ、獣。誰が力を持っている？」

獣は答えた。「私が力を持っている。そうでなければ、岩壁を登ることが出来るか、出来ないでしょう？」

男の子は再び尋ねた。「あなたに力があるなら、なぜ狩人に殺されるの？」

獣は答えた。「あ、それなら人が力を持っている」

男の子は笑って言った。「はっはっ、世の中でやはり我々、人が力を持っている」

このようにして、男の子は喜んで走り帰っていった。


そして、全く同じ趣向でエヴェンキ族でもこの話が語られている。


表20「誰が最も凄いか」（エヴェンキ族）（中国東北部雅魯河流域）

カワウソが氷の上を歩いていた。歩いていると、うっかりして、滑った二本の脚が這って開いて、腰の骨が二つに砕けてしまった。カワウソは怒って、氷に「氷よ氷、おまえは凄いのか」と尋ねた。

氷は言った「私はどうして凄くないのか、凄くないならどうしておまえを滑らせて腰の骨を二つに砕けるのか」

カワウソは問い返して言った。「それなら太陽が一照りしたら、おまえはどうして溶けるのか」

「それなら、当然太陽が最も凄い」

カワウソは太陽に行ってまた尋ねた。「おまえは凄いのか」

太陽は言った。「もちろん！」

「それなら雲が遮ったら、おまえはどうして凄くなくなるのか？」

カワウソは、「違う、雲も別の怖いものがある」と思った。そこで、雲に行ってまた尋ねた。「雲よ雲、おまえはそんなに凄いのか」

雲は驕り高ぶって言った。「もちろん私が一番凄い！　凄くないのなら、太陽がどうして私を恐れるのか」

「それなら、風が吹いたら、思い通りにおまえを何処へでも吹いていって、おまえは何もできなくて、影も形も無くなってしまう。これで最も凄いと言えるのか」

カワウソは風に行ってまた尋ねた。「風よ風、おまえは本当にそんなに凄いのか」

「当然、風が最も凄い」

「当然だ、おまえは見たことないのか。雲はみな、私を恐れ、私が来ると奴は跡形なく去ってしまう」

カワウソは、「違う、風も出来ないことがある」と思った。そこでまた問い返した。「それなら塀を突き抜けることは出来るか」

風は出来ないことを認めない訳にはいかず、「やはり塀が最も凄い」と言うしかなかった。

カワウソはまた、塀がどのようにこの「凄い」法則を考えているのか試そうと思い、塀に行って尋ねた。「塀よ塀、おまえは果たして、そんなに凄いのか」

「もちろん私が最も凄い！　風は私に三分譲り、私に対して何も出来ないのを見たことがないか」

カワウソは思案し、まだ気に入らず、また尋ねた。「それなら、そんなに凄いのなら、なぜ鼠が勝手におまえの体に穴を開けていくんだ」

塀は頭を低くして、負けを認めて言った。「やはり鼠が最も凄い」

カワウソはまた、鼠に探りを入れに行った。「鼠よ鼠、おまえはそんなに凄いのか」

「もちろん私が最も凄い！　私が凄くないのだったら、城壁や家の中を思うように掘っていけるか」

「それなら、猫が思いのままおまえ達を殺すのに、おまえ達は少しも抗わず、逆に逃げるばかり……」

「あ！　やはり猫が最も凄い」

カワウソは徹底的に尋ねない訳にはいかず、猫のところに行って、また尋ねた。「猫よ猫、おまえはそんなに凄いのか」

猫は遠慮せず言った。「もちろん私が最も凄い、やつらはそれぞれを恐れて、最も凄い鼠さえ私に喰われるのを恐れている、誰が最も凄いかね」

カワウソはまた尋ねた。「それならおまえはどうして人を恐れるのか」猫は言った。「それならやはり人が一番凄い！」

この時、カワウソは考えた。「人は何を恐れているのか。何も恐れていない」そしてカワウソは人に殺されることを恐れて、人に尋ねに行かなかった。そこで、やはり人が世界中で最も凄いことになった。


ここに挙げた二話は、いずれも登場する動物が氷に滑るところから、問答が始まる展開を見せる。話の半ばに於いては「鼠の嫁入り」と同じように問答を繰り返し、最後に人が最も偉いとして話が終わる。内容から考えて、中国に伝わる「鼠の嫁入り」から変化をして語られるようになったと考えることが出来るが、現在確認することが出来るのは、ここに挙げた二話である。しかし、ダフール族やエヴェンキ族など、中国東北部に住む少数民族の伝承の中に見られることは確かであり、今後の調査で、中国東北部において更に多くの話に当たることは出来よう。
そしてこれらの話は面白いことに、アイヌに語られる「鼠の嫁入り」の類話と筋を同じくする。次にそのアイヌの話を一話挙げてみよう。

「偉いのは」(11)（早口ことば）　北海道　門別町

氷の上で小さな狼ころんだ
氷が偉いからだろうよ
氷が偉いのに太陽に溶かされるの？
太陽が偉いからだろうよ
太陽が偉いのにその上雲が通るの？
雲が偉いからだろうよ
雲が偉いのにそこから雨が降るの？
雨が偉いからだろうよ
雨が偉いのに土の上へ落ちるの？
土が偉いからだろうよ
土が偉いのにその上へ木が生えるの？
木が偉いからだろうよ
木が偉いのにアイヌに伐られるの？

アイヌが偉いからだろうよ
アイヌが偉いのに死んでしまうの？
アイヌが死んだらフッサフッサすれば生き返るものだよ

おそらくこのアイヌに伝わる話は、中国より伝播したものであろう。それは、両国の話の筋がかなり近いところから見て取れると思う。どちらも、話の最初で動物が氷に滑るところから始まり、そこから世の中で何が偉いか、力を持っているかの問答が始まる。そして表にまとめたわが国の「鼠の嫁入り」を見て分かるように、本州以南では現在のところ、このアイヌの話は確認されていない。このことから中国より本州を通らず、直接アイヌへ伝播した可能性が強いといえる。

さて、今回の調査で、幾つか新しい課題が生まれた。わが国「鼠の嫁入り」の表9の話[12]が、まず課題の一つとして挙げられる。この話は、冒頭に特徴があり、次のようである。

ふくろうはねずみいっぱい獲って眺めどったところが、坊さんどこさ、ばったり落としたど。坊さんがそのねずみ持って、
「人間がねずみとか、ノミとかに生まれ変わるそうだ。そのねずみはなじょなにんげんだったんだか」
と思って、魔法使いしてみたところが、十五六才になるええお姫様になったど。

「梟が落とした鼠の前世を見ようと、坊さんが魔法を使う。すると、鼠は十五六才の娘となる」という語りだしである。この話は『パンチャタントラ』の「苦行僧（隠者）が鷹に襲われた子鼠を助ける。鼠を少女の姿に変え娘とする。」という語りだしと非常に似ている。しかし、『沙石集』にはこの語りだしは無く、『パンチャタントラ』の話の流れを汲むことは分かるものの、伝承経路が不明である。現時点で確認できるこの語りだしの話は、わが国ではこれ一話であるが、いずれにしても、他の多くの「鼠の嫁入り」とは別経路で伝わった話であろう。

ちなみに中国の「鼠の嫁入り」表16・17の話も同じ様な語りだしで、鳶に捕まった鼠を神仙の術や魔術を使う老人が助け、術を使い、鼠を娘に変えている。この様に、口承では中国に似た語りだしを見つけられるものの、まだ調査話が少なく今後も話を集める必要がある。そして、インドとわが国の架け橋ともなる中国の文献に「鼠の嫁入り」が無いとは考えにくく、こちらの調査も引き続きの課題である。

註

（1）野村純一編『酒田の昔話』酒田市　一九七六年　二一五〜二一七頁

（2）稲田浩二・大島建彦・川端豊彦・福田晃・三原幸久編『日本昔話事典』弘文堂　一九七七年

（3）正月に行われる行事のこと。正月一七日の夜に鼠が嫁入りをするので、その邪魔をしないように、この日は皆早く寝る。ただし、土地毎に行事が行われる日、行事の内容に変化がある。

（4）田中於莵弥・上村勝彦訳『アジアの民話一二　パンチャタントラ』大日本絵画　一九八〇年

（5）日本古典文学大系八五『沙石集』渡辺綱也校注　岩波書店　一九六六年（「鼠の嫁入り」は巻七「貧窮ヲ追タル事」の拾遺に記載）

（6）『説郛續四六』（四五）

(7) 葉楓校訂『一笑散』文学古籍刊行社　一九五五年

(8) 永尾龍造『支那民俗誌』第二巻　支那民俗誌刊行會　一九四一年　二二八〜二三〇頁を要約

(9) 麗澤大学ホームページ（金丸良子研究室） http://www.fl.reitaku-u.ac.jp/~kanamaru/nenga/soshu/12.htm　二〇〇四年一〇月一日アクセス

(10) 呂勝中『中国民間木版画』湖南美術出版社　一九九〇年　一三一頁

(11) 萱野茂『炎の馬』すずさわ書店　一九七七年

(12) 武田正編『海老名ちゃう昔話集　牛方と山姥』海老名正二発行　一九七〇年

中国「県官画虎」の出典資料名

1、中国民間故事集成西藏巻編輯委員会『中国民間故事集成・西藏巻』中国 ISBN 中心　二〇〇一年
2、中国民間文学集成四川巻編輯委員会『中国民間故事集成・四川巻』（上）　中国 ISBN 中心　一九九八年
3、中国民間故事集成湖北巻編輯委員会『中国民間故事集成・湖北巻』中国 ISBN 中心　一九九九年
4、中国民間故事集成湖南巻編輯委員会『中国民間故事集成・湖南巻』中国 ISBN 中心　二〇〇二年
5、中国民間文学集成福建巻編輯委員会『中国民間故事集成・福建巻』中国 ISBN 中心　一九九八年
6、中国民間故事集成西藏巻編輯委員会『中国民間故事集成・西藏巻』中国 ISBN 中心　二〇〇一年

日本「鼠の嫁入り」調査資料名

＊（通観）は日本昔話通観から直接表にまとめた資料

1、（通観）『日本昔話通観』編集委員会　下北稿　一九七九年
2、北沢得太郎・鈴木喜代春『ほらと河童と雪女』未来社　一九七九年
3、（通観）大内金光『ふるさとの民話』一迫町公民館　一九七三年

4、佐々木徳夫『日本の民話13　むがすむがすあっとこぬ』未来社　一九六九年
5、野添憲治『全国昔話資料集成28　阿仁昔話集』岩崎美術社　一九七八年
6、（通観）京都女子大学説話文学研究会　増田稿　一九七九年
7、（通観）武田正『むかしあったけど――漆山の昔話と伝説・大道寺翁の昔話』一九七五年
8、武田正『羽前の昔話』日本放送出版協会　一九七一年
9、武田正『牛方と山姥――海老名ちゃう昔話集』海老名正二　一九七〇年
10、武田正『昔話研究資料叢書10　飯豊山麓の昔話』三弥井書店　一九七三年
11、佐藤義則『羽前最上小国郷のトント昔コ』一九六八年
12、野村純一『酒田の昔話』酒田市　一九七六年
13、（通観）小島一男『会津昔噺抄』一九七四年
14、山本明『鬼の子小綱』桜楓社　一九七四年
15、（通観）福島氏教育委員会『福島市の文化財』自刊委員会　一九七〇年
16、（通観）東洋大学民俗研究会『粕尾の民俗』一九七四年
17、鈴木棠三『川越地方昔話集』民間伝承の会　一九三七年
18、池上真理子『日本の昔話28　武蔵の昔話』日本放送出版協会　一九七九年
19、（通観）松代高等学校文芸部『くびきの民話』一九六七年
20、（通観）西郊民俗談話会『佐渡細腰の民俗』一九七八年
21、水沢謙一『昔あったてんがな』長岡史跡保存会　一九五六年
22、水沢謙一『日本の昔話5』未来社　一九五八年
23、（通観）文野白駒（岩倉市郎）『加無波良夜譚』三元社　一九三二年
24、佐久間惇一『全国昔話資料集成2　北蒲原昔話集』岩崎美術社　一九七四年

25、野村純一『吹谷松兵衛昔話集』一九七五年
26、(通観) 京都女子大学説話文学研究会『小松市の昔話』小松市教育委員会　一九八一年
27、伊那民俗研究会『伊那民俗叢書第二輯 昔ばなし』信濃郷土出版社　一九三四年
28、29、山本節他『昔話研究資料叢書18　西三河の昔話』三弥井書店　一九八一年
30、京都女子大学説話文学研究会『日本の昔話13　紀伊半島の昔話』日本放送出版協会　一九七五年
31、笠井典子『日本の昔話17　浪速の昔話』日本放送出版協会　一九七七年
32、笠井典子『日本の昔話6　近江の昔話』日本放送出版協会　一九七三年
33、34、(通観) 谷口茂雄「甲賀の昔話」稿本　一九七四年
35、稲田浩二『丹波和知の昔話』三弥井書店　一九七一年
36、(通観) 京都女子大学説話文学研究会　美方稿　一九七〇年
37、稲田浩二・福田晃『昔話研究資料叢書4　大山北麓の昔話』三弥井書店　一九七〇年
38、稲田浩二・立石憲利『昔話研究資料叢書8　奥備中の昔話』三弥井書店　一九七三年
39、40、稲田浩二・立石憲利『中国山地の昔話』三省堂　一九七四年
41、(通観) 立命館大学古代文学研究会『かみさいのむかしばなし』一九七二年
42、(通観) 仙田実・山内靖子　和気稿　一九七六年
43、(通観) 山陽学園短期大学昔話同好会　上下稿　一九七六〜一九七八年
44、45、(通観) 大谷女子大学説話文学研究会　千代田町昔話集　一九七七年
46、垣内稔『日本の民話23』未来社　一九五九年
47、武田明、谷原博信『全国昔話資料集成32　東讃岐昔話集』岩崎美術社　一九七九年
48、福岡県教育会『全国昔話資料集成11　福岡昔話集』岩崎美術社　一九七五年
49、宮崎一枝『昔話研究資料叢書2　国東半島の昔話』三弥井書店　一九六九年

50、（通観）鹿児島県立鹿児島東高等学校生徒会民俗研究班「葛山民俗第九号」
51、（通観）那覇民話の会　伊芸弘子　国吉瑞枝翁の昔話
52、（通観）沖縄国際大学口承文芸研究会「口承文芸研究会会報2」
53、（通観）市立旭川郷土博物館研究報告5　一九六八年
54、更科源蔵『アイヌ民話集』北書房　一九六三年
55、山本多助『怪鳥フリュー』平凡社　一九七八年
56、（通観）更科源蔵『コタン生物記Ⅱ野獣・海獣・魚族篇』法政大学出版局　一九七六年
57、萱野茂『炎の馬――アイヌ民話集』すずさわ書店　一九七七年
58、（通観）葛野辰次郎『神の語り・神互いに話し合う』オホーツク文化資料館　一九八三年
59、武田正『佐藤家の昔話』桜楓社　一九八二年
60、17に同じ
61、水沢謙一『日本の民話8』未来社　一九五八年
62、宮本常一『周防大島昔話集』大島文化研究連盟　一九五六年
63、フクニチ新聞　一九六三年一二月一一日

中国の「鼠の嫁入り」表1～22の出典資料名

1、新疆人民出版社編『新疆動物故事続編』新疆人民出版社　一九八四年
2、陳慶浩・王秋桂主編『中国民間故事全集三九』遠流出版（台湾）一九八九年
3、中国民間文学集成四川巻編輯委員会『中国民間故事集成・四川巻』（上）中国ISBN中心　一九九八年
4、陳慶浩・王秋桂主編『中国民間故事全集一一』遠流出版（台湾）一九八九年
5、中国民間故事集成雲南巻編輯委員会『中国民間故事集成・雲南巻』（下）中国ISBN中心　二〇〇三年

6、双柏県文化局編『双柏民間文学集成』雲南民族出版社　一九九二年
7、尚仲豪・郭思九・劉允編『佤族民間故事選』上海文芸出版社　一九八九年
8、楊仲禄・劉存沛編『雲南民族民間故事選』雲南人民出版社　一九六〇年
9、尚仲豪・郭思九・劉允編『佤族民間故事選』上海文芸出版社　一九八九年
10、中国民間故事集成貴州巻編輯委員会『中国民間故事集成・貴州巻』中国 ISBN 中心　二〇〇三年
11、中国民間故事集成湖北巻編輯委員会『中国民間故事集成・湖北巻』中国 ISBN 中心　一九九九年
12、中国民間故事集成湖南巻編輯委員会『中国民間故事集成・湖南巻』中国 ISBN 中心　二〇〇二年
13、中国民間故事集成河北巻編輯委員会『中国民間故事集成・河北巻』中国 ISBN 中心　二〇〇三年
14、中国民間故事集成遼寧巻編輯委員会『中国民間故事集成・遼寧巻』中国 ISBN 中心　一九九四年
15、中国民間文学集成浙江巻編輯委員会『中国民間故事集成・浙江巻』中国 ISBN 中心　一九九七年
16、中国民間故事集成海南巻編輯委員会『中国民間故事集成・海南巻』中国 ISBN 中心　二〇〇二年
17、「民間文学」一九八一年第三期
18、江介石・林蘭『動物寓言与植物伝説』（国立北京大学中国民俗学会民俗叢書一一一　一九七〇年）
19、陳慶浩・王秋桂主編『中国民間故事全集三二』遠流出版（台湾）　一九八九年
20、高聚成編『中国動物故事』中国広播電視出版社　一九九六年
21、陳慶浩・王秋桂主編『中国民間故事全集三』遠流出版（台湾）　一九八九年
22、中国民間文学集成山西巻編輯委員会『中国民間故事集成・山西巻』中国 ISBN 中心　一九九九年

第三章　「古屋の漏り」の比較研究

第一節　「古屋の漏り」の比較研究の目的

「古屋の漏り」は周知の如く、わが国に広く伝えられる動物昔話である。この話は昔話集に採録される際、しばしば二つのタイプに分けられる。また、「逃走型」と「騒動型」という名称がつく場合もある。「逃走型」は「騒動型」の後半部が抜け落ちたとも取れる話なので、まずは「騒動型」の話を一話、臼田甚五郎監修『河童火やろう』(1)から紹介する。

ざっと昔あったと。

人里離れた一軒家に、爺様と婆《ばんば》が、子供もなく淋しく暮らしていたと。この家では仔馬を飼っていて、それを楽しみにしていたと。

ある晩げ、雨が降る時、博打のぶっ倒《とう》れが、あじょうかして仔馬を盗んで、博打の元手にしたいと思ってっか、夜中になるのを垣根のとこで待ちていたと。ところが、同じ晩げ、虎狼《とらおうか》ちゅうがんが、我《わあ》の餌《いさ》にしべぇと思って、馬を狙って垣根の中にいたと。家の中では、爺様と婆が話をしていたと。

「今夜のような、雨の降る淋しい晩げは、虎狼が出て来るかも知れねぇ」

「爺様のような、良くも馬鹿なこと云われたもんだ。虎狼は山にもン寝るが、我はとぼうの漏《む》るがおっかねえ」

この話を聞いた虎狼は、我よりほかに、いまっとおっかねぇがんがいるのかと思って魂消たと。漏るに摑まっては大事だと、おっかなくなって、虎狼は山さ逃げたと。その音を聞いて、博打のぶっ倒れは、仔馬がはしった（逃走した）と思ってっか、追っかけたと。虎狼は漏るが追ってくると思って、一生懸命逃げたと。そうしたれば、岩の穴さ一緒に落ちてしまったと。博打のぶっ倒れ、虎狼に気がついて、短刀で突いたと。岩穴は深くて、登ることができなかったと。丁度猿が通りかゝって、穴の中になにかいるようだから、尻っぽを入れてかんまあしたと。博打のぶっ倒れがその先を摑んだから、引っ張り合いになったと。しまいに尾長猿の尻っぽが抜けてしまったと。それかあ、猿の尻っぽの短《みじけ》いまけができたと。

いちが栄《さけ》え申した。


ちなみに、わが国で伝承されている「古屋の漏り」の話を「逃走型」と「騒動型」に分類してまとめると、およそ次のようになる。

【逃走型】　雨の降る夜、狼または虎が馬や家のものを狙いに来る。しかし、家の中から「狼や虎より漏るが怖い」と話す声が聞こえ、驚いた狼や虎が逃げ帰る。
または、「狼や虎より漏るが怖い」と聞いて怖がっている狼や虎の背に、馬を狙いに来た盗人が馬と間違えて乗る。それに驚いた狼や虎が逃げる。

【騒動型】　雨の降る夜、狼または虎、そして盗人が馬を狙いに来る。家の中から「狼や虎より漏るが怖い」と話す声が聞こえ、驚いた狼や虎が逃げる。盗人が、狼や虎を馬だと思い、その背に飛び乗る。狼や虎は驚いて、盗人を穴に振り落とす。そのことを聞いた猿は、穴に尻尾を入れ様子を探る。その尻尾を盗人が引っ張り、猿の尻尾は切れ、以降、猿の尻尾は短くなる。

第二節において詳述するが、この話はインドを源として、日本へ伝わったことが既に高木敏雄により指摘されている。しかし、詳しい伝播経路については未だ明らかになっていない。ただし、わが国においてはこれまでに四〇〇話以上の採集報告があり、非常に親しまれてきた話であることは確かである。また、中国を始め東アジア地域においても広く採集されている話である。そこで本章では、わが国と中国を中心とした東アジア地域の「古屋の漏り」の比較・分析から見えてくるわが国の「古屋の漏り」の特徴を考察し、逃走型と騒動型に分かれて伝承されてきた一因を明らかにする。加えて中国に於いて、この話がどのように伝承されてきたかを解き明かす。

第二節　「古屋の漏り」研究史

わが国の「古屋の漏り」については、大島建彦「昔話とことわざ――古屋の漏りを中心に――」（『説話・伝承とことば』説話・伝承学会編　桜楓社　一九九〇年）において詳しく考察されている。ここで、大島建彦はわが国に伝わる「古屋の漏り」の四一三話を整理し、また、この話が広まった原因として「虎狼より漏るがこわい」という諺が大きな役割を果したことを指摘している。このように日本国内の伝承は非常に精緻な研究が行われているが、近隣諸国との話の繋がりについては、未だはっきりとしていない。話の源はインドにあり、インド古代説話集『パンチャタントラ』にも見ることが出来る。このことは、早く高木敏雄『童話の研究』（婦人文庫刊行会　一九一六年）において指摘されたが、わが国への伝播経路については不明となっていた。文献では、一七六八年の『奇談一笑』中の「屋漏可畏」が確認されているが、中国の文献に至っては何も分からない。そこで口承の方面からあたってみると、インドから日本への繋がりが見えてくる。

従来、インド、モンゴル、朝鮮の「古屋の漏り」はわが国でも数話紹介されてきたが、中国内における伝承は、はっきりとしていなかった。しかし一九九九年五月、小林恭子「中国民話『漏（古屋の漏り）』をめぐって（上）」（「中国民話の会通信」五二号）が発表され、ここにおいて小林恭子は、わが国の「古屋の漏り」を整理し、中国の「古屋の漏り」を紹介した上で、特徴をまとめている。また、朝鮮とその他の地域の「古屋の漏り」、及び他の類話との関わりが「中国民話『漏（古屋の漏り）』をめぐって（下）」（「中国民話の会通信」五三号　一九九九年八月）において述べられている。そして、中国の「古屋の漏り」を分析した上で、日本への伝播経路について、朝鮮の話に「雨漏り」を怖がるモチーフが無いこと、北海道に「古屋の漏り」が見られないことから、わが国の「古屋の漏り」は中国の東南地方から海路を経てわが国へ伝わったとの推定がなされた。

第三節　わが国の「古屋の漏り」について

日本の「古屋の漏り」は、先にも挙げたとおり、「逃走型」と「騒動型」の二つの話型に分類できる。また、前掲の大島建彦「昔話とことわざ――古屋の漏りを中心に――」において既に詳細な研究がなされているので、これを参考にしつつ、わが国「古屋の漏り」についての確認作業を行う。

大島建彦は、その論文中、わが国で採集された四一三話の「古屋の漏り」を分析し、その基本型をまとめている。次の通りである。

1、家の中で、「古屋の漏り（またはモリ、モルなど）」がもっとも恐ろしいと言う。

2、虎狼がそれを聞いて、自分より恐ろしいものがあると信ずる。

3、盗人が虎狼を牛馬と思って、それにとび乗る。

4、虎狼が盗人を「古屋の漏り」と思って、それをふり落とす。

これに続いて、もう一つの要素をともなうものも認められる。

5、猿が虎狼に頼まれて、盗人をさぐって尻尾を切られる。

また、五番目の要素の有無によって二つのサブタイプに分かれるとしながらも、「この型に属する四一三例について、いっそう精細な検討を加えてゆくと、猿の尻尾という結末の有無よりも、むしろ盗人と虎狼との葛藤の有無、すなわち人と獣との葛藤の有無を中心に考えなければならないだろう(2)」と見通しを立てている。さらに、大島はわが国の「古屋の漏り」を分析、次の統計を示した。

1「盗人の出現の趣向を含む比率」

2「猿の尻尾などの結末をともなうものの比率」

3「『古屋の漏り』という言葉が使われる比率」

4「『雨漏り』『漏る雨』など雨が漏るのをあらわした言葉が使われる比率」

5「『ムリ』『ムル』『モリ』『モル』など雨漏りと別の意味で用いられたかと思われる言葉が使われる比率」

6「『虎』『虎狼』が現れる比率」

7 「『狼』『その他の獣』の現れる比率」

本章では、「逃走型」と「騒動型」について論じるため、この統計の内「猿の尻尾などの結末をともなうものの比率」を確認する。

猿の尻尾など結末をともなう比率は、四一三例中、一六九例で四〇・九％。内訳は奥羽地方が、七二例中、四一例で五六・九％。関東地方が、二三例中、五例で二一・七％。中部地方が、一〇九例中、四四例で四〇・四％。近畿地方が、三七例中、八例で二一・六％。中国地方が、一〇七例中、四二例で三九・三％。四国地方が、二二例中、五例で二二・七％。九州地方が、四三例中、二四例で五五・八％。

つまり、単純に猿の尻尾の由来を基準として「古屋の漏り」を二つの型に分けるとすれば、わが国では約六割が「逃走型」、約四割が「騒動型」と言えるであろう。

なお、小林恭子も『日本昔話通観』所載の「古屋の漏り」を分析の上「中国民話『漏（古屋の漏り）』をめぐって（上）」において次のような特徴を指摘している。

1、北海道を除く日本列島に広く分布し、話の展開に変化が少ない。
2、日本にはいない虎が登場することが多く、虎の代わりに狼が登場することも多い。
3、「虎狼より古屋の漏りがこわい」というセリフは、ある程度定着した決まり文句でもあった。
4、泥棒が穴に逃げる。
5、猿の尻尾の由来を語る。

では、次にわが国以外の「古屋の漏り」の話を見ていくことにする。

第四節　インドの「古屋の漏り」について

既に高木敏雄が指摘する通り、インド古代説話集『パンチャタントラ』に「古屋の漏り」と似た筋の話が見られる。その筋は次の通りである。

「臆病な羅刹」(3)（梗概）

ある王女を羅刹が狙う。しかし、王女は魔除けの枕をしていたので羅刹は王女をさらえない。ある夜、羅刹が家の隅に立っているのを王女が見て、侍女に「あれが夕方（ヴィカーラ）になると私を悩ませる」と話した。それを聞いた羅刹はヴィカーラという男も王女を狙っていると思い、馬に変身してその男の姿や力を調べようとした。その夜、馬泥棒が王宮に入った。馬泥棒は、馬を見回して、羅刹の化けた馬に乗った。羅刹はヴィカーラが自分を殺しに来たと思う。羅刹が化けた馬は走り出し、馬泥棒は馬が自分の指示通りに止まらないので、自分が羅刹に乗っていることを悟る。そこで、馬泥棒は逃げようと思い、樹の枝にぶら下がった。

しかし、その樹に羅刹の友達の猿がいた。猿は「これは、人間だから食べてしまえ」と羅刹に言う。それを聞いて怒った馬泥棒は、ぶら下がっている猿の尻尾を噛んだ。猿は馬泥棒が羅刹より強いと考え、何も言わず痛み苦しみ、目を閉じてじっとしていた。それを見て、羅刹は立ち去った。

『パンチャタントラ』に見える話には、「雨漏り」を恐れるモチーフや虎は登場しない。しかし、何ということもない夕方（ヴィカーラ）という言葉を強いものと勘違いする点、そして、馬泥棒が登場してから後の話の展開は「古屋の漏り」の騒動型と大差がない。ゆえに、現在わが国の「古屋の漏り」はこれに基づくものであると考えられている。また「雨漏り」を恐れるモチーフに関して言うならば、やはりインドにもこのモチーフは存在するようである。前掲の大島論文でも紹介されているが、『回教民話集』(4)「ノマール・カーン」の一節に次のような記述がある。

（梗概）

ノマール・カーンは王に虎退治を命じられる。ノマールは妻と相談するために家に帰り、玄関に入ろうとした時、虎が外に潜んでいるのを見る。ノマールが虎退治をすると喚くと、妻は、日も暮れて、雨も降っているので止めろと言う。しかし、ノマールは「寒さや雨くらいが、どうしたと言うんだ！　雨が何だ！　虎が何だ！　それよりも、ぽとりぽとり屋根から雨漏りがするのには閉口だぞ！　虎が何だ！　河童の屁だ！」と喚いた。虎は恐ろしさのあまり納屋の中へ隠れた。ノマールは納屋に鍵を掛けた。

現在、資料の少なさが原因で、わが国の「古屋の漏り」と全く同じ筋を持つ話を、インドにおいて数多く見いだすことは難しい。ただし、インド全体での話の分布については、ともかくとして、数話の確認は可能である。次に挙げる話は、インドのネルー大学のマンジュシェリー・チョウハン教授が、二〇〇三年七月一八日、國學院大學大学院における野村純一教授の講座「伝承文学特論Ⅰ」において紹介をした「古屋の漏り」である。わが国と比べても、ほとんど筋立てが変わらないこの話は、チョウハン教授が子どものころ父親から聞いた話だと解説された。英語で紹介された話であるので、まず原文を引用させてもらい、その後に日本語訳を記した。

The old hut and the dripping rain

Once upon a time, there lived an old couple in a village. They were very poor and lived in a hut was so old that the water dripped inside whenever it rained. They had a cow and a calf.

One night, they were talking to each other. “The most dreadful thing in the world is a raindrop. I am so scared of it.” said the old woman. Meanwhile, a tiger came near the hut, who wanted to kill and eat the cow and her calf. Hearing the old woman’s talk, he thought, “I always believed that I am the most powerful creature in this world. But, it seems rain drop is more powerful than me.”

At the same time, a thief came who wanted to steal the calf. He too heard their talks and became scared. As they both were waiting in the dark, it started raining very heavily. The raindrops started tickling inside the hut. The couple screamed. “Look! Raindrop has come, raindrop has come.”

Hearing this the thief jumped on the tiger’s back, mistaking him for a calf and hit him hard with his legs. The tiger thought, “This is the dreadful raindrop which is sitting on my back.” Therefore, he also ran out in a great speed. The thief was holding his ears very tight. The tiger ran ever faster. Suddenly with the thunder lightning the surroundings became bright for a second, and the thief realized that he was riding on a tiger. As the tiger ran through a huge tree, the thief caught hold of a branch, in order to save his life. The tiger was happy to get rid of the fellow. He kept running. A monkey who was watching this from a branch of the tree, started laughing. He said to the tiger that it was nothing but a man who was hanging from a branch now. The thief took his tail in the mouth and bit him hard, which was hanging over him. The monkey cried in pain and said, “Oh! I was mistaken. He is really the ferocious raindrop.”

【訳】

むかしむかし、ある村にお爺さんとお婆さんが住んでいました。二人はとても貧しく小屋に住んでいました。その小屋はとても古くて雨が降ると必ず雨漏りするのでした。また一匹の乳牛と一匹の子牛を飼っていました。

ある夜のこと、彼らは話をしていました。「最もこの世で怖いことは、雨漏りですよ。私はこれをとても恐れています」とお婆さんが言いました。その間、一匹の虎が小屋の近くにやって来ていました。虎は、乳牛と子牛を殺して食べようとしていたのです。このお婆さんの話を聞いて、虎は「常日頃、最もこの世で力強いものは自分だと思ってきたけれど、雨漏りは自分よりもっと力があるらしい」と思いました。

その同じ時に、一人の泥棒が乳牛を盗みにやって来ました。やはり泥棒も彼らの話を聞いて、恐ろしくなっていました。虎と泥棒が暗闇の中で機会を窺っていると、雨が激しく降り出しました。小屋の内側に雨漏りが始まりました。すると、お爺さんとお婆さんは叫びました。「見て！　雨漏りが来たよ、雨漏りが来た」と。

これを聞いて、泥棒は虎の背中に飛び降りてしまいました。泥棒は子牛と間違えてしまったのです。そして足でそれを蹴りました。虎は、自分の背中に座っているこれが恐ろしい雨漏りだと思い込んだのです。それゆえ、虎は物凄い速さで外に駆け出しました。泥棒は、虎の耳をきつく握ります。虎はますます速く走りました。突然稲妻が光って、瞬間辺りが明るくなり、泥棒は自分が虎の背中に跨っていることに気がつきました。虎が大木を通り抜けたので、泥棒は枝を摑んで命からがら逃れました。虎は、雨漏りが降りてくれたので幸せでした。彼は走り続けました。この有様を同じ大木の枝から見ていた一匹の猿が笑い始めました。猿はただ一人の男が枝にぶら下がっているだけだということを虎に話したのです。すると泥棒は、頭の上の猿の尻尾を口できつく噛みました。猿は痛さで泣いて、言いました。「おぉ！　私は間違えた。彼は本当に獰猛な雨漏りだ」

チョウハン教授紹介の話は以上の通りであり、このようにインドにおいて「雨漏り」についての勘違いを基にした話が伝承されていたことが確認できる。そして、泥棒、虎、猿が登場する点は、わが国との話の繋がりを窺わせる。一方、虎が雨漏りから逃げた話の後半部を見ると、かなり『パンチャタントラ』における記述との類似が見られるが、後述する中国の「古屋の漏り」には泥棒が猿の尾に噛みつくような話は見られず、こちらの方は、あまり伝播しなかったようである。後半部に関しては、中国には中国独特の、日本には日本独特の話が伝承されている。

また、数は多くないが日本語で確認できる口承資料もある。次に挙げる話は、長弘毅『語り継ぐ人々　インドの民話』に所収の「タプカー」からの引用である。[5]この話はハリヤーナー州南部（インドの北西部）に伝わる話という。

「タプカー」

ある村に、壺つくりの夫婦が住んでいました。くる日もくる日も雨ばかりのまい日、せっかくつくった壺も、いっこうにかわかないので、壺つくりはほとほと困ってしまいました。

バードーン月（八、九月、雨期）のある夜、壺つくりは女房にいいました。

「今夜もだいぶ降ってくるな。こう降っちゃ、とても仕事にならねえ。おらあ、トラよりもこのタプカー（雨粒）がこわくてならねえだ」

壺つくりの家のうしろでは、ちょうどトラがなかのようすをうかがっていました。

〝壺つくりのやつ、こともあろうにこのおれよりタプカーがこわいなんてぬかしおって。それじゃ、タプカーってやつのほうが、おれよりずっと強いってことじゃないか！〟

と考えているところへ、村の洗濯屋（ドービー）が、いなくなったロバをさがしにやってきました。

あたりはまっ暗、それに雨の降る夜は、よけいに暗くて見ようにもなにも見えません。洗濯屋がちょうど壺つくりの家のうしろに来たところで、手がトラの体にふれました。

「このやろう！」

洗濯屋は、手に持った棍棒をふりかざすと、二、三度なぐりつけてからいいました。

「このまぬけめ！　こんなところにかくれおって。二度と逃げないように、思い知らせてやる」

こういうなり、また、二、三度つづけざまになぐりつけると、トラの背にまたがりました。おどろいたのはトラです。

〝さては、タプカーのやつ、とびつきおったな〟

トラはものすごい勢いでかけだしました。

洗濯屋は、走り出したトラの背にしっかりとしがみついて、

〝こいつめ、おれのロバじゃないぞ。こんなにまるまる太っていて。それにどうだ、この走りようは。まるで稲妻だ〟

と思いながら、ふり落とされまいとなおも力を入れてしがみつきました。

ジャングルに向かってかけていくとちゅう、とつぜん、稲妻がピカリと光りました。その光が、洗濯屋をてら

しました。洗濯屋は、自分の乗っている〈ロバ〉がトラだと知って、おどろいたのなんの。といってとちゅうでとびおりることもできず、トラの背にしっかりとしがみついていました。

〝このままだと、おれはふり落とされておだぶつだ〟

洗濯屋が、なんとかしなくてはと思っているうちに、また、ピカリと稲妻が走りました。と、ちょうどそのとき、トラは大きなバンヤンの樹の下をかけぬけようとしていました。洗濯屋は、とっさに、地面にたれさがっている枝につかまりました。

急に背中が軽くなったので、トラはほっとしました。それでも、いつまた〝ダプカー〟にとびつかれるかと思うと、安心できません。トラは身軽になった体を矢のようにして、どんどん、どんどんかけていきました。

この「タプカー」の話は、この本の著者により「古屋の漏り」の類似性が指摘されており、次のような解説がなされている。

「タプカー」は、日本の昔話「古屋のもり」とそっくりの構成、展開を持っていることにおどろかされます。この話はハリヤーナーでも南部に伝わるもので、北部では、この話のあとにトラとサルのやりとりが加わるものもあります。タプカーは雨の滴という意味と、熟して地面に落ちた果実の意味があります。サルは後者の意味で、トラをあざわらったあげく、ひどいめに会うというのが北部に伝わる話の後半部です。

ここで、注目すべきは、北部では「トラとサルのやりとりが加わるものもあります」という一文である。この「やりとり」についてはこれ以上、細かい内容が分からないけれども、おそらく、『パンチャタントラ』や先に挙げたチョウハン教授の「古屋の漏り」の後半部に類似したものだろう。この「トラとサルのやりとり」は第五節で述べるが、中国を始め、ビルマ、ベトナムの「古屋の漏り」にも見られる。また、動物の組み合わせは変わり、狐とライオンの組み合わせになるがモンゴルにも見られる。インドから東のユーラシア大陸において広く伝えられている話のようである。ここに挙げた「タプカー」の話はわが国に置き換えれば「逃走型」の話で、「トラとサルのやりとり」が付く北部の話は「騒動型」の話と言うことが出来よう。

さて、本節の最後にもう一話、インドの「古屋の漏り」の梗概を紹介しておく。『インドの昔話』下（辛島昇・西岡直樹訳　春秋社　一九八三年）に所収の「ティプティパニ」（一〇七頁）である。ちなみに、わが国との類似については、この話の解題において西岡直樹が指摘している。

「ティプティパニ」（梗概）（ベンガル地方）インド亜大陸東側

雨がティプティプと降る晩に虎が牛小屋に忍び込む。その家の子が母親に「お母ちゃん、うんこ」と言い、母親は「こんな晩にうんこかい、こんな晩にゃ虎より恐いティプティパニがでるよ」と答える。これを聞いた虎は怖じ気づく。そこへ牛泥棒が忍び込み、虎を子牛と思い連れていこうとする。虎は驚き逃げ、泥棒は虎に飛び乗る。明け方、泥棒は虎に乗っていることに気づき、突き出た枝に飛び移る。

虎が逃げていると、ライオンに会う。ライオンは虎の話を聞き、泥棒が隠れている木の下へ行く。木の下で吼えると、泥棒はライオンの頭の上に落ちる。驚いたライオンが虎と一緒に逃げていると、ジャッカルに会う。話を聞いたジャッカルは木の下へ行く。ジャッカルが木の上を覗うと、それを見た泥棒が、木の上から手を伸ばしてジャッカルの尻尾を掴み振り回す。ついには尻尾が切れて、ジャッカルは飛んでいく。

この話も「雨漏り」の勘違いや、「トラとサルのやりとり」は無いものの、話の筋立ては「古屋の漏り」そのものである。ここでは、猿の代わりにジャッカルが登場しているが、先の第一章「猿の生き肝」のインドの昔話でも触れた通り、ジャッカルはインドの昔話に於いて、非常にずる賢い存在として語られており、充分に猿の代理になりうる動物であった。

ここまで、インドの口承の「古屋の漏り」を三話見てきた。インドにおいて「古屋の漏り」の話が確実に伝承されていることを確認できたものの、その分布状況や詳細は依然としてはっきりとしない。現在のところ、わが国で「古屋の漏り」を含むインドの昔話を確認することは非常に難しい。少数の研究者による書物が頼りとなる。これは、偏にインドにおける昔話採集が進んでいない点に原因がある。インドでも豊かな語りの世界が存在しているのは確実であるが、生活の近代化、特にテレビの普及により伝承が途絶えがちになっているという話も聞く。行政や研究者による、一刻も早い組織的な調査と報告が期待されるのが現状である。

第五節　中国及び周辺諸国の「古屋の漏り」について

本節では、インドとわが国の架け橋となる中国の「古屋の漏り」を中心に整理、分析していく。始めに、管見の話より一話を訳し、その梗概を挙げる。

「怕漏」（漏るが怖い）(6)（イ族）（梗概）

昔、二人のイ族の老人がいた。子供はなく、一匹の雌馬を飼い、よく世話をしていた。ある夏、雌馬は子馬を生み、子馬は元気に育った。

ある大雨の夜、お婆さんが、「今晩は、泥棒が馬を盗みに来やしまいか、虎が馬を捕りに来まいか」と言うと、お爺さんは「虎も泥棒も恐くない、ただ『漏』が恐い」と言う。この言葉を泥棒と虎が聞いて、「漏」を恐れる。泥棒と虎が手探りで馬を探していると、泥棒が虎を馬と思い、その背に乗る。虎は驚いて逃げる。大雨の中、虎は死にものぐるいで走り、泥棒は慌てて虎の首をきつく抱きしめ、錐を持っていたので、錐で虎の尻を刺した。なおも虎は幾つかの山を走り抜け、泥棒は木によじ登った。

虎が逃げていると、猿が声をかけた。いきさつを聞いた猿は、「漏」を食べてしまおうと提案する。餓えていた虎は、猿が一緒なら大丈夫と思い、猿を連れていく。泥棒がいる木まで来ると、猿はクズを腰に巻いて、『漏』を見つけたら眉にしわをよせ目を動かすので、引っ張ってくれ」と言う。猿が木に登ると、泥棒は「漏」だと勘違いする。そして、木を登り逃げようとするが、先が細くなり危ないと思い、猿に小便をかけた。猿の目に小便が入り、猿は合図をするように虎を見てしまう。虎は猿を引っ張り、この時、雷が落ち、泥棒も木から落ちてしまう。これを「漏」が襲ってきたと思った虎は、猿を引きずって逃げた。猿は血まみれで、歯も抜け、口も裂け死んでしまったが、それを笑っていると思った虎は、文句を言った。しかし虎も錐で刺された傷から血が出ていた上、何も食べていなかったので死んでしまった。

一読して分かる通り、「雨漏り」を恐れるモチーフがあり、話の後半に動物と人の葛藤譚が語られている点、わが国と非常に近い話となっている。ただし、その葛藤譚はわが国のように猿の尻尾が短くなった由来ではなく、猿が虎に引きずられるものとなっている。

研究史で述べた通り、中国の「古屋の漏り」についての研究は小林恭子によってもなされている。「中国民話『漏（古屋の漏り）』をめぐって（上）」において、中国の「古屋の漏り」の特徴が分析され、次の通りにまとめられている。

1、ほとんどの話に虎が登場する。
2、泥棒が木の上に逃げる。
3、猿が自分を虎の体にしばりつけて引きずられる。
4、内陸部には「漏」が変化した「鍋漏」（鍋が漏る）が多く見られる。
5、「漏」型の話は広く中国各地に分布しており、雲南省の少数民族では「漏」以外のものを恐がる話もある。

小林恭子の研究は、中国の「古屋の漏り」とその類話の整理、分析を以て、わが国への伝播経路とその内容の推定に繋がるものであった。小林が行った中国の「古屋の漏り」の分析はここに挙げた通りであり、ここに挙げた五点の特徴については、これ以上分析の必要は認められない。

ただし、本章では中国を始め東アジアの「古屋の漏り」とその類話の分析から、この話の特徴を掴み、そこからわが国の「古屋の漏り」が逃走型と騒動型に分かれて伝播している状況の一因を解明することを目的としている。そこで、小林論文とは別の視点で中国の「古屋の漏り」の整理、分析を行っていく。つまり、聞き違えのモチーフが出てくる話の前半部と、人と動物の葛藤が語られる後半部に分けて管見の四四話を整理していく。

中国「古屋の漏り」表1（資料原典は本章末に掲載。資料一行目は原典題名。括弧内は訳）

	聞き違え【前半部】	葛藤譚【後半部】
1	「鍋漏」（鍋が漏る） 老夫婦がよく肥えた驢馬を飼っていた。泥棒の張三と狼がこの驢馬を狙っていた。ある夜、老夫婦は寝ながら暮らしのことを話し合っていた。そこへ泥棒が庭へ入って来て、しばらく隠れられる場所を探し、かいば桶に隠れた。狼もやってきて、驢馬を嗅ぎ当てたが、話し声がするので、かいば桶の下に隠れた。お爺さんが「最近鍋の様子はどうだ」と聞くと、お婆さんは「鍋が漏るのが前よりひどくなっている、あの穴は二日前より更に大きくなっている。しゃくにさわる、ご飯さえ食べられない。私たちはお金をかき集めて買わないと……」と答える。この話を聞いた泥棒と狼は「鍋が漏る」とはどんなに怖いものかと思う。そして家の中からは、いびきが聞こえてくる。その時、家の梁にいた野良猫が、お爺さんの首の所に飛び降りた。お爺さんは思わず「叩け」と叫んで、お婆さんも「叩け」と言う。泥棒は、「鍋が漏る」が出たと思い、慌ててかいば桶から飛び降りると、ちょうど、狼の背に乗ってしまった。狼は「鍋が漏る」が乗ったと勘違いをして、逃げ出した。狼は何とか「鍋が漏る」を落とそうと思い、「鍋が漏る」に乗ってしまったと思いこんだ泥棒もどうやって背中の上から逃げようかと考える。すると、樹が見えてきて、狼は樹に擦り付けて落とそうとして、泥棒は樹に抱きついて、登った。	狼が逃げていると、猿に出会った。猿が慌てている狼を見て、事情を聞くと、狼が「鍋が漏る」のことを話す。猿は「鍋が漏る」をどのようなものか見に戻れるかと狼に聞く。狼は了承するが、追ってきたらどうするのかと心配するため、猿は自分が瞬きをするので、自分の尻尾を引いて逃げてくれと頼む。 狼と猿が樹の所まで来ると、泥棒は二つの「鍋が漏る」が来たと思い、怖くなり小便を漏らす。それが猿の目に入り、猿は瞬きをしてしまう。狼は猿の尻尾を咬んで逃げ出し、引きずられた猿は「助けてくれ」と叫ぶ。狼はそれを聞くと、更に緊張して余計に速く走った。猿は脚が無くなり、頭が無くなり、死んだ体が跳ねるだけとなった。狼は空き地に着くと、猿を見て、「自分がこんなに速く走ったのに猿が半分喰われてしまった。もう少し遅ければ、自分も喰われていた」と驚く。 （青海省）
	「『鍋漏』的故事」（鍋が漏る話） 泥棒と狼が驢馬を狙いに来る。家から「鍋漏」（鍋が漏る）	狼は虎と会い、見に行くことになる。恐ろしい狼は虎と尻尾を結び、「鍋漏」を見つけたら瞬きを合図に逃げることと

2

が怖いと聞こえる。泥棒が狼の上に飛び降りてしまい、狼は逃げる。途中、泥棒は木にしがみつく。

する。木まで行くと泥棒が恐ろしさのあまり糞を漏らす。糞が狼の目に入り、狼は瞬きをしてしまう。それを見た虎が勢いよく逃げ、狼を引きずり殺してしまう。

（甘粛省・ユーグ族）

3

「鍋兒漏」（鍋が漏る）

　昔、貧しい老夫婦が驢馬を飼っていた。その驢馬を泥棒と狼が狙っていた。ある夜、泥棒が塀を乗り越えようとすると、ちょうど下に狼が来た。家からはお爺さんが「天は怖くない、地も怖くない、鍋が漏るのが怖い」というのが聞こえる。泥棒と狼は「鍋が漏る」を恐れる。泥棒が飛び降りると、狼に乗ってしまう。狼は「鍋が漏る」に乗られたと思い、逃げ出す。泥棒も「鍋が漏る」が自分を何処へ連れて行くのか怖くなり、より強くしがみつく。夜明け頃になると、前に樹が見えてくる。泥棒は樹に掴まって逃げようとして、狼は樹に引っかけて「鍋が漏る」を殺そうとする。樹の下を狼が走り抜けた時、泥棒は樹の枝を掴んで這い登った。

　狼が逃げていると、虎に会う。狼は虎にそれまでのことを話すと、虎は「鍋が漏る」など信じないので、二匹は見に戻る。狼は次に逃げる時、足の速い虎に置いて行かれるのを恐れて、虎と尻尾を結ぶことを提案する。そして、逃げる合図を瞬きにした。

　樹は青々と繁り、狼が樹の下で上を見上げていると、泥棒が怖さのあまり漏らした小便が目に入ってしまう。狼が瞬きをすると、それを合図と思った虎は狼を引っ張って走りだす。随分走ってから振り返ると狐は歯を剝き出して死んでおり、それを笑っていると思った虎は、怒って狼を蹴った。

　一方、泥棒も怖さのあまり樹の上で死んでいた。

（甘粛省・ユーグ族）

4

「鍋兒漏」（鍋が漏る）

　昔、貧しい老夫婦がいて、ぼろぼろの鍋でご飯を作っていたが、鍋を買う金もなかった。あるまっ暗な夜、泥棒と狼が老夫婦の驢馬を狙いに来た。狼は小屋の真ん中の柱の下で、泥棒は驢馬小屋の上で家の明かりが消えるのを待っていた。その時お爺さんが「今夜は曇っている、雨が降るのが怖い」と言うと、お婆さんは「雨が降るのは怖くない、鍋が漏るのが怖い」と言う。泥棒と狼はそれを聞いて「鍋が漏る」を恐れる。明かりが消えた後、泥棒は柱を滑り落ちてしまい、狼の上へ乗ってしまう。泥棒と狼はお互いを「鍋が漏る」と思

　狼が逃げていると、狐に出会う。狼がそれまでのことを話すと、狐は「鍋が漏る」を見に行こうという。狼が同意しないと、狐は一計を案じ、一緒に行けば帰ってきた時に羊を一匹喰わせてやると言って狼を連れて行く。泥棒のいる樹まで来て狐はその樹の周囲を何回か回る。そして狐と狼と尻尾を結び、狐が先に登り、狼が後ろ向きに登り、相手がいい獲物ならば喰ってしまい、「鍋が漏る」ならば、狐の瞬きを合図に狼が引っ張って逃げるという計画を狐が立てる。泥棒が樹の上にいると何者かが登ってくるのが見え、恐ろしくなった泥棒は小便を漏らす。小便がちょうど狐の目に入り、狐は瞬

4

い、泥棒は落とされて喰われるのを恐れ、きつく狼にしがみつく。狼は何とか背中のものを振り落とそうと走り回り、大きな樹が見えた時、樹にぶつけて逃げ切ろうとする。泥棒も、その樹に飛び移って逃げようとする。泥棒が樹に這い登ると、狼は一目散に逃げる。

きをしてしまう。それを合図と思った狼は急いで走りだす。しばらく走って尾をほどくと、狐は歯を剝き出して死んでおりそれを笑っていると思った狼は狐に文句を言う。そして、ぐったりと狼が歩いていると、猟師の罠にかかってしまった。明け方、泥棒は樹から降りると、二度と盗みをすまいと思った。（甘粛省）

5

「鍋兒漏」（鍋が漏る）

昔、老夫婦が苫屋に住み、そこの鍋は古くて水漏れしていた。二人は仔牛を飼っていて可愛がっていた。ある真っ暗な夜、虎が牛を狙ってやってきた。村の犬が虎に吠え始める。お婆さんが「今晩は犬が何を咬んだんでしょうね」と言うと、お爺さんが「何を咬んだって関係ない、賊が来ても、虎が来ても怖くない、怖いのは鍋が漏ることだ！」と答える。それを聞いた虎は、「鍋が漏る」を恐れる。ちょうどそこへ賭に負けた博打打ちが、仔牛を狙ってやってきた。やはり老夫婦の会話を聞いて「鍋が漏る」を恐れる。博打打ちが牛小屋の塀を飛び越えるとちょうど虎の上に乗ってしまう。「鍋が漏る」が現れたと驚いた虎は急いで逃げ出す。博打打ちも「鍋が漏る」に乗ったと思い、しがみついていたが、大きな樹を目にして樹に飛び移った。

虎は山まで走った。そして落ち着いて考えると「鍋が漏る」は人のような形をしていた。そこで虎は寝ている猿を起こして、それまでの経緯を話し、猿に樹に登り調べてくれるように頼む。もし、人だったら虎が喰ってしまい、もし「鍋が漏る」だったら、逃げることにする。しかし猿が逃げ切れないことを心配するので、虎の尻尾と猿を藤で結びつけ、もし「鍋が漏る」であったら、猿の瞬きを合図に猿が虎の背に飛び乗って逃げることにした。

夜明けを待っていた泥棒は、自分のいる樹に何か登ってくるので恐ろしくなり小便を漏らす。小便が目に入った猿が瞬きをしてしまい、それを見た虎は急いで何丈か退く。ちょうどその時泥棒は全身が痺れてしまいボトッと落ちてしまう。それが虎を更に驚かせ、虎は山まで一目散に逃げていく。虎が息をついて振り返ると猿は皮と幾ばくの骨を残しているだけだった。それを見て虎は猿が自分の身代わりになってくれたと思い、猿に謝った。（甘粛省）

「鍋兒漏」（鍋が漏る）

ある人が自分の驢馬を売って、商売に出かけようとしていた。夜、男が妻に「自分が出かけた後何が怖いか」を尋ねた。妻は「他のは怖くないが、ただ、鍋が漏るのが怖い」と答え

虎が逃げていると、猿に会った。虎が「鍋が漏る」のことを話すと、猿は虎の話を変に思い、共に見に行くことを頼む。しかし虎は尻込みをする。そこで、猿はお互いを縄で結び、自分が木に登り、危なければ目配せをするので、虎が自分を

6

る。この時、虎が驢馬を狙いに来ていて、この話を聞いていた。虎は「鍋が漏る」を恐れ、逃げようと思う。ちょうどそこへ驢馬泥棒がやってきて、虎を驢馬と思って、跨った。虎は「鍋が漏る」に乗られたと思い、逃げ出した。泥棒は、何か変に思い、よく見ると、自分が乗っているのが虎であることが分かり、驚く。幸いにも虎が林にはいると速度を緩めたので、泥棒は木の梢を摑んで、木に這い登った。

背負って逃げることにすると言って説得する。

　虎が戻ってきたのを見た泥棒は、喰い殺されると思い、老いた母親を残して死ぬことを考え涙を流した。その涙が、ちょうど猿の目に落ち、猿は瞬きをしてしまう。それを目配せと思った虎は、猿を背負わずに走りだし、猿を引きずって瀕死の状態にしてしまう。

（寧夏回族自治区）

7

「鍋漏娃哭」（鍋が漏れ、子どもが泣く）

　ある日の午後、李家の二番目のおばさんと王家の一番上の兄嫁が野菜掘りをしていた。兄嫁が「暗くなるので帰ろう、万一狼でも出てきたら」と言うと、二番目のおばさんは「ああ、ねえさん、私の一生で、野獣は怖くない、鍋が漏れて子供が泣くのが怖い」と溜息混じりに言った。それを虎が聞いて「鍋が漏れて子どもが泣く」とはどんなに怖い奴なのかと恐れる。

　その夜、泥棒が村に来て、乗っていた驢馬をある家の門前の樹に繋いだ。ちょうどその時、虎も食い物を探しにきた。驢馬はその鼻息を聞きつけ、縄を切って逃げてしまう。虎がその家の門前まで来て中を覗き込もうとすると、慌てて出てきた泥棒に押された。虎が我に返る前に、泥棒が風呂敷を虎に乗せ、跨って、力をこめて虎の尻を叩いた。虎は「鍋が漏れて子どもが泣く」が乗ったと思い、驚いて逃げる。夜が明けると、泥棒は乗っているのが虎と知る。林を走っている時、泥棒と風呂敷が樹に引っかかり落ちた。

　虎が林を走っていると、猿と会う。虎がそれまでのことを話すと、猿は敵討ちに行くという。虎が尻込みをするので、猿が様子を見に行く。泥棒は樹に登っており、そこで猿は虎に自分が樹に登り相手が弱ければ引きずり降ろし、強ければ瞬きをして知らせると言う。

　猿が樹に登ると、泥棒は怖くて小便を漏らし、それが猿の目に入り、猿は瞬きをしてしまう。それを見るや、虎は逃げ出した。虎がいなくなった猿も、逃げるしかなかった。

　虎が逃げていると、熊にあった。熊はそれまでの出来事を聞くと、怒ってどんな奴か見に行くと言う。そして虎が這いつくばって動けなくなっているのを見ると、虎を背負って泥棒のいるところまで戻った。泥棒はそれを見ると一計を案じて言った。「熊の賢い姪っ子ではないか、おまえの父親は三年前に賭で虎の皮三枚をくれると言った。今日がくれる日だが、どうして一枚だけなのだ？」それを聞くと虎は騙されたと思い、慌てて森の奥に逃げていった。

（陝西省）

8

「老虎怕『漏』」（虎が「漏る」を怖がる）

　大雨の暮れ方に、虎が牛を食べようとして、牛小屋に隠れ

　虎は山に帰ると、「雨漏り」に襲われたことを猿に話した。猿は「雨漏り」など聞いたことがないので、虎と一緒に見に

8

ていた。暗くなってから牛を食べようと虎が待っていると、泥棒も牛を盗みに来て、牛小屋に隠れた。暗くなって、お爺さんとお婆さんが牛を見に来た。お婆さんが「こんな大雨だと、虎や泥棒に注意しなければ」というと、お爺さんが「何、虎、泥棒？　少しも怖くない、雨漏りが怖い」という。泥棒は「雨漏り」の意味を知っていたが、虎は知らず、「雨漏り」を恐れる。泥棒が虎を牛と間違えて背中に飛び乗ると、虎は「雨漏り」に捕まったと思い、逃げ出す。稲光で自分が虎に乗っていることを知った泥棒は、驚いて、樹があるのを見て、急いで樹に飛び移った。

行くことにした。その際、お互いの尻尾を葛で結び、それがもし人だったら猿が捕まえて、もし「雨漏り」だったら猿が下に向け瞬きをして、虎が猿を引っ張って逃げることにする。

猿が泥棒の樹に登っていくと、泥棒は恐ろしさのあまり小便を漏らし、それが目に入った猿が瞬きをする。虎は樹にいるのは「雨漏り」だと思い、急いで逃げ、猿を引きずり殺してしまう。死んだ猿は口を大きく開けていて、それを見た虎は自分を笑っていると思って、猿に文句を言う。（四川省）

9

「不怕老虎怕『開開』」（虎は怖くない、「お湯」が怖い）

昔、ある家で馬を飼っていた。ある晩、その馬を狙って虎がやってきた。家から女の子の鳴き声が聞こえ、お母さんが「泣くな。泣くと虎が来るよ」と言うと、女の子は「虎は怖くない、お湯が怖い」と言う。虎は「お湯」を怖いものと思う。そこへ馬泥棒がやってきて、虎を馬と思って飛び乗る。「お湯」に乗られたと思った虎は急いで逃げ出す。夜が明けると、泥棒は自分が乗っているのが虎と知り驚く。驚いて飛び上がった泥棒は、樹の枝に擱まり、樹によじ登る。

虎がある丘まで逃げると、熊に会う。虎が熊にそれまでのことを話すと、熊は二匹の力に自信があるので、虎を促して「お湯」を見に行くことにする。二匹が樹まで行くと、樹の上にいるのは人間で、二匹はこれを取って喰うことにする。熊が登ると、泥棒は怖さのあまり小便を漏らし、それが目に入った熊は目の痛さに耐えられず樹から落ちてしまう。

虎は二匹の手には負えないと思い、狼、狐、兎、鼠、蜂などを手伝いとして呼んでくる。しかし、鼠と蜂は大した力もないとして手伝わせなかった。それを怒った鼠と蜂は人間の手助けをすることにする。さて虎、熊、狼、狐、兎の順番でそれぞれの上に乗っかって、いよいよ泥棒に届こうかという時、泥棒はまた怖さのあまり小便を漏らす。それが動物たちの目に入り、何匹かは痛さのあまり落ちてしまう。そこを蜂が刺し、鼠が根を齧った樹が倒れてきて、動物たちは全て潰されてしまった。（四川省・イ族）

「老虎怕『漏』」（虎が「漏る」を怖がる）

そこへ猿がやって来て、虎が震えているのを見て、事情を

10

　老夫婦が豚を飼っていた。虎と泥棒がその豚を狙っていた。ある雨の降る夜、虎と泥棒が豚を盗む好機とやってきた。老夫婦の家は、古い藁葺きで雨漏りがひどく、お爺さんはあちこちの雨水を受けながら、「豚小屋の雨漏りも見てくる」と言って、灯りをつけて豚小屋へ向かった。虎は誰か来るのに気づいて、小屋の外に出ると、その音に気づいたお婆さんが、「泥棒かも」と注意をする。しかしお爺さんは「私は何も怖くない、漏るのが怖い」と言う。それを聞いた虎は、「漏る」を恐れ、縮み上がった。

　泥棒は老夫婦が寝たのを見て、手探りで豚を探した。泥棒は虎を豚と勘違いして、縄を虎の首に巻いて引いていった。虎は「漏る」だと思って驚き、大人しくついて行った。夜が明けて、泥棒は自分の引いているのが虎だと分かり、驚いて樹に登った。虎は「漏る」が自分を吊そうとしていると思い恐れ、動けなくなり、目を閉じて倒れ、死を待った。

聞いた。虎は「漏る」のことを話し、猿が見ると、それは簑を着た人であった。猿は、「あれは虎の食い物だ」と言い、そして虎の首の縄の一方を自分の首に結び、もし「食い物」なら引きずり降ろし、もし「漏る」なら瞬きをするので逃げろと言う。猿が樹に登っていくと、泥棒は怖くて、小便を漏らす。それが、猿の目に入って、猿は瞬きをしてしまった。虎はそれを見て、逃げだし、急に樹から引きずり降ろされた猿は、尻を引きずって紅くしてしまった。虎は「漏る」はとても恐ろしいものと思った。

（四川省）

11

「老虎怕『漏』」（虎が「漏る」怖がる）

　ある夜、ラバと馬を売る男が「こんな夜は虎が怖い」と言い、紙売りが「虎は怖くないが漏るのが怖い」と言う。ちょうどその横で馬を狙って歩いていた虎がこの話を聞く。虎は「漏る」を凶暴な奴だと思う。虎が馬小屋に忍び込むと、そこへ馬泥棒が来て馬と間違えて虎に乗る。虎は「漏る」に乗られたと思い、逃げだし、明け方、泥棒は自分が虎に乗っていることに気づき、木にしがみつく。

　逃げる虎は猿と会い、「漏る」のことを話す。猿は半信半疑で、「漏る」を見に行きたがる。そこで虎は、縄で自分と猿の脚を結び、猿が樹に登って本当に「漏る」だったら瞬きをして合図をし、虎が引いて逃げることにする。

　二匹が木の所まで行くと、泥棒は恐ろしさのあまり冷や汗をかき、小便を漏らし、それらが猿の目に入る。猿は瞬きをしてそれを見た虎が逃げ、猿を引きずり殺してしまう。猿は歯を剥き出しにしており、これを笑っていると思った虎は文句を言う。

（雲南省・リス族）

12

「老虎怕漏」（虎が漏るを怖がる）

　ある雨の夜、虎が牛を取りに来る。家から「漏」が怖いと

　巣に帰った虎は、他の動物達と一緒に戦うことにして、木の所へ来る。動物達は戦う時に勝手に走らないようにお互い

12	聞こえ不安になる。 その家の少年が蓑を着て、牛の様子を見に来る。それを「漏」だと思った虎は逃げ、少年は牛が逃げたと思って追う。夜明け、少年は追いかけているのが虎と分かり、木に登る。	の体を蔓で結びつけていた。少年は、木の先端に逃げようとしたが、蓑が木に引っかかったので、蓑を捨てた。落ちてくる蓑を「漏」だと思った虎は逃げ、他の動物達は引きずられて死んでしまった。（広西チワン族自治区・トン族）
13	「漏」（漏る） ある夜、虎が馬を食べに来る。家から漏るのが怖いと聞こえてくる。馬泥棒が来て馬と間違えて虎に乗る。虎は逃げだし、明け方、泥棒は自分が虎に乗っていることに気づき、木にしがみつく。	虎は猿と会い、「漏」を見に行くことになる。猿は虎の尻尾を自分と結んでおき、自分が「漏」に勝てなければ、瞬きをするので逃げろと提案する。二匹が木の所まで行くと、泥棒は恐ろしさのあまり小便を漏らし、小便が猿の目に入る。猿は瞬きをして、それを見た虎が逃げ、猿を引きずり殺してしまう。（貴州省・ムーラオ族）
14	「猴子、老虎和屋漏」（猿と虎と雨漏り） ある夜、虎が馬を食べに、猿が桃を食べに来る。家から「屋漏」（雨漏り）が怖いと聞こえてくる。馬泥棒が来て、馬と間違えて虎に乗る。虎は逃げだし、明け方、泥棒は虎に乗っていることに気づき、木にしがみつく。	虎は猿と会い、「屋漏」を見に行くことになる。「屋漏」が人であることに猿は気づき、まず縄を自分に巻いて木に登り、そして泥棒に結び、虎が引くことになる。虎が引く合図は猿の瞬きだったが、泥棒が漏らした小便が猿の目に入り、縄を自分に巻いている内に瞬きをしてしまう。虎が走り猿は引きずり殺される。（湖南省・トウチャ族）
15	「老虎怕鍋漏」（虎が鍋が漏るのを怖がる） 夜、ある虎が食い物を探しに山を下りてきた。牛小屋の外まで来て、襲おうと思っていると、家から声が聞こえる。「今日、山で虎を見た。怖かった」と男が言うと、女が「虎は怖くないが、鍋が漏るのが怖い」と言う。虎は「鍋が漏る」を恐れる。ちょうどそこに牛泥棒が来て、虎を牛と思い、首に縄を付けて引いていく。虎は相手が「鍋が漏る」だと思い、逆らわない。村を出ると、泥棒は虎に跨り、虎の尻を縄で叩いた。虎は走り出す。しばらくして月が出ると、泥棒は自分が虎に乗っていることに気づき驚く。降りるに降りられずに	虎が逃げていると、山で猿に会った。虎がそれまでのことを話すと、猿は「鍋が漏る」は人間ではないかと思い、もう一度見に行こうと言う。しかし虎は尻込みをして、猿も一人で見に行くのは怖い。そこで、「鍋が漏る」は恐らく猿の仲間であり、虎の怖さを話して、そいつに謝らせると言って虎を騙す。また猿は「鍋が漏る」が、もし人でなく怪物だったら自分は虎ほど速く逃げられないと思い、縄で虎の尻尾と自分を結ぶことを虎に持ちかける。 樹の所まで来て、二匹が上を見ていると、虎が戻ってきて怖くなった泥棒が下痢をする。糞が猿の目に入り、猿は声を

	16	17
いると、虎が樹の下を駆け抜けたので、その時に樹にしがみついた。	「老虎怕『屋漏』」（虎が雨漏りを怖がる） 　昔、山深い所に書生が住んでいた。ある日、友人が訪ねてきて、夜はお喋りをした。友人が「こんな山奥で虎が怖くないか」と聞くと、書生は「虎は怖くないが、ただ雨漏りが怖い」と答える。この時ちょうど虎が家の脇で話を聞いていて、「漏る」を自分より強いなら見てやろうと思い、軒下で寝て待った。 　少しして、強盗が来て、軒下の影を馬が寝ていると思い、喜んで乗った。虎は「漏る」が乗ったと思い、驚いて走りだした。強盗は虎と分からなかったが、虎が月の光の下まで走ると、自分が虎に乗っていることを知り、肝を潰した。そして虎が山へ向かって走る道の脇に樹があったので、その樹に飛びついた。	「怕『屋漏』」（「雨漏り」を怖がる） 　虎と猿が兄弟の契りを結んだ。ある日、虎が山を下りて、ある家でよく肥えた豚を飼っているのを見て、この豚を猿と盗めば、何食分にもなると思った。だが、この時は、昼間で盗むのが難しく、戻って猿と相談をして、日が暮れてから再
上げて飛び跳ねる。虎はそれを「鍋が漏る」が奥の手を使ったと思い、山へ向かって逃げ出す。山を二つ越えてやっと止まって後ろを見ると、猿は肉がなく、骨を残すのみであった。虎は自分は走るのが速かったので助かったと思った。 　これより虎、豹、狼が山を下りて餌を探す時、木の柵で囲っている牛や羊、豚の小屋を見ると「鍋が漏る」が罠を仕掛けていると思い、近づかない。今でも山で家畜を飼う人は、家の中で鎖に繋ぐより、小屋の方が安心する。（河南省）	虎は急に身が軽くなったことに気づいて、振り返ると、樹の上に影がある。虎は「漏る」と優劣をつけたかったが、樹に登れなかったので、猿を探し、猿に「漏る」を摑まえて降ろしてくれるように頼む。猿が「漏る」に勝てない時に、逃げ切れないことを心配するので、虎は藤を持ってきて、猿の尻尾と自分の脚を結びつけ、虎が猿を連れて逃げることにする。 　泥棒は、猿が樹を登ってくるのを見て、勢いよく猿に向かって小便を掛けた。猿は急いで樹を下りて、それを見た虎は猿が負けたと思い、驚いて逃げた。しばらく走ると後ろが静かなのに気づいて、足を止めた。猿は既に引きずられて死んでいて、歯を見せていた。それを見た虎は猿が笑っていると思い、文句を言った。（湖南省）	豚をあきらめようとする虎を、猿は励まし、自分が樹に登って、「漏る」を見張ると言う。そして、もし「漏る」が来たら綱を引き、虎に知らせるので、自分を連れて逃げてくれと頼む。そう言って、猿が樹に登ると、ちょうど雨粒が目に入り、猿は知らず知らず頭を振って、綱を引っ張ってしまった。

17

び来ることにした。ところが、日が暮れる頃には、雨が降ってきて、虎は行きづらく思う。一方、猿は雨の音で人に見つかりづらくなると主張する。そして二匹は、もしも人に見つかった時、猿が逃げ遅れないように、虎の腰と猿の首をシュロの綱で結ぶことにする。

　二匹が山の斜面から、窓を覗いていると、中では老夫婦が豚の草を叩き切っていた。お婆さんが「今日は雨がひどいね」と言って、お爺さんが「雨がひどいのが何だ、ただ漏るのが怖い」と答える。続いて、お婆さんが「漏るのは大丈夫だから、刀を研いで」と言い、それを聞いた虎は「漏る」を怪物だと思う。

虎はそれを合図と思い、走りだした。虎は大分走ってから止まり、猿を振り返ると、猿は歯を剝き出して、笑っているようであった。虎はそれを見て、自分は疲れているのに笑っていると文句を言うが、猿は何も言わない。そこで、虎は猿の耳を摑まえて、「聞こえないふりをして」と言うが、猿はやはり何も言わない。虎が猿をよく見ると既に猿は死んでいて、虎は猿の胆が小さく、「漏る」に驚いて、死んでしまったと嘆いた。

（湖南省・トウチャ族）

18

「老虎怕『漏』」（虎が「漏る」を怖がる）

　大雨の夜、お婆さんが、こんな日は虎が来るので牛小屋がきちんと閉められているかを心配する。お爺さんが「このいやな天気、虎は怖くない、漏るのが怖い」と言う。牛を狙いに来た虎は、それを聞いて「漏る」を恐れる。そこへ笠と蓑をつけた牛泥棒がやってきて、虎を牛と思い、縄で引っ張っていく。夜が明けた時、泥棒は自分の引いているのが虎であることに気づき、震えると、笠や蓑がカサカサ音を立て、虎は急いで逃げる。

逃げた虎は、猿に助けを求める。虎の話を聞いた猿は奇妙に思い、虎と見に戻る。虎が戻ってくるのを見た泥棒は、急いで林に入り、樹に登った。猿は樹の下まで来て、樹に登る時、自分の脚に縄をつけ、もし危なくなったら虎に引っ張ってもらうことにする。危険を知らせる合図は瞬きであった。

　猿が樹に登ると、恐ろしくなった泥棒が小便を漏らし、それが猿の目に入り、猿は瞬きをしてしまう。それを合図と思った虎は、猿を引きずり降ろすと、猿を引きずって逃げ出した。随分と逃げて振り返ると、猿は歯を剝き出して死んでいた。それを笑っていると思った虎は、猿に文句を言った。

（江西省）

「老虎怕『漏』」（虎が「漏る」を怖がる）

　山深い家に夫婦が住んでいた。夫婦の家は茅葺きで雨漏りがして、牛を飼っていた。ある雨の夜、虎が牛を狙いにやってきた。虎が牛小屋の近くにいると、「ああ、天は怖くない、

　虎は「漏る」がいなくなったことに気づき、足取りを緩めると、猿に会った。虎が猿に「漏る」のことを話すと、猿は信じず、一緒に「漏る」を探しに戻るように虎に求めた。虎が少し戻ると、樹の上に毛が生えて黒いものが見える。猿は

19

地も怖くない、豺狼虎豹ことごとく怖くない、ただ、漏るのが怖い」という夫婦の声が聞こえる。虎は「漏る」を怖いものだと思う。この時、簑を着て笠を被った牛泥棒が近づいてくる。これを「漏る」だと思った虎は、急いで牛小屋の外へ出ようとする。虎が動く音を聞いた泥棒がそれを牛だと思って、その背に乗る。そして革靴を取り出し、虎の尻を叩いた。虎は急いで走りだす。空が明るくなると、泥棒は自分が乗っているのが虎だと分かり驚く。泥棒は革靴で虎の背を叩き、虎が更に逃げるところを、虎の背から滑り降り、道ばたの樹によじ登った。

多少怖かったが、人の匂いもするので、大胆になった。そこで藤の根を探してきて、一方を虎の睾丸に結び、一方を自分の首に結んだ。そして猿は、自分が「漏る」をやっつけに行くので、自分が眼をパチパチさせたら引っ張って逃げてくれと虎に言う。泥棒は猿が登ってくるのを見て、また虎が樹の下にいることに恐れて、小便を漏らしてしまう。小便は猿の頭にかかり、耐えきれず下を向いて眼をパチパチとしてしまう。虎はそれを見るや、逃げだす。虎はだいぶ逃げてから止まり、振り返ると、猿の目は閉じて口は笑ったように開いている。虎が自分の睾丸は引っ張られ潰れたのに、おまえは笑っていると文句を言った。更に殴ろうとしてよく見ると猿は既に死んでいた。

(浙江省)

20

「猴虎相克」（猿と虎は相性が悪い）

昔、猿の兄と虎の弟は親友だった。ある雨の夜、虎が豚を食べに小屋に来た。この小屋は崖の下にあった。虎が豚小屋にはいると豚が鳴き、それを聞いた妻が「外に虎がいるかも知れない」と言うと、夫は虎を「雨漏り」と聞き間違えて「雨漏りより山が崩れ落ちる（地滑りの）方が驚く」と言う。虎は「落ちる」を怖いものと思い恐れ、そこに泥棒が笠と蓑と草鞋の姿でやって来る。逃げた虎は泥棒の仕掛けた袋に入ってしまい、その袋を泥棒が担いで村外れまで来る。豚の鳴き声がしない袋を怪しんだ泥棒が袋を開けると、虎が入っており、驚いた泥棒は急いで樹に登った。

袋から出た虎が「落ちる」を恐れて樹の下から動けないでいると、夜が明けて猿がやってくる。虎が猿に、樹に登り人か「落ちる」かを確認するように頼むと、猿は尻込みをする。そこで虎が藤で自分の脚と猿の首を結び、もし「落ちる」だったら、猿の瞬きを合図に虎が引っ張って逃げることにする。

猿が樹に登ると、泥棒が怖がって漏らした小便が目に入ってしまい猿は瞬きをする。それを見た虎は猿を引きずって逃げ、猿は下顎が裂け気を失う。

それ以来猿には下顎が無く、猿と虎は付き合わなくなった。猿は虎を見ると、下顎を要求し、虎は避けるしかなかった。そこで老人は寅年と申年の結婚を喜ばない。

(福建省)

21

「鹿的尾巴很短的由来」（鹿の尻尾が短い由来）

町はずれの山に老夫婦が住んでいた。毎日、お爺さんが薪を町に売りに行って暮らしを立てていた。ある夜、老夫婦が

虎が洞穴に帰ると、鹿が来て、虎が慌てている理由を聞いた。虎が「老い」のことを話すと、鹿が確かめに行こうと言う。虎が自分の逃げ足が鹿ほど速くないことを心配するので、

21

飼っている豚を狙って、虎がやってきた。虎が門の外に来るとお爺さんが「幽霊や妖怪は怖くない、猛虎も怖くない、ただ老いが怖い」と言うのが聞こえてくる。虎は「老い」を自分より凄いものと思う。

一方、二人のアヘン中毒者が町にいた。一人は老三、一人は白賊七と言った。二人は老夫婦の豚を盗もうと、やって来た。そして、二人は豚小屋の外にいる虎の影を見ると、それを豚と勘違いして、虎を豚籠に押し込める。虎は「老い」に喰われると思い、大人しくしていた。二人は汗だくで籠を担いで山を下り、休憩していると夜が明ける。籠の後ろの老三が、虎に気づき逃げる。白賊七は近くの樹に登った。虎は、「老い」の口は大きく、自分を一口で腹に入れてしまった、どれほどの大きさか測ってみようと思っていると、豚籠が山を跳ね転び、破れた。そこで虎は山へと逃げた。

鹿は虎と尻尾を結んで、引いて逃げることにする。

二匹が樹の下に来ると、怖くて体が動かなくなった白賊七は樹から落ちてしまった。虎は「老い」が来たと言って、走り出し、訳が分からず四方を見ていた鹿は、虎に尻尾をちぎられてしまった。鹿の尻尾は半分になってしまい、これが鹿の尻尾の短い由来である。

（福建省）

22

「倒霉的老虎」（運が悪い虎）

ある夕暮れ、一人の農夫にある人が「こんな寂しいところで、怖いものは?」と聞くと、「虎も、幽霊も怖くないが、漏るのが怖い」と答える。それを虎が聞いていて、「漏る」を怖いものと思う。虎が村の裏手へ歩いてゆくと、ちょうど村の門の所で泥棒が火を灯しており、その火が揺れる様を見た虎は、「漏る」が出たと思い、草むらに隠れた。少しして、泥棒が追われてちょうど虎のいる草むらへ隠れた。虎は「漏る」が来たと驚いて頭を下げたまま逃げようとして、それを牛と思った泥棒は、虎を引いていった。夜が明けると、泥棒は虎を引いていることが分かり、驚いて樹に登った。

猿がこの様子を見ていて、虎に何をしているのかと話しかける。虎が「漏る」のことを話すと、猿は、それは人だと言う。そこで猿はクズを持ってきて、虎の脚と自分の手を結んだ。そして、人なら樹から落として、万一「漏る」なら頭を振るので虎が走って自分を逃がしてくれと言う。猿が樹に登ると、泥棒は既に訳が分からず、小便をしてしまう。それが猿にかかり、猿は頭を振ってしまう。それを見た虎は懸命に走り、猿は死んでしまった。

虎はもう民家には近づかないと誓い、山で食べ物を探すことにする。以前、鹿の肉がうまいと聞いたことはあるが、虎は鹿を見たことがない。そこで、虎は遠くに見えた動物に聞いてみようと近づいた。その動物は鹿で、鹿は虎を見て驚き逃げられずにいたが、虎は笑顔で鹿に向かって「お名前は」と尋ねてくる。鹿はこいつは馬鹿だと思い、「姓はないが、虎老という」とおおように答える。虎が鹿を見たかと尋ね、鹿を喰いたいと言うと、鹿も「虎を見たか、腹が減っているので喰いたい」と言い、虎は見ていないと言う。鹿が虎の睾丸を指して何かと聞き、虎は、これは酒壺で鹿に会った時、酒を買うためにと答える。次に虎が鹿の角を指して何かと聞くと、鹿は食べきれない虎の肉を掛けておく竹の梁だと答える。虎がそれを聞いて驚き、小便を漏らすと、鹿も驚き「漏らした」と思わず声を出す。虎は「漏」の言葉を聞き、また懸命に逃げた。虎の行方は誰も知らない。

（福建省）

23

「老虎怕『漏』」（虎が「漏る」を怖がる）

山里の老夫婦が、窯洞（洞窟式の住居）に住んでいて、驢馬を飼っていた。泥棒と虎が驢馬を狙って夜やってくる。それぞれ、老夫婦が寝ているかと聞き耳を立てる。するとお婆さんが「私たちは、この山で寄る辺もなく怖いわ」と言い、お爺さんが「何も怖くない、漏るのが怖い」と答えるのが聞こえる。虎は「漏る」を自分よりも強いものだと思う。夫婦が寝た後、泥棒と虎は驢馬の小屋に入る。泥棒は手探りで驢馬を探していると、虎を捕まえてしまい、それを驢馬だと思い、虎の頭の皮を摑んで跨った。虎は「漏る」が乗ったと思い、驚いて走った。泥棒は抑えきれず「どうどう」とやたらに叫んで、虎はますます怖くなり走り続ける。明け方、泥棒は自分が乗っているのが虎と分かり、驚き、降りるに降りられずにいると、目の前に樹があり、その樹に飛びついた。

虎は振り返ると、人が自分に乗っていたことが分かり、怒ったが、樹に登ることも出来ない。そこで、樹を囓っていると、口の中も乾いた頃に猿がやってきた。猿は虎が樹を囓っているのを見て、何をしているのかを聞き、虎はそれまでのことを話す。猿はそれならば自分が虎を樹に引っ張り上げると言って、お互いの尻尾を結びつけて樹を登り始めた。泥棒はそれを見て焦ったが、知恵を働かせて「猿、一八枚の虎の皮の借りがあるのに、今日はどうしてやっと一枚引っ張ってきただけなんだ」と言った。それを聞いた虎は騙されたと思い、猿を引きずって一目散に逃げた。泥棒は、これに懲りて二度と老夫婦の驢馬を狙わなかった。

（山西省）

「漏」（漏る）

虎が逃げていると猿と会った。猿は虎が懸命に逃げている

24

昔、ある山に老夫婦が住んでいて、驢馬を飼っていた。ある夜、その驢馬を狙って、虎と泥棒がやってきた。泥棒は夜中を待って屋根に隠れ、虎は戸口に蹲った。すると家の中から「あなた、今年の収穫は良さそうね、いつもの年より少しはいい暮らしになりそう、でも漏るのが怖いわ」という声が聞こえた。それを聞いた泥棒と虎は共に「漏る」を恐れる。泥棒が下を見ると、何か大きなものが蹲っており、それを「漏る」だと恐れた泥棒は「漏るが来た」と叫んで屋根から落ちてしまった。泥棒はちょうど虎の上に落ち、泥棒の叫びを聞いた虎は「漏る」が来たと思い、懸命に逃げた。泥棒も振り落とされて死ぬのを恐れ、懸命に虎にしがみついていた。虎は夜半過ぎまで走り続け疲れ、泥棒も手が痺れて振り落とされた。そして虎はそのまま逃げ、泥棒は大きな樹に登った。

「漏」（漏る）

昔、老夫婦が驢馬を飼っていた。山の上の虎と、山の下の泥棒が驢馬を狙っていた。ある小雨の降る夜、虎が壁に穴を開けて、泥棒が屋根に穴を開けて、忍び込もうとした。その音でお爺さんが「何か音がしなかったか」と言うと、お婆さんが「ああ！　狼だろうと、虎だろうと、何も怖くない、漏るのが怖い」と言い、それを聞いた虎と泥棒はそれぞれ「漏

のを見て、その理由を聞き、虎は「漏る」のことを話した。猿はそれを奇妙に思い、「漏る」の様子を尋ねる。詳しくは見ていないが、丸い頭に、長い手足はやっとこのように長いと虎が説明すると、猿は「漏る」が人であると言う。しかし虎はそれを否定し、「漏る」は天から落ちてきたと言い張り、猿もそれを聞いて少し怖くなる。しかし猿は「漏る」を見に行こうと言う。虎も猿を先に行かせ、自分は後ろからついて行って、人なら食べてしまい、「漏る」なら逃げようと考える。

泥棒のいる樹まで来ると、虎が猿を樹に登らせようとするが、猿は尻込みする。そこで虎は縄を持ってきて、お互いの尻尾を結びつけた。そして、もし人だったら猿が引きずり降ろし、「漏る」だったら猿が瞬きをして、それを合図に虎が引っ張って逃げることにする。猿が樹に登ると、泥棒は怖さのあまり汗をかき、その汗の一滴がちょうど猿の目に入った。猿は眼が痛くて瞬きしてしまい、それを見た虎が逃げ出す。しばらく走り、虎が止まると、猿の下唇は引きずられて擦り切れ、下の歯が剝き出しになっていた。それを見た虎は猿が楽しんでいる顔をしていると思って文句を言った。（河北省）

虎が洞穴に帰ると、小虎たちがやってきて驢馬をねだる。虎が「漏る」に驚いたことを話すと、小虎たちは「漏る」を見たいと泣き騒ぎ出した。虎は仕方なく、小虎たちと自分の首を縄で結んで洞穴を出た。

泥棒は、大きい「漏る」が、小さい「漏る」を連れて来たと思い、急いで、梢を登っていくと、枝が折れてしまい、石の上に頭から落ちて、肉入りパイになってしまった（死んで

25

る」を自分より凄いものと思う。泥棒が怖くなり、脚を滑らせて落ちると、ちょうど虎の上だった。虎は「漏る」に捕まったと思い、逃げ出した。泥棒は落ちて頭がくらくらして、毛が突き刺さるものを触り、「漏る」に喰われると思い、首を摑んで手を緩めなかった。虎は「漏る」が自分に膠のように貼り付いているので、樹に擦り付けて取ろうとする。一方、泥棒も樹に登って逃げようとして、樹の直前で飛びついた。

しまった）。

虎は天から何か落ちて来たのに驚いて、「子どもたち、お母さんと一緒に走れ、大きい漏るが、小さい漏るを投げて捕まえに来た」と叫んで、一気にいくつかの山を走った。小虎たちは、毛も擦れ、歯を剥き出して、息をしていなかった。虎はその様子を見て、自分は全身汗だらけなのに、小虎たちは上着を脱いで、歯を見せて笑っていると文句を言う。

（河北省）

26

「小偸、老虎和猿」（泥棒と虎と猿）

ある山の中に老夫婦が住んでいて、驢馬を飼っていた。大雨の降る夜、老夫婦は驢馬を家の中へ入れた。一方、驢馬を狙う泥棒と虎がやってきて、驢馬を探すが見つからない。その時、家の中でお爺さんが「この雨は本当によく降る、私たちは他のは怖くないが、漏るのが怖い！」と言う。前半が聞こえなかった泥棒は「漏る」とは怖いものだと思い、虎もまた「漏る」を恐れた。そこへ屋根の上に隠れていた泥棒が脚を滑らせ虎の上に落ちてくる。泥棒は「漏る」の上に落ちたと思い、必死に虎の耳をつかみ、虎も「漏る」に乗りかかられたと思い慌てて逃げる。どんなに逃げても「漏る」を払いのけられない虎は、樹にぶつけて擦り落とそうとする。樹に近づいた時、泥棒も「漏る」から逃げようと樹に這い登った。

虎が逃げていると、猿と会い、虎は「漏る」のことを話す。「漏る」を信じない猿は尻込みする虎にもう一度見に行くことを提案する。見に行く際、猿は自分の腰と虎の尾を縄で結んだ。そしてもし「漏る」だったら猿が目配せをするので、虎が引っ張って逃げ、違えば落として虎に食べさせる計画を立てる。

猿が樹に登って来るのを見て怖がった泥棒は小便を漏らし、小便が目に入った猿は下を向いて目をしばたたいた。それを目配せと思い、虎は一目散に山まで逃げた。猿を引っ張っていたことを思い出した虎が猿を見ると、猿は全身の毛が無くなって死んでいた。

（北京市）

27

「『漏』的故事」（漏るの話）

ある夜、虎が驢馬を食べに来る。お婆さんが「私たちの家は雨漏りするか」と言うのを虎が聞く。泥棒が来て、驢馬と間違えて虎に乗る。虎は逃げだし、明け方、泥棒は自分が虎に乗っているのに気づき、木にしがみつく。

虎は猿と会い、「漏」を見に行くことになる。この時、猿は虎よりも足が遅いので縄で互いの体を結び、虎に連れていって貰った。虎は猿に「漏」は人ではないかと教えられ、木を噛み倒すことにした。その時泥棒の帽子が落ち、驚いた虎は逃げ、猿を引きずり殺す。

（遼寧省）

28	29	30
「屋漏」（雨漏り） ある夜、虎が驢馬を食べに来る。家から「屋漏」（雨漏り）が怖いと聞こえる。泥棒が来て驢馬と間違えて虎に乗る。虎は逃げだし、明け方、泥棒は自分が虎に乗っていることに気づき、木にしがみつく。	「不怕老虎就怕漏」（虎は怖くない漏るのが怖い） 泥棒と虎が驢馬を狙う。雨が降りそうなので、お爺さんが「驢馬小屋が漏るので『漏』が怖い」と言う。これを聞いた虎は不安になる。泥棒は「漏」（手落ち）が怖いと聞き、捕まると思い、小屋から虎の上に落ちる。虎は逃げ、夜明けに虎に乗っていることに気づいた泥棒は木に摑まる。	「猴子和老虎」（猿と虎） ある山間に驢馬を飼っている老夫婦がいた。大雨の夜、お婆さんが「ああ、天は怖くない、地も怖くない、野獣もみんな怖くない、ただ、漏るのが怖いよ！」と言い、お爺さんも返事をしていた。ちょうどその時、驢馬を狙いに来た虎が老夫婦の会話を聞いて「漏る」を怖いものと思った。すると突然、あるものが虎の背中に乗り、虎は急いで逃げ出した。しかしどんなに走っても払い落とすことが出来ない。夜明けになり、虎が自分の身が軽くなるのを感じて振り返ると、「漏る」が樹にぶつかり落ちて、その樹に登っていくのが見えた。そもそも虎の背に乗っていたのは、驢馬泥棒で、暗い中、虎の背に乗ってしまったのであった。降りるに降りられず、幸運にも木のまたが彼を救ったのだった。
虎は猿と会い、猿は「屋漏」が人であると見当を付け、見に行こうと言う。虎は猿に置き去りにされることを心配する。そこで猿は、お互いを縄で結ぶ。木の所まで来ると、猿は登り始める。泥棒は小便を漏らし、猿が「漏らした」と叫んだ瞬間、虎は「漏」の言葉に驚いて逃げ、猿を引きずり殺してしまった。 （遼寧省）	虎は猿と会う。猿は虎の話を信じず、見に行こうと言う。虎が猿に騙されることを恐れるので、猿は互いの尻尾を結ぶことにする。泥棒は虎に怯え、木から落ちる。虎は落ちてくる影を「漏」と思い逃げ、猿を引きずり殺す。 （遼寧省・満州族）	虎が走っていると、猿に出会った。虎は「漏る」のことを話し、「漏る」を聞いたこともない猿は、虎にもう一度見に行くことを提案する。虎は尻込みをしたが、猿が見に行くことを求めるので、策を考えた。まず、猿の首と自分の脚を藤のつるで結ぶ。そして猿が樹に登り、何か良くないことがあったら手を挙げて合図し、それを見た虎が猿を連れて逃げることにした。 猿が樹に登ると、泥棒は恐怖のあまり腹をこわし、下痢をした。それが猿の顔にかかり、前が見えなくなった猿は、手でこすると、それを合図と思った虎は駆けだした。猿は虎ほど走るのが速くはなく、始めはついて走ったが、引きずられてしまった。そして、顔の皮はむけ、歯茎はむき出しになり、死んでしまった。虎はそれを見て、自分を笑っていると思い、猿に文句を言った。 （吉林省）

31

「老婆兒怕漏的故事」（お婆さんが漏るを怖がる話）
一人のお婆さんがボロ屋に住んでいた。雨の降っている夜、お婆さんの驢馬を狙って、虎と泥棒が来た。寝ているお婆さんが「狼も怖くない、虎も怖くない、漏るのが怖い」と言う。泥棒と虎はそれを聞き、「漏る」が狼や虎よりも凄いものだと思う。そして泥棒は驢馬と勘違いをして虎に乗り、虎は、「漏る」が乗ったと思い走りだす。樹に擦り付け「漏る」を取ろうと虎は考え、泥棒も、自分が驢馬ではなく「漏る」に乗っていると思い、樹に摑まった。

虎が逃げていると、裏山で猿に会った。虎が逃げている事情を猿が聞くと、虎は「漏る」のことを話し、「漏る」を捕まえる手伝いを猿に頼む。猿がどのように捕まえるかを聞くと、虎は自分の脚と猿の脚を縄で結ぶと言う。そして猿が樹に登り捕まえて、もし「漏る」が噛みついてきたら、手を振って合図し、虎が走って、猿を連れて逃げると言った。

猿が樹に登ると、泥棒は驚いて下痢をし、それが猿にかかった。猿は手を振って糞を取ろうとして、それを見た虎が急いで走りだした。しばらく走り、虎が猿を見ると、一本の脚が残っているだけだった。

（詳細不明）

32

「猴和老虎」（猿と虎）
猿と虎が驢馬を狙う。お爺さんがお婆さんに世の中で何が怖いかを尋ねる。お婆さんは「屋漏」（雨漏り）が怖いと答え、お爺さんは家が倒れるのが怖いという。猿は、家が倒れると聞いて、逃げようとして屋根から虎の上に落ちる。虎は驚いて逃げる。夜が明けて、猿は虎に乗っていることを知り、木に抱きつく。

虎は熊と獅子に会う。三匹は屋漏を見に行く。猿はそれを見て、「虎さん、一昨々年遊んだとき、あなたは熊と獅子一匹分負けた。忘れたと思っていたけど、やはり友達だ。今晩、私達は飽くほど食べられる」と叫んだ。熊と獅子はそれを聞いて怒り、虎を半分に裂いて、逃げてしまった。

（黒竜江省・ダフール族）

33

「猴子腚無毛發紅的原因」（猿の尻に毛が無く、赤いわけ）
張好拿という泥棒と狼が驢馬を狙う。部屋から「漏」が怖いと聞こえる。張好拿と狼は恐れ、張好拿が驢馬と思い狼に跨ると、狼は逃げ出す。夜明け、狼が大木の下を通った時、張好拿は木へと逃げる。

狼は猿と会う。猿は狼と木の所へ戻る。猿は、張好拿を人であると分かり、木に登る。張好拿は小便をするが、なおも猿は登る。張好拿は靴を脱ぎ、猿の尻を、赤くなり毛が無くなるまで叩いた。猿は狼と逃げる。猿の尻に毛が無く、赤いのは張好拿が打ったため。

（漢族か？　詳細不明）

34

「老虎怕『長尾巴怪物』」（虎が長い尻尾の怪物を怖がる）
ある日、子どもが放牧していた牛を見失ってしまった。至る所探したが見つからず泣きながら家に帰った。お爺さんは慰めて言った。「泣くと虎が来てまた牛を引っ張っていく。

泥棒が登ったのを見た虎は、その隙に縄を切って逃げる。森まで逃げると、象や獅子や猪などの動物と会った。虎がそれまでのことを話すと、皆は信じず、虎に「長い尾の怪物」を見せに行くように迫った。一方、兎はこの機会に仲間の仇

34

明日一緒に牛を探しに行こう」すると子どもが泣きながら、「長い尻尾の爺さんが怖い」と泣く。翌日、お爺さんと子どもが牛を探していると、虎が牛を食べているところに出くわす。お爺さんが「泣くな、虎に聞こえたら大変だ！」と言うが、子どもは泣き始め「長い尻尾の爺さんが怖い」と呟き続ける。お爺さんが「どんな長い尻尾の爺さん？」と尋ねるが、子どもは「尾が長く、頭が大きい、よく見なかった」と言う。虎はそのやりとりを聞いて、自分より怖いものがいると思って逃げる。しかし、いくら走っても何もいないので、騙されたと思って怒った虎は、お爺さん達の牛を狙いに、深夜、牛小屋に来る。するとお爺さんが泣いている子どもに「泣くな、泣くと長い尻尾の爺さんが来る」と言い、子どもが泣きやむのを虎は耳にする。「長い尻尾の爺さん」を見てやろうと虎が思っていると、そこに二人の牛泥棒がやってくる。一人は毛布を一人は簑をかぶっていた。二人は、一頭のはずの牛が二頭いることを訝しんだが、体格のいい方を連れて行こうと虎をなで回す。虎は泥棒の縄を怪物の尻尾だと思い、大人しく泥棒の縄に結ばれ、泥棒に引かれていった。夜が明けると、後ろを歩いていた毛布をかぶっている泥棒は、自分たちが引いているのが虎であることに驚き、仲間に向かい、小便をするので先に行ってくれと言って逃げ出した。虎は自分を引く泥棒の簑を黒くて長い毛だと思い、怖がる。その上、泥棒の方は後ろから牛追いの声が聞こえないので、後ろにいるはずの仲間を怒鳴った。その怒鳴り声にますます虎は恐れをなす。泥棒はいくら言っても牛追いの声が聞こえないので、振り返ると、自分が引いているのが虎であることに気づく。怖くなっ

を討とうと考えていた。

猛獣達が樹の下まで来た。兎は樹の上を見ると全てが分かった。

動物たちはまず、怪物の毛の長さを見ることにした。獅子が樹に登って「毛」を取ってくると、確かにどの動物よりも長い。動物たちは驚いて怖くなった。

そこで兎が、「自分が象の背に乗って見てくるので、もし危険な動物だったら警告を発するので、みんな逃げろ」と言う。

象の背に乗った兎は、様子を見るふりをして、樹に飛び移った。そして、懸命に枝を揺らしながら「大変だ、怪物が怒った、逃げろ」と叫んだ。動物たちは驚き、逃げ、虎は懸命に逃げて、崖から落ちて死んでしまった。

（雲南省・トーアン族）

た泥棒は何とか、大木に虎を結びつけると、その樹に登った。

35

「老虎怕『漏』」（虎が「漏る」を怖がる）

ある夕方、兄弟が芝を刈っていた。雨が降ってきたので、祠で雨宿りをした。雨はひどくなり、夜まで止まなかった。弟が兄に「万が一にも虎が出てきたら、大変だ」と言うと、兄は「虎は怖くない、漏るのだけが怖い」と言う。この時、虎が祠の外にいて兄弟の話を聞いた。虎は「漏る」が自分より強いのではないかと思う。少しして雨が強くなり、祠も雨が漏り始めた。弟が「漏った」と声を上げた。

虎はそれを聞いて「漏る」が来たと思い、逃げ出した。

虎が逃げていると、熊と会った。熊は虎が逃げている理由を聞く。すると虎は「漏る」が来る言って、止まらずに逃げる。熊は、虎ほどのものが逃げるのを見て、一緒に逃げた。虎と熊が逃げていると、鹿と出会う。鹿がどうしたのかと聞くと、熊が「漏る」が来るから早く逃げろと言う。鹿も慌てて逃げる。動物たちが逃げていると、キョンと出会う。キョンがどうしたのかと聞くと、鹿が「漏る」が来るから早く逃げろと言う。キョンも大急ぎで逃げる。道々、象に会い、羊（アオヒツジ）に会い、キバノロに会う。そして皆同じようにして逃げた。

草地まで逃げてくると、兎がいた。兎がどうしたのかと聞くと、鹿が「漏る」が来るから早く逃げろと言う。そこで兎が「漏る」とはどんなものかと聞くと、虎もはっきりとしない。動物たちは、仲間の多いのを頼み、「漏る」を見に行くことにした。そして、虎よりも強ければ王様にして、そうでなければ友達になろうとした。だが、実際に祠に行くと、出てきたのは笠をかぶり蓑を着た人間であった。動物たちは、それ以後お互いを警戒して、あまり付き合わなくなった。

（雲南省）

36

「牢卯奇遇」（お爺さんの奇遇）

ある家の馬が逃げた。家は山の上で、水が不自由なので、鉄の鍋で雨を受けていた。ある雨の夜、虎が馬を狙い来る。その時、子どもが泣き親は「泣くとディントン（雨が鍋に落ちる音）が食べに来る」と言う。虎はこれを恐れ、動けなくなる。この時、その家のお爺さんが来て、虎を馬と思い小屋

翌朝、お爺さんと妻は繋いだのが虎であると知り、虎を殺す。虎の皮をお爺さんが街に売りに行くと、虎を殺したことで英雄になる。お爺さんは干より将軍になることを頼まれ、その国の国土を回復するが、虎の皮の代金だけを要求し家に帰る。

（ミャオ族）

	に繋ぐ。	
37	「怕『漏』」（漏るのが怖い） ある家で、馬を飼っていた。ある日、父母が親戚の家に行って、兄弟が留守番に残った。夜、兄弟は少し怖くなり、明かりをつけて話をしていた。兄が弟に、虎や強盗が怖くないかと聞いたところ、弟は怖くないと答え、兄は「虎は怖くない、強盗も怖くない、漏るのが怖い、雨漏りが怖い」と言う。弟もそれに続いて、「僕も、漏るのが怖い、雨漏りが怖い」と言った。兄弟がこの話をしていた時、ちょうど馬小屋で虎が馬を襲っていた。虎は兄弟の話を聞いて、「漏る雨漏り」を自分より凄いものだと思う。そこへ強盗がやってきて、馬を盗もうとした。手探りで馬を探していると、虎を触って、良い馬と勘違いした。そして、泥棒は虎に跨って、脚で蹴った。虎は「漏る雨漏り」が乗ったと思い、驚いて逃げ出す。虎が一晩走り続け、泥棒が疲れた頃、夜が明けた。自分が虎に乗っていることを知り驚いた泥棒は、ちょうど見えた水辺の樹を摑んで急いで登った。	虎も力が入らず、水辺で息をついて横になっていると、狐がやってきて何故そんなに疲れているのかと聞く。虎は事情を話し、狐は「漏る雨漏り」とは何かを見てみたくなる。しかし、登るのが怖い狐は考えて、頭を下に尻尾を上にして登っていく。狐の尻尾が強盗に触れると、強盗はその尻尾を摑んで水に投げ落とした。虎はまた驚いて逃げようとすると、多くの虎たちがやってきた。虎はそれまでのことを話すと、虎たちは半信半疑で、「漏る雨漏り」が何なのかを見たくなった。一匹の虎が、頭を下に尻尾を上にして登っていくと、泥棒は急いで虎を水の中へ蹴り落とした。樹の下の虎たちが恐れていると、泥棒が樹の上で叫んだ。「まだ逃げないのか、雷公がおまえ達を撃つぞ」そして、泥棒が水の中へ「ドボン」と落ちると、虎たちは恐れおののいて、散って逃げた。このことに驚いた強盗も二度と人の家に盗みに行くことはなかった。 （湖南省・ミャオ族）
38	「看『漏』」（漏るを見ろ） 泥棒が牛小屋に忍び込み、「漏」という言葉を耳にして不安になる。もう一人臆病な泥棒が入り込み、お互いに驚き逃げ出す。後で真相を知った二人は、二度と悪いことはしないと誓う。	なし （四川省・リス族）
39	「老虎和猴子偸羊」（虎と猿が羊を盗む） 夜、虎と金絲猴が狩人の羊を盗みに行く。羊の囲いの近くで猿が木に登り見張りをする。猿は影が見えたので、虎の所へ戻ろうとして、うっかりと虎の上に落ちる。虎は狩人に捕	なし （雲南省・ジノー族）

	40	41
まると思い逃げ、猿は狩人に乗ったと思い、しがみつく。虎は猿を振り落とし、慌てていたため木にぶつかる。	「老虎怕傘」（虎が傘を怖がる） 　山の洞穴に母虎と二匹の小虎が住んでいた。山の食べ物では足りないので、母虎は小虎に山を下りて食べ物を探させた。一匹の小虎がある家の裏で聞き耳を立てると、家から女が「門を閉めて、虎が入るのを防がないと」と言うのが聞こえる。すると男が「雨が降りそうだ、虎は怖くないが、雨漏りが怖いよ！」と答え、女が「傘があれば、漏るのが怖いことがあるか！」と受ける。小虎は聞いたことを母虎に報告する。人は虎よりも「漏る」を恐れ、更に「傘」の方がすごいと思っていると母虎は考える。そこで小虎に命じて傘のことを調べさせるが、小虎は何日たっても成果が上がらなかった。 　ある日、小虎が歩いているとお爺さんと子どもが歩いているのを見つける。ちょうど雨が降ってきて、お爺さんが「傘がある」と言って、傘を開く。小虎は、傘の大きさが洞穴の口ほど有るのを見て驚いて、母親に報告する。母虎は信じず、自分の目で見に戻ったが小虎の言うとおりであった。母虎は小虎たちに「世の中で傘が一番残忍だ。以後見たら逃げろ」と言う。そして今でも虎は傘を恐れる。	「屋漏破鍋」（雨漏りと漏る鍋） 　老夫婦が地主に田を借りている。ある雨の日、虎が驢馬を狙いに来る。家から「屋漏破鍋」（雨漏りと鍋が壊れること）が怖いと聞こえ、虎は怖くなる。地主が蓑を被って、驢馬を盗みに来る。地主は暗さのために虎を驢馬と思い、虎に乗る。驚いた虎は逃げる。朝まで走り、地主は落ちて頭を打ち、虎
	なし （湖北省）	なし （安徽省）

	は谷に落ちて、それぞれ死ぬ。	
42	「怖い雨漏り」 泥棒と虎が牛を狙う。家から「雨漏りが怖い」と聞こえてくる。虎が驚いていると、泥棒が蓑を被って来た。虎はそれを「雨漏り」と思う。泥棒は虎を牛と思い、首に縄を掛け、引っ張っていく。夜明け、泥棒は虎を引いていることに気づき、逃げる。虎は何のことか分からず山に帰る。	なし （浙江省　紹興）
43	虎と泥棒が牛を盗みに来る。その家の夫婦が「漏」が怖いと話しているのが聞こえる。虎と泥棒は「漏」を恐れ、逃げようとする。虎が走り出すと、泥棒も続いて走り出し、ちょうど泥棒が飛び出すと虎の背に乗ってしまう。お互いに「漏」だと思い恐がりながら、虎は泥棒を背負ったまま走って逃げた。	なし （浙江省）
44	ある大雨の夜、お爺さんとお婆さんは牛が濡れて病気にならないよう家の中につないだ。お婆さんが「房子漏」（雨漏り）が怖いと言ったのを、牛を狙っていた泥棒と虎が聞く。泥棒と虎が「房子漏」に怯えながら、牛小屋に行くが、牛はいない。虎が牛小屋で横になっていると、泥棒が牛だと思い、その背中に乗り、ナイフを尻に刺す。虎は驚き逃げる。夜が明けて、泥棒は牛でないものに乗っていると気づき、虎から降りる。	虎は猿に会う。虎は猿にナイフを抜いてもらい、詳しく「房子漏」に出会ったことを話した。 （遼寧省）

これら中国の「古屋の漏り」を見ていくと、前半部と後半部に分けられる点は、わが国と大きく変わらないことが確認できる。前半部で終われば「逃走型」、後半部まで語れば「騒動型」の話になると言える。また、話の前半部においては、わが国とほぼ同じである。しかし、後半部における話の展開はかなり異なる。現在のところ、中国の話で

は、日本で見えるような「猿が洞に尻尾を入れて引っ張られ、尻尾がちぎれる」という猿の尻尾の由来を語る話には出会わない。資料の33が唯一、猿の尻尾と尻の由来となっているが、そこに至るまでの話の流れは、わが国とは異なる。その他、動物の形状由来につながる話としては、資料21が「鹿の尻尾が短い由来」を語っており、また、完全に由来譚とはなっていないものの、資料10が「猿の尻が赤くなった」ことを語っているが、やはり後半部の話の展開はわが国と異なるものである。その一方で特徴的に現れているのは、小林恭子の指摘にもある通り、泥棒が木の上に逃げる点と（わが国では木の洞や穴に逃げる）、動物同士がお互いの体を結ぶ点である。これらの特徴は日本の「古屋の漏り」には見られない。

さて、ここで視点を変えて、この話を支えている民俗について考えていきたい。

中国の「古屋の漏り」で特徴的なのは「雨漏りが怖い」と言うほかに、「鍋が漏るのが怖い」という点である。中国の「古屋の漏り」で怖いものは、この二つに集約される。

例えば、年間の降雨量が少ない地域では、「雨漏りが怖い」という実感に乏しく、「雨漏り」では、話が成立しないであろうことは想像に難くない。実際に「鍋が漏る」ことを語る甘粛省の年間降雨量は、場所にもよるが一六～三二六㎜程度で、わが国が一七〇〇㎜を超えることを考えれば、如何に雨が少ないかが分かる。それ故、「鍋が漏るのが怖い」と話が変化していったのであろう。「鍋が漏るのが怖い」のが「雨漏りが怖い」から変化したことについては、アジア全体を見れば、怖いのは「雨漏り」や「雨音」が多いところからも推測がつく。

では、なぜ「雨漏りが怖い」話が、「鍋が漏るのが怖い」話に変わり、中国における「古屋の漏り」はこの二つに集約されていったのか。それは、次の諺に注目すれば自ずと見えてこよう。

「破鍋漏房病老婆。（破れ鍋、雨漏りの家、病気の女房。）」これは、中国人にとって最も厄介な三つの事柄を表した諺である。中国の諺の本を調べていくと、他にも漏れる鍋と雨漏りについてを併せて語る諺が見つかる。直接的な表現としては、「屋漏鍋破、一時難過。(7)（雨漏りと鍋の破れは、たちまち暮らしにくくなる。）」というのがある。日常生活を脅かす代表としての「雨漏り」と「鍋の破れ」が見えてくる。また、この二つが如何に厄介であったかは、次の諺を見ても分かる。

「家庭怕三漏、鍋漏、屋漏、人漏。(8)（家庭が恐れる三つの「漏る」は、鍋の漏り、雨漏り、家族が無駄遣いをすることである。）」

「屋漏用席蓋、鍋漏使面泥、家漏治不得。(9)（雨漏りはむしろを敷いて、鍋の漏りには穀物の粉を塗るが、無駄遣いをする人は治しようがない。）」

どちらも、家庭の無駄な出費を戒めるための諺である。そして、この諺も雨漏りや漏れる鍋が恐ろしいものとして実感されていなければ、出費を戒める諺としての働きが無くなる。この諺が聞く者に対して訓戒の意味を持つためには、浪費と対比されるものが、怖ければ怖いほどいい訳で、雨漏りや漏れる鍋の怖さもそこから推し量ることが出来よう。

さて、中国にはこれ以上に怖いものがある。

「不怕漏屋漏鍋、只怕悪公悪婆。(10)（雨漏り、漏れる鍋は怖くない、ただ悪い舅と姑が怖い。）」

嫁ぎ先での苦労を表した諺であるが、この諺も悪い舅や姑の怖さを強調するためには、雨漏りや鍋の漏りが怖いものでなくてはならない。

わが国では、鍋が漏れることに対してあまり恐れを感じないが、調理に鍋が不可欠である中国において、雨漏りと鍋の漏れは衣食住のうちの食と住を脅かされる重大な問題であったことが、これらの諺から浮き彫りにされる。また、先に挙げた資料41の安徽省の話では、「屋漏破鍋」（雨漏りと漏れる鍋）と並列で怖いものが語られている。ちなみに安徽省の気候は温帯と亜熱帯の境にあり、温暖で湿潤、日本と同じように四季がはっきりしている。当然雨漏りの心配も大きく、「漏れる鍋」がこれと並び恐れられている点からも、中国人の生活における鍋の存在の大きさが分かる。

さて、中国以外の東アジア諸国では、現在のところ、モンゴル、ベトナム、ビルマ、朝鮮の話に数話ずつ当たることが出来た[11]。それぞれの内容については、本書末の資料編に掲載したが、モンゴルとベトナムの話は、ほぼ、中国の「古屋の漏り」の特徴を備えている。また、隣国の朝鮮半島についても、「雨漏り」のモチーフが見られない点でわが国の「古屋の漏り」とは異なる。ここでは、後の第七節においてわが国の「古屋の漏り」を考える上で参考になる諺と関係があるビルマの話を挙げる。

「歯を見せるのは、苦しみのためで、喜びのためではない[12]」（アラカン族）（梗概）

この話は人間には、本当は全然笑っていないのに、無理に笑って、こらえる場合があることを説明する時に使われている。

ある村の家畜小屋に泥棒が忍び込んだ。そこには虎が待ち伏せしていた。泥棒は家畜の間を手探りで進んだ。家畜達は虎の臭いに加えて、泥棒の手が触ったので、恐慌状態になった。泥棒は虎を牛と思って、背に跨った。虎は見知らぬ生き物が飛び乗ったので、恐怖にかられ逃げ出した。

明け方、泥棒は虎に乗っていることに気づき、虎は乗っているのが人間であることを知った。泥棒は枝に飛び乗った。虎もそのまま逃げた。虎が逃げていると、猿が声をかけた。虎が事情を話すと、猿は男を見たくなった。しかし、一人ではとても行けないので、虎と盟約を結ぶことにした。猿は虎とどんな時でも一緒にいることを保証するため尻尾を結ぶことを提案する。

虎と猿が戻ってくると、泥棒は虎が自分を殺しに来たと思い、木の上の方へ登った。虎は泥棒の居場所を猿に教えようと顎を木の方にしゃくり上げる。それに怯えた泥棒はなおも上の方へ登ろうとして、古い枝を掴み、それが折れたため虎の背の上へ落ちてしまった。虎はまた背に乗られたと思い、走り始め、猿は虎に引きずられた。虎は疲れ果てるまで走り、猿の方を振り返ると、引きずられた猿はひどい状態で歯を見せ、目を半分閉じて、ぐったりしていた。それを虎は楽しんでニヤニヤしているものと思い文句を言うと、猿は弱々しく「私が歯を見せるのは、苦痛のためで、喜びのためではない」と言った。そして二匹は尻尾をほどき、それぞれ自分の道を行った。

第六節　「古屋の漏り」の類話と『嘻談録』

ここまで見てきた中国の「古屋の漏り」には類話と目されている話があり、次にこの類話を整理していく。ちなみに、この類話は、古くは古代インドの説話集『鸚鵡七十話』にも見える。中国においては、「虎と鹿」や「虎と蛙」などの話型名で知られ、これも全国的に語られている。また、現在のところ文献上で「古屋の漏り」を確認することはできないが、この「虎と鹿」については清代の『嘻談録』に話が見えるので、あわせて確認をする。

なお「雨漏り」や「鍋が漏る」ことについての聞き違いモチーフはこの話には無いが、前半に強い動物が勘違いをして逃げる話を持ち、後半に「古屋の漏り」と似ている動物の葛藤譚を持っている。まずは、この類話を具体的に挙げ、管見の話を一覧表に示す。

資料１（一覧表１）「山羊の尻尾で身を守る」（梗概）　モンゴル族

山羊が狼と会う。狼が山羊を食べようと思った時、山羊の角を目にして、それは何かと尋ねた。山羊は「虎やノロジカを刺し殺す宝剣」と答える。そこで狼は尻から襲おうと思って、尻を見ると小さく揺れる尻尾を目にして、それは何かと尋ねた。山羊は「釈迦がくれた狼を殺す金剛杵」と答える。狼は恐れ入って、小便を漏らして逃げた。

資料２（一覧表13）「ロバと虎」（梗概）　サラール族

ロバが虎と会う。ロバは自分が引いている木の枠を、「虎を捕まえる道具」で一日に七匹食べて、七匹持って帰るという。次に、吼え比べをすると、ロバは谷に声を響かせる。

ロバに敵わないと思った虎が逃げていると、狼に会う。狼に虎が逃げている事情を話すと、狼は事情がわかり、二匹でロバを食べに戻ることを提案する。狼は怖がる虎と尻尾を結んでロバの所に行く。ロバはそれを見て、逃げた虎を捕まえてきてくれたと狼に礼をいった。虎は驚いて逃げ、狼を引きずり殺してしまった。

資料３（一覧表27）「虎がキバノロを食べる」（梗概）　漢族

キバノロの肉がうまいことを聞きた虎が、キバノロを探す。しかし、虎はキバノロがどんな姿か知らない。ある日、虎がキバノロとばったり出会う。キバノロは、虎が自分を食べたがっているのを知り、自分は「烏」であると言う。虎に自分の角のことを聞かれ、これは「虎箸」で食べ終わらなかった虎の肉を挟んで持ち帰る物だという。その時、キバノロは怖くて小便を漏らすが、これは醬油で、虎の肉をつけて食べるとうまいという。

虎は驚いて逃げ、キバノロも逃げた。キバノロは逃げる途中で猿と会い、いきさつを話した。虎もやはりその猿と会い、「烏」に会ったことを話すと、猿は騙されたことを教える。そこで、猿が虎の背に乗って、キバノロを探す。キバノロが石の上で休んでいると、虎の背に乗った猿が見えたので、「猿の兄さん、昨日将棋で三番負けたので、今日三匹の虎を贈ってくれるといったのに、どうして一匹なんだ」と罵った。虎は騙されたと思って、身を翻して逃げ、猿は滑り落ちて、口が歪んでしまった。


ここに挙げた資料1は、動物同士が体を結びつける後半部を欠いた話である。このように強い動物が一回騙されて終わる話もある。一覧表のうち備考に「後半部なし」と記した話がこれに当たる。そして資料2と3は、後半部を持つ話であり、特に資料3のキバノロはシカ科の哺乳類であり「虎と鹿」の典型的な話である。

こうして「虎と鹿」の話を調べていくと、中国全土において広く語られているこの話は、「動物同士の葛藤譚」を中心としており、話の主眼は力の弱い動物が知恵を働かせて力の強い動物をやりこめる点にあることが分かる。

次に管見の三七話を表にまとめた。なお、表中の記号はそれぞれ次の内容である。


騙し方1…A「虎を食べるとうそぶく」・B「体に虎を食べた印があると脅す」・C「口から虎の毛を吐き出す」・D「神や仏の遣いであると脅す」・E「角や耳で騙す」

騙し方2…a「借金の形には少ないと騙す」・b「賭に負けたのに少ないと騙す」・c「獲物を連れてきてくれたことに感謝」・d「獲物に不満だと罵る」・e「獲物であることを確認」

結末…I「入れ知恵をした動物が騙された動物に引きずられる」

Ⅱ「入れ知恵をした動物が騙された動物の背中から滑り落ちる」
Ⅲ「入れ知恵をした動物が騙された動物に殺される」
Ⅳ「入れ知恵をした動物に騙された動物が引きずられる」
Ⅴ「騙された動物が逃げる」

「古屋の漏り」類話表（資料出典には、本章末に記載）

	省	民族	騙す動物	騙される動物	騙し方1	入れ知恵をする動物	騙し方2	結末	備考
1	内蒙古	モンゴル	山羊	狼	資料1				後半部なし
2	内蒙古	モンゴル	兎	狼	D				後半部なし
3	内蒙古	ダフール	山羊	ツキノワグマ	E	狐	c	Ⅲ	
4	内蒙古	オロチョン	狩人の馬	虎	E	猿	c	Ⅲ	
5	新疆	モンゴル	山羊	虎	D				後半部なし
6	新疆	モンゴル	山羊	獅子	D	狼	d	Ⅲ	
7	新疆	カザフ	蛙	虎	C	狐	d	Ⅰ	
8	甘粛	ユーグ	兎	狼	D				後半部なし
9	寧夏	回	蛙	虎	C	狐	a	Ⅴ	
10	寧夏	回	山羊	虎	E	猿	d	Ⅰ	猿は死ぬ
11	陝西	漢	ロバ	虎	A	狼と狐	虎と狼と狐を食べると言われ、三匹が逃げる		
12	青海	漢	羊	虎	A	猿	c	Ⅰ	
13	青海	サラール	ロバ	虎	資料2	狼	c	Ⅰ	狼は死ぬ

14	青海	サラール	兎	狼	D				後半部なし
15	青海	チベット	兎	狼	D	虎	e	Ⅳ	
16	青海	チベット	兎	狼	D	虎	d	Ⅳ	
17	青海	チベット	小山羊	狐	DとE	虎	d	Ⅳ	虎も狼も死ぬ
18	青海	トゥー	蛙	虎	C				後半部なし
19	河北	漢	鹿	虎	B	狐	d	Ⅴ	兎と猿の由来がつく
20	河南	漢	山羊	虎	E	狐	d	Ⅲ	
21	河南	漢	蛙	虎	C				後半部なし
22	山東	漢	鹿	虎	BとE	猿	d	Ⅰ	猿は死ぬ
23	江蘇	漢	鹿	虎	E	猿	d	Ⅱ	猿は死ぬ
24	浙江	漢	鹿	虎	BとE	猿	b	Ⅰ	
25	上海	漢	鹿	虎	B				後半部なし
26	重慶	漢	蛙	虎	C	狐	e	Ⅰ	狐は死ぬ
27	福建	漢	キバノロ	虎	資料3	猿	b	Ⅱ	
28	湖南	漢	鹿	虎	B	猿	d	Ⅰ	
29	湖南	トン	蛙	虎	C				後半部なし
30	広西	チワン	ヒキガエル	虎	C	猿	a	Ⅰ	猿は死ぬ
31	広東	漢	鹿	虎	A	猿	a	Ⅰ	猿は死ぬ
32	四川	チベット	蛙	虎	C				後半部なし・羊を助ける
33	四川	チャン	兎	狼	D				後半部なし
34	四川	ミャオ	鹿	虎	B	狐	c	Ⅰ	狐は死ぬ
35	チベット	チベット	兎と羊	狼	AとDとE				後半部なし
36	チベット	チベット	兎	狼	D				後半部なし

37	チベット	チベット	蛙	虎	A				後半部なし

ここに挙げた「古屋の漏り」の類話は、話の流れから見ても「古屋の漏り」から派生したものと見て良いだろう。先にも述べたが、話の前半部において、「雨漏り」などを聞き違えるモチーフは見られないものの、「何でもないものを強いと勘違い」する点においては変わるところはない。また、後半部において動物同士の葛藤譚を語る点も類似している。特に「古屋の漏り」資料7（陝西省）、資料23（山西省）、資料32（黒竜江省）の後半部に見られた話の展開は、ここに挙げた類話の葛藤譚と何ら変わらない。つまり、これらの類話は、全体としての話の流れはそのままに、細部が変わった結果、成立したと見られる。

なお、前掲の小林恭子「中国民話『漏』（古屋の漏）をめぐって（下）」でも二十四話の「虎と鹿」を分析してつぎの四つの特徴を挙げている。

（1）虎と鹿の組み合わせは中国に特に多い。

（2）引きずられる動物は猿や狐である。鹿の場合は比較的狐が多い。

（3）山羊が登場する話は、中国以外にも広く分布している。

（4）「古屋の漏り」よりも、後半に猿などが引きずられる話は密接につながっている。

これに本節の表を参考に補足訂正をすると、まず（1）の虎と鹿の組み合わせは、中国の中でも漢族に多い傾向が見られる。少数民族の伝承では、山羊や兎や蛙が目立ち、鹿の登場は少ない。そして（2）の騙す動物が鹿の場合に引きずられるのは狐以外に猿も目立つので、これには再検討が必要であろう。また（4）も今回調べた三十七話中十四話が後半部分を欠いているので、再検討が必要になるかもしれない。

さて、この話は「古屋の漏り」に見られる「雨漏りが怖い」・「鍋が漏るのが怖い」という日常の意識に支えられた話ではない。しかし、笑い話としてかなり受け入れられていた話であるらしく、採集報告は多く、また『嘻談録』という文献にその記載を見ることが出来る。現在のところ「古屋の漏り」は中国において文献での確認は出来ていないので、この記載は珍しいものといえよう。

『嘻談録』は清代の笑話集である。『嘻談初録』と『嘻談続録』に分かれ、さらにそれぞれが上下巻の二冊に分かれているため、計四巻となっている。編者の小石道人は清代末の人だが、実名とその生涯については不明である。初録には一九四編収められており、最も古い奥付は一八八二年となっている。続録は一六二編収められており、一八八四年の奥付である。内容は、明代の『応諧録』『雅謔』『笑林』および清代の『笑得好』より取られた話も多い。ただし「古屋の漏り」類話の法螺吹き話「大嘮小嘮」は、『嘻談録』より古い文献には見あたらない。この話は『嘻談続録』上巻に収録されており、ほぼ同内容は一八九九年の『笑林広記』にも載せられている。

大嘮小嘮(13)

都中用大話薫人謂之嘮。東城有一大嘮、西城有一小嘮。這一日、小嘮找大嘮而難之曰「你名大嘮、你能嘮得動老虎、我拜你為師。」大嘮説「這有何難、你不信、我們立刻找老虎去。」二人同入深山、来尋虎穴。小嘮説「此處乃虎豹出没之地、你在此等虎、我上山去、看你如何嘮法。」大嘮即依山靠樹而座。忽見一只猛虎、咆哮而来。大嘮忙回手抜小柳樹一顆、説大話嘮之曰「我剛才吃了一只豹、没吃飽、又找補了一只虎、肉老塞了我的牙。」用柳樹作剔牙之状。老虎一聽回頭就跑、逃回洞中。遇一猴子、老虎説「好利害的人。吃了一虎、一豹、在那里拿柳樹剔牙、我如何敢吃他。還怕他要吃我。」猴子説「你也太胆小了、我要同你看一看、到底是一箇什麼人」老虎説「我不放心、你要同去、必須把你拴在我背上。」猴子応允。老虎把猴頭拴好、套在背上、猴子騎在老虎身上、来至大嘮面前。大嘮一見、高声大罵、説「好一箇撒謊的猴兒崽子、昨日我捉住你、要当点心吃、你再三哀求、許下今日一早送虎二只、豹二只、供我早膳。想不到天已過午、只送這一只痩山猫来搪塞我。」老虎一聽此言、説「了不得。我受了猴子騙了。」回頭就跑。誰知、老虎跑得快。猴子摔下虎来、被樹枝牽掛、虎身上只剩了一箇猴頭。老虎逃至洞中、喘息良久、回頭来找猴子。但見縄子上拴着一箇猴頭、老虎大驚、説「幸虧我跑的快、饒這様、還把猴子下半截留下了。」

訳

都では大法螺で人を煙にまくことを「嘮」という。東の街に大法螺吹きがいて、西の街に小法螺吹きがいた。ある日小法螺吹きが大法螺吹きを訪ね、大法螺吹きを困らせようと言った。「おまえの名は大法螺吹きだが、虎を法螺で退けることができたら、おまえを師とあがめよう」大法螺吹きはこう言った。「何の難しいことが有ろうか、信じないのなら、我々はすぐに虎を探しに行こう」二人は深い山に入り、虎の穴を探した。小法螺吹きは「ここは虎や豹の出るところだ、ここで虎を待っていろ、おれは山に登っておまえがどうやって法螺を吹くか見ることにしよう」と言った。そこで大法螺吹きは山を背に樹に寄りかかり座った。すると突然一匹の猛虎が吼えてやって来た。大法螺吹きは、急いで後ろ手に柳の木を一本抜くと、法螺を吹いた。「さっき一匹の豹を喰ったが、満腹にならない。もう一匹虎を喰うと、肉が硬いので歯に挟まっている」と言うと、柳の木で歯をほじる格好をした。虎は聞くと、振り返って走り、洞窟へ逃げ帰った。猿に会うと虎は言った。「恐ろしい人間だ。虎を喰い、豹を喰い、あそこで柳で歯をほじっている、どうしてあいつを喰うことができよう。逆におれが奴に喰われるおそれがある」猿は「あなたもそんな臆病なことを、私があなたと一緒に見てみよう、いったいどんな人間か」と言った。すると虎は「安心できない、一緒に行くなら、おまえをおれの背中に縛らなくては」と言う。猿はそれを了解する。虎は猿の頭をきっちりと結ぶと、背中に縛りつけた。猿は虎に乗り、大法螺吹きの前まで来た。大法螺吹きはそれを見ると、大きい声で罵って言った。「この嘘つきの猿め、昨日おまえを捕まえておやつにしようとしたら、おまえは何度も泣きついて、今日の朝早く虎二匹と豹二匹を私の朝飯に差し出すことを約束したではないか。昼を過ぎてたった一匹の痩せ山猫でお茶を濁そうなど、思いもよらなかった」虎はこれを聞くや「大変だ、猿に騙された」と言うと、振り返り駆けだした。意外にも虎は駆けるのが速く、猿は虎から落ち、木の枝に引っかかり、虎の体に猿の頭だけが残った。虎は洞窟に逃げ込むと、長いこと息を切らし、振り返り猿を探した。しかし、縄には猿の頭だけが結ばれていた。虎は驚いて言った。「幸いにもおれは駆けるのが速い、それなのに、猿の下半身を残してきてしまった」

この法螺吹き話は、人間が法螺で動物を騙す内容である。これを整理をすると次の六つの骨子になる。

① 法螺吹きが法螺比べをするために山に登る。
② やってきた虎を法螺で騙して、退散させる。
③ 逃げた虎が猿と会い、事情を話す。
④ 虎と猿が体を結び、様子を見に戻る。
⑤ 法螺吹きが再び法螺で騙して、虎を退散させる。
⑥ 猿が虎に引きずられる。

ここに挙げた話の流れは、特に②から⑥にかけて「虎と鹿」とかなり共通性がある。小石道人が著したこの「大唠小唠」が昔話の「虎と鹿」から着想を得ているのは疑いがないが、こちらは法螺吹きが虎をやり込める話となっており、「人と動物の葛藤譚」に変わっている。この「人と動物の葛藤譚」の視点で見れば、類似のモチーフを持つ「古屋の漏り」はまさにその通りであるが、「大唠小唠」の前半部で法螺吹きが虎を前にして虎を食べたと騙す内容はやはり「虎と鹿」を下敷きにしていると考えて良いであろう。

つまり、「虎と鹿」の「動物同士の葛藤譚」ではなく、法螺吹きを主人公にした「人と動物の葛藤譚」であるところに、この「大唠小唠」の特徴があるとってよいであろう。『嘻談録』の笑話集としての性格に照らし合わせても、より相応しい内容になっていると言える。

なお「虎と鹿」の伝承の範囲は中国内に限らず、インドにおいても確認することが出来る。本節の最後に西岡直樹『インド動物ものがたり　同じ地上に生なすもの』の「ジャッカルのほら」を引用させてもらう。この話は西ベンガル州メディニプル県において、著者の西岡直樹により採話されたものである。

「ジャッカルのほら(14)」

ジャッカルの夫婦がいた。その夫婦に三匹の子ができた。ところが、住むのにじゅうぶんな大きな穴がなかったので、早く大きな穴を見つけなければ……と気をもんでいた。とにかくあちこち探して、やっと大きな穴を見つけた。ところがそれはトラの穴だった。

「トラが帰ってきたらどうするのさ」

母親のジャッカルが心配してこう言うと、父親のジャッカルは、

「なあに、そのときは、お前が子どもたちをつねってやればいい、そしたらおれがわけを聞くから、お前は、この子たちはトラを喰いたいと泣いている、といえばいいのさ」と言って呑気にしていた。

それからしばらくたったある日、ほんとうにトラがやってきた。母親のジャッカルはトラが来るのを見て、子どもたちの尻をつねってやった。子どもたちが泣きだしたところで、父親のジャッカルはわざと大声で聞いた。

「子どもたちはなんで泣いているんだ」

そこで母親のジャッカルも大声でこう答えてやった。

「困ったわね、この子たちはトラが喰いたいと言って泣いているのよ」

これを聞いたトラは、これは留守のうちに自分の穴に魔物でも住みついたか……と思って立ち止まった。すると父親のジャッカルは追い打ちをかけるようにこう叫んだ。

「ほら、ちょうどいいところにトラが一匹やってきたぞ、早くジョパンを出してくれ、あいつを今すぐバタンしてやるからな」

じつは、このジョパンもバタンも口から出まかせで、この世にそんなものはないのだが、これを聞いたトラはすっかり怖じ気づいて、すっとんで逃げていった。

トラがあわてて逃げていくのを見て、サルがそのわけを聞いた。トラは息をつきつき答えた。

「おれの穴に魔物が住みついて、このおれをジョパンでバタンするといっているんだ」

賢いことにかけては自信のあるサルは、ははは笑ってこう言った。

「お前さんちょっと足りないから、わけも分からず恐がっているのさ、どれ、私が一緒に行って見てやろう」

そこで、トラはサルを背に乗せて穴の方に出かけていった。ところがこれを見たジャッカルはこう言った。

「さあ！　ジョパンを出しとくれ。今度こそ大丈夫だぞ。サルのおじさんがトラを捕まえて連れてきてくれたからな」

これを聞いたトラは、さてはこのサルもグルだったかと思って、あわてて背中のサルを振り落とし、一目散に逃げていった。それからジャッカルの親子はその穴でずっと暮らした。

このインドの話もこれまで見てきた中国の話同様、前半部で「何でもないものを強いと勘違い」するモチーフが、後半部で動物同士の葛藤譚が語られている。このように見てくると、この「古屋の漏り」の類話は、地域的にも広く、歴史的にも長く伝承されていることが確認できる。その伝承は「古屋の漏り」の話と重なる部分があるにせよ、独立した話群を構成している。

第七節　「古屋の漏り」と諺・格言の関係性

ここまで、わが国を始めとしてインド、中国、その他東アジア地域の「古屋の漏り」の整理、分析を行ってきた。確認した通り、「古屋の漏り」は前半部と後半部にそれぞれモチーフを持っている。前半部では何でもないものを恐ろしいものと勘違いをして、後半部では各地域で話の筋に多少の違いが出るものの、人と動物の葛藤を語る。また、前半部と後半部が各々独立して伝承される場合もある。

このように話の前半部と後半部にモチーフを持っていると、それぞれに対する関心の持たれ方、重点の置かれ方に偏りが出る場合がある。例えば、『パンチャタントラ』の「臆病な羅刹」について見てみる。この話は『パンチャタントラ』第五巻において二人の男がやり取りをする中での挿入話として登場する。黄金を得た男に対して、それに失敗して頭に車輪を乗せた男が助けを求めるやり取りである。「臆病な羅刹」がどのような話の流れの中で語られるかを確認するために、その直前を見てみる。

（黄金を得た男の台詞）「なあ、もし助けられる能力がある場合には、君の言うことも正しい。しかしながらこの場合は、人間にはどうすることも出来ないのだ。誰にも君を助ける能力はない。それに、車輪の輪廻による苦痛で君が顔を顰めるのを見るにつけても、早く立ち去らなければと思うのだ。私にも何か難儀がかかるといけないからね……。こう言われている。

猿君、君はひどい顔色をしているね。

君はヴィカーラに捉ったのだ。逃げ出した俺は生きのびた」

すると車輪をのせた男が「それはどう言うことか」とたずねたので、彼は次のような物語をした。（以下、「臆病な羅刹」が語られる。丸括弧は筆者注）

この話の流れの中で「臆病な羅刹」が語られる。つまり『パンチャタントラ』においては後半部の葛藤譚が著者に注目され、それが記載される契機となっている。

また、先の第五節で挙げたビルマで語られる話においても後半部に重点が置かれている。この話は、後半部に「歯を見せるのは、苦しみのためで、喜びのためではない」という諺を持つ。つまり、この諺の解説のためにビルマの話は語られているので、後半部に重点が置かれているのは確かである。さらに興味深いことに、この話は「古屋の漏り」を基に成立しているにも関わらず、前半部において、雨漏りなどを怖いものと勘違いするモチーフが抜け落ちてしまっている。後半部の諺の解説に重点を置くあまり、前半部を伝承する力が弱くなってしまった結果と言えよう。

このビルマの例と対照的なのが、わが国の「古屋の漏り」である。「古屋の漏り」がわが国で広く伝播される過程に諺との結合があったことは、既に述べた通り、大島建彦により明らかにされた。大島は、まず「古屋の漏り」の語りの中に「虎狼より漏るぞ恐ろし」などのひきしまった表現が見えることに注目する。その上で「とんどの虎よりむりおっかね」「とんだの虎よりふるやのむりおっかね」「唐土の虎より古屋の漏りが怖ろしい」「とら狼より漏るが恐ろしい」「狼よりも古屋のモリヤが恐い」等の表現を「古屋の漏り」から抜粋し、八四例を挙げた。結果、これら無駄のない表現は、諺の要件にかなったものであり、「もともと『虎狼よりもりがこわい』などというのは、『古屋の漏り』の昔話とはかかわりなしに、日常のくらしの場所でも通ずることわざであったはずである（大島論文二〇頁）」ことを明らかにする。そして、最後に「『古屋の漏り』の昔話そのものは、もともと大陸の方面からもたらされたものにちがいないが、そのようなことわざと結びつくことによって、はじめて日本の各地にもてはやされたということを、ここで改めて考えなければならなかったのである（大島論文二一頁）」と結んでいる。

この「虎狼より漏るが怖い（恐ろしい）」という諺は、当然のことながら諺辞典にも見出すことが出来る。その一例を『新編故事ことわざ辞典』（鈴木棠三編　創拓社　一九九二年）から引く。

「虎狼より漏るが怖い」　大事な秘密をうっかりしゃべるのを、いちばん警戒しなければならないという意。「人の口恐ろし」を裏返して、自分が口走るのが恐ろしいとしたもの。昔話「古屋の漏り」は、おじいさんとおばあさんが、虎・狼より漏りが怖いと雨漏りのことを話し合っているのを、虎が立ち聞きして、恐れをなして逃げ帰る筋で、このことわざについても雨漏りの意に解している人が多い。

また、大島論文でも引かれているが、太田全斎『俚言集覧』(15)に既に同様の解説がなされている。

「虎狼より漏が畏ろし」　虎狼より人の口畏ろしといふ諺より又此諺いでたるなるべし言心は虎狼の口より人の口は畏ろしけれ共亦我口より言まじき事を漏すによりて禍を受るなり因て虎狼より我口の漏すを畏れよと戒めたるなりそれを又轉して弊屋の雨漏を虎狼より畏ろしと戯言したるを今俗言には屋漏の事にはいひならはせるなり

いずれの解説も、第一義は「虎狼より自分の秘密が漏れるのが怖い」としているが、そこから派生した「虎狼より雨漏りが怖い」という意味でも俗に使われているとしている。

そこで、この諺が「古屋の漏り」に与えた影響について考察したい。

大島建彦によって示された通り、「古屋の漏り」がわが国でもてはやされた背景には「虎狼より漏るが怖い」という諺の存在がある。そして、この諺及び「古屋の漏り」中に見える「とんどの虎よりむりおっかね」や「とら狼より漏るが恐ろしい」等の表現は全て前半部、すなわち「虎や狼の勘違い」の部分について語っているものである。

また、これまで見てきたように、「古屋の漏り」の話をモチーフごとに二つに分けて見た場合、前半部と後半部の話の結びつきは強固とはいえない。どちらかが時に変化をし、どちらかが時に省略される。

このことを含めて、諺と「古屋の漏り」の関係を見ると次のように言える。諺の関心はあくまで話の前半部にあって、その中に泥棒や猿は登場しない。即ち、諺により日本各地にもてはやされた「古屋の漏り」は始めから、前半部

（勘違いの部分）に関心があり、後半部（動物と人の葛藤の部分）が軽視される傾向にあったということになる。もしくはこの諺より想起される話の場合、泥棒や猿は登場する必要がない。わが国における「古屋の漏り」が、逃走型と騒動型に二分されたのには、諺に直接関係しない後半部を伝承する力が弱かった所にも原因があると思われる。つまり、諺が伝播に一役買った結果とも言えよう。

では、中国での伝播の場合は、諺は関与していたのであろうか。わが国の「虎狼より漏るぞ恐ろし」に当たる箇所を中国の「古屋の漏り」から抜き出して、表を作成した。すると、伝承の仕方にある規則性が見えてくる。それは「〇〇は怖くないが、〇〇は怖い」という言い方に、多く限定されてくることである。「虎は怖くないが、雨漏りは怖い」という感じである。「怖くない」は中国語で「不怕」、「怖い」は「怕」であり、管見では四分の三の話でこの「不怕」と「怕」を対にして使い、怖くないものと怖いものを並列にして述べている。

例えば、表現のレベルで考えれば、日本の言い方のように「虎より古屋の漏りが怖い」とする言い方だって可能だったはずである。比較を用いた言い方で、中国語では「屋漏比老虎害怕。（雨漏りは虎より怖い。）」もしくは「老虎没有屋漏害怕。（虎は雨漏りより怖くない。）」となる。しかし、このような言い方は一つとして無く、先ほど挙げたように「虎は怖くないが、雨漏りは怖い」や「何も怖くないが、雨漏りが怖い」、「天は怖くない、地も怖くない、雨漏りが怖い」という言い方の枠に多く収まる。

以下、該当箇所を便宜上四つの枠を設けて、分類を試みた。

「天不怕、地不怕、就怕漏（天は怖くない、地も怖くない、雨漏りが怖い）」型・「老虎不怕、就怕漏（虎は怖くないが、雨漏りは怖い）」型・「什麼都不怕、就怕漏（何も怖くないが、雨漏りが怖い）」型とその他の四分類である。ただし、あくまでも見やすさを考慮しての分類であり、その他以外の三つの分類は、お互いに重なる点も多いことを付言しておく。

中国「古屋の漏り」表2（資料出典は、本章末に掲載）

	「天不怕、地不怕、就怕漏」型	日本語訳	伝承地・民族
1	天不怕、地不怕、就怕屋漏！	天は怖くない、地も怖くない、雨漏りが怖い。	遼寧省・漢族
2	天不怕、地不怕、就是怕鍋漏啊！	天は怖くない、地も怖くない、鍋が漏るのが怖い。	甘粛省・ユーグ族
3	天不怕、地不怕、就是怕鍋漏啊！	天は怖くない、地も怖くない、鍋が漏るのが怖い。	甘粛省・ユーグ族
4	咳、天不怕、地不怕、狼虫虎豹都不怕、就怕漏哇！	ああ、天は怖くない、地も怖くない、野獣もみんな怖くない、ただ、漏るのが怖いよ。	吉林省・漢族
5	唉、天不怕、地不怕、豺狼虎豹統勿怕、独怕「漏」。	ああ、天は怖くない、地も怖くない、豺狼虎豹ことごとく怖くない、ただ、漏るのが怖い。	浙江省・漢族
	「老虎不怕、就怕漏」型		
6	老虎倒不用怕、唯独怕漏。	虎は怖れることはないが、ただ雨漏りが怖い。	雲南省・漢族
7	老虎我倒不怕、只怕「屋漏」！	虎は怖くないが、ただ雨漏りが怖い。	湖南省・漢族
8	我不怕老虎、也不怕強盜、就是怕「漏」怕「漏雨」。	虎は怖くない、強盗も怖くない、漏るのが怖い、雨漏りが怖い。	湖南省・ミャオ族
9	老虎不怕、賊也不怕、只怕漏。	虎は怖くない、賊も怖くない、ただ、漏るのが怖い。	貴州省・イ族
10	老虎我倒是不怕、就是怕漏（漏雨）	虎は怖くないが、漏るの（雨漏り）が怖い。	雲南省・リス族
11	老虎猴子我都不怕、我怕屋漏。	虎猿は怖くない、雨漏りが怖い。	湖南省・トウチャ族
12	老虎我倒不怕、就怕鍋漏！	虎は怖くないが、鍋が漏れるのが怖い。	河南省・漢族
13	咱不怕老虎、就怕漏啊！	我々は虎は怖くないが、漏るのが怖い。	遼寧省・満州族
14	這箇鬼天気、老虎不怕、就是怕漏。	このいやな天気、虎は怖くない、漏るのが怖い。	江西省・漢族
15	我不怕老虎、我怕「開開（開水）」	虎は怖くない、お湯が怖い。	四川省・イ族

16	什麼老虎、偸兒？　我一点都不怕、我就是怕屋漏。	何、虎、泥棒？　少しも怖くない、雨漏りが怖い。	四川省・漢族
17	我也不怕狼、我也不怕虎、就怕漏喲！	狼も怖くない、虎も怖くない、漏るのが怖い。	不詳
18	唉！　豺狼虎豹我都不怕、就怕屋漏破鍋！	ああ、豺狼虎豹みんな怖くない、雨漏りと鍋が漏るのが怖い。	安徽省・漢族
19	咬啥都不是閑的、就是賊来、老虎来、我也不怕、怕就怕的是鍋漏啊！	何を咬んだって関係ない、賊が来ても、虎が来ても怖くない、怖いのは鍋が漏ることだ！	甘粛省・漢族
20	唉、他大嫂、我這一輩子狼虫虎豹都不怕、就怕鍋漏娃哭。	ああ、ねえさん、私の一生で、野獣は怖くない、鍋が漏れて子供が泣くのが怖い。	陝西省・漢族
21	男「天快下雨、虎倒不怕、我只怕屋漏哩！」女「有傘還怕麼屋漏！」	男「雨が降りそうだ、虎は怖くないが、雨漏りが怖いよ！」女「傘があれば、雨漏りが怖いことがあるか！」	湖北省・漢族
22	阿喜呀、不怕虎、就怕「漏」。「漏」来了、我們全家就不得安生。	阿喜や、虎は怖くない、怖いのは漏ることだ。漏るのが来たら、私たち一家は平穏無事に暮らせない。	広西チワン族自治区・トン族
23	……鬼怪都不怕、猛虎亦不怕、單只怕「老」	幽霊や妖怪は怖くない、猛虎も怖くない、ただ老いが怖い。	福建省
24	我不怕老虎、不怕鬼、只怕「漏！」	虎も、幽霊も怖くないが、漏るのが怖い。	福建省
	「什麼都不怕、就怕漏」型		
25	我是啥子都不怕、只怕漏！	何も怖くない、漏るのだけ怖い。	四川省・漢族
26	嗨、甚也不怕、就是怕漏！	おい、何も怖くない、漏るのが怖い。	山西省・漢族
27	我別的倒不害怕、只是害怕鍋兒漏。	他のは怖くないが、ただ、鍋が漏れるのが怖い。	寧夏回族自治区・漢族
28	這屋子啥都不怕、就怕漏。	この住まいは何も怖くない、漏るのが怖い。	貴州省・ムーラオ族
29	唉！　管他狼哩、管它虎哩、我什麼都不怕、就怕漏！	ああ！　狼だろうと、虎だろうと、何も怖くない、漏るのが怖い。	河北省・漢族

30	這雨真下箇三天両宿的、咱別的不怕、就怕漏啊！	この雨は本当によく降る、私たちは他のは怖くないが、漏るのが怖い。	北京市・漢族
	その他の型		
31	下雨我不怕、我就怕的鍋兒漏。	雨が降るのは怖くない、鍋が漏れるのが怖い。	甘粛省・漢族
32	雨大怕麼子、我只怕「屋漏」！	雨がひどいのが何だ、ただ漏るのが怖い。	湖南省・トウチャ族
33	漏雨倒不驚、就怕脱。	（妻が言った虎を雨漏りと聞き違え）雨漏りは驚かず地滑りが怖い。	福建省・ショオ族
34	「孩子、別哭了、叫老虎聴見、可不得了！」・「我怕長尾巴老頭！」	お爺さん「子どもよ、なくな、虎に聞こえたら大変だ！」子ども「僕は尻尾が長いロートルが怖い」	雲南省・トーアン族
35	老伴兒、看来今年収成不錯、日子比往年要好過一点、可就是怕漏。	あなた、今年の収穫は良さそうね、いつもの年より少しはいい暮らしになりそう、でも漏るのが怖いわ。	河北省・漢族
36	咱們房子漏不漏？	私たちの家は、漏れる？	遼寧省・漢族
37	「我最怕多斯庫（屋漏）」「我最怕的是房塌」	お婆さん「私は雨漏りが一番怖い」お爺さん「私は家が倒れるのが一番怖い」	内蒙古自治区・ダフール族
38	老頭子、你起来看看、別雨下了、咱的屋怕漏。	お爺さん、起きて見て下さいよ、雨よ降るな、私たちの家は漏るのが怖い。	
39	別哭啦、你們聴「叮咚」在外面来了、再哭「叮咚」就要進来吃你倆啦！	泣くな、おまえ達「ディントン」が外に来ているのを聞いてみろ、まだ泣くと「ディントン」が入ってきておまえ達二人を食べてしまうぞ！	雲南省・ミャオ族
40	今晩上牛圏可能要漏喲、得想箇辦法……	今夜は牛小屋が漏れるだろう、何か手を考えなければ。	雲南省・リス族
41	鍋漏比以前更加厲害了、那箇窟窿比前両天更大一些了。気死人啦、害得人連飯都吃不上。我們湊点銭買箇……	鍋の漏れが前よりひどくなっている、あの穴は二日前より更に大きくなっている。しゃくにさわる、ご飯さえ食べられない。私たちはお金をかき集めて買わないと……	青海省

さて、「古屋の漏り」のこの箇所が諺として中国において流布しているかというと、微妙なところである。浙江省衢州に「不怕老虎、只怕屋漏。（虎は怖くない、雨漏りが怖い）」という諺が伝わっていることの確認は出来るが[16]、全国に目を向けると他では確認できない。この一つだけしか確認できないことを考えると、現在の時点では、この浙江省の諺は例外であるとみるのが妥当であろうか。ちなみにこの諺は、「古屋の漏り」から発生した諺であるとみて間違いなかろう。

ただし、確実に言えることは、表に整理したこれらの言い方は「諺的な表現」であるということである。中国の諺では「○○は怖くないが、○○は怖い」という表現形式が存在する。この表現形式で伝えられる諺は様々で、人生訓から農業に関する知識まで幅が広い。次にこの表現形式の諺の一部を表にして示す。なお、伝承地が上海市の諺は『中国諺語集成・上海巻』[17]より、江蘇省の諺は『中国諺語集成・江蘇巻』より、湖南省の諺は『中国諺語集成・湖南巻』より引用したものである。

	諺	日本語訳	伝承地
1	天勿怕、地勿怕、只怕頭南脚北。（文衛諺・保健・養生の部）	天は怖くない、地も怖くない、ただ死ぬのが怖い。	上海市
2	天勿怕、地勿怕、只怕勿講道理打官話（事理諺・説理・無理の部）	天は怖くない、地も怖くない、ただ道理を話さず、杓子定規な話をするのが怖い。	上海市
3	天勿怕、地勿怕、好漢只怕病来磨。（文衛諺・保健・医薬の部）	天は怖くない、地も怖くない、好漢は病気で悩むのが怖い。	上海市
4	天不怕、地不怕、就怕干部説空話。（「空話」は「假話」の場合もある。）（時政諺・官民の部）	天も怖くない、地も怖くない、幹部が無意味なことを言うのが怖い。	江蘇省連雲港

5	天勿怕、地勿怕、就怕隔壁来拆屋。（生活諺・住行の部）	天は怖くない、地も怖くない、隣が家を取り壊すのが怖い。	江蘇省常州
6	天不怕、地不怕、就怕自己良心来説話（修養諺・品行の部）	天は怖くない、地も怖くない、自分の良心が話すのが怖い。	湖南省
7	天不怕、地不怕、只怕悪人冤枉話。（社交諺・言談の部）	天は怖くない、地も怖くない、悪人が濡れ衣を着せるのが怖い。	湖南省婁底
8	天不怕、地不怕、只怕三十夜里来討債。（時政諺・貧富の部）	天は怖くない、地も怖くない、三十日の夜の借金の取り立てが怖い。	湖南省
9	勿怕天寒地凍、就怕手脚勿動。（文衛諺・保健・養生の部）	天気が寒いのは怖くない、手足が動かなくなるのが怖い。	上海市
10	勿怕人窮、就怕志窮。（修養諺・志向・立志の部）	貧乏なのは怖くない、志が貧しくなるのが怖い。	上海市
11	勿怕没好事、就怕没好人。（修養諺・誠実の部）	いい事が無いのは怖くない、いい人がいないのが怖い。	上海市
12	勿怕難学、就怕勿学。（修養諺・学習・重学の部）	学ぶのが難しいのは怖くない、学ばないのが怖い。	上海市
13	万事勿怕難、只怕一懶。（生活諺・勤労の部）	万事難しいことは怖くない、怠けることが怖い。	上海市
14	勿怕身隔千里、就怕心差毫厘。（生活諺・嫁娶の部）	身を千里隔てていても怖くない、心にわずかの隔たりがあるのが怖い。	上海市
15	勿怕水平低、只怕心勿斉。（社交諺・団結の部）	水準が低いことは怖くない、心が揃わないのが怖い。	上海市
16	勿怕頭緒乱、就怕没計算。（事理諺・思維の部）	手がかりがもつれるのは怖くない、思案がないのが怖い。	江蘇省蘇州
17	不怕困難大、就怕志気小。（修養諺・志向の部）	困難が大きいのは怖くない、志気が小さくなるのが怖い。	江蘇省蘇州
18	不怕虎生双翼、就怕人有二心。（修養諺・品行の部）	虎に双翼が生えるのは怖くない、人に二心あるのが怖い。	江蘇省淮陰
19	不怕三箇打一箇、就怕三箇評一箇。（社交諺・言談の部）	三人に殴られるのは怖くない、三人に批評されるのが怖い。	江蘇省揚州
20	不怕春雨、単怕秋旱。（時令諺・四季・春の部）	春の雨は怖くない、秋の日照りが怖い。	江蘇省蘇州

21	不怕苗兒小、就怕螻蛄咬。（農林諺・農業・農芸・田管の部）	苗が小さいのは怖くない、螻蛄が咬むのが怖い。	江蘇省江寧
22	一寸高的花、不怕一尺高的水、一尺高的花、就怕一寸高的水。（農林諺・作物・綿の部）	一寸の花は、一尺の水を怖がらない、一尺の花は、一寸の水が怖い。	江蘇省南通
23	有理不怕父王、無理怕婆娘。（事理諺・説理・服理の部）	道理が有れば父王も怖くない、道理がなければ若い婦人も怖い。	湖南省懐化・トン族
24	不怕路遠、就怕志短、不怕路岐、就怕泄気。（修養諺・志向の部）	道が遠いのは怖くない、志が足りないのが怖い、道が分かれているのは怖くない、へこたれるのが怖い。	湖南省
25	秀才不怕衣衫破、只怕肚里没有貨。（修養諺・求知・重学の部）	秀才（読書人）は服が破れていても怖くない、ただ腹にもの（考え）がないのが怖い。	湖南省
26	不怕学不好、就怕不用脳。（修養諺・求知・方法の部）	学ぶのが上手くいかないのは怖くない、頭を使わないのが怖い。	湖南省
27	不怕人不敬、就怕己不正。（修養諺・律己の部）	人が敬わないのは怖くない、自分が正しくないのが怖い。	湖南省
28	不怕人多心不斉、就怕有人另打旗。（社交諺・団結の部）	多くの人の心が揃わないのは怖くない、誰かが別に旗を掲げるのが怖い。	湖南省零陵・ヤオ族
29	不怕横眉怒目、只怕笑里藏刀。（社交諺・処世・警世の部）	恐ろしい形相は怖くない、笑いに刀を隠すのが怖い（表面が穏やかで内心が陰険なのが怖い）。	湖南省
30	不怕五更離床、只怕三歳離娘。（生活諺・家隣・家人の部）	五更に起きるのは怖くない、三歳で母親と離れるのが怖い。	湖南省邵陽

以上の諺を見ていくと、「虎は怖くない」という表現は無いものの、「天不怕、地不怕」という共通する表現があることは分かる。とすると、中国の「古屋の漏り」において当該箇所を語る多くの場合、ここに挙げた諺の表現形式を意識して語ってきたことが明らかになってくる。

ここまでの点を整理すれば、中国において「古屋の漏り」の「不怕老虎、只怕屋漏。（虎は怖くない、雨漏りが怖い。）」という箇所は、一部例外はあるものの、語りから離れて諺として独立するには至っていないと言えるだろう。しかし、この箇所を語る際、極めて諺を意識した表現を用いていることが確認できる。

中国の「古屋の漏り」は、わが国ように諺に支えられて広まったと言うよりも、第五節で見てきたように「雨漏り、鍋の漏り」はとても厄介であるという意識に支えられて伝播したと言うことが出来よう。

註

（1）臼田甚五郎監修　石川純一郎編集『河童火やろう』東出版　一九六八年　五〇〜五一頁
（2）大島建彦「昔話とことわざ——古屋の漏りを中心に——」『説話・伝承とことば』説話・伝承学会編　桜楓社　一九九〇年　一一頁
（3）田中於菟弥・上村勝彦訳『パンチャタントラ』大日本絵画　一九八〇年　四七一〜四七四頁
（4）スウィンナートン著　吉原公平訳『回教民話集』偕成社　一九四二年　六六〜七六頁
（5）長弘毅『語り継ぐ人々　インドの民話』福音館書店　二〇〇三年　三〇九〜三一一頁
（6）燕宝・張暁編『貴州民間文学選粋叢書　民間故事』貴州人民出版社　一九九七年
（7）中国民間文学集成江蘇巻編輯委員会編『中国諺語集成・江蘇巻』中国ISBN中心　一九九八年（家庭諺・家政の部）（行除）
（8）中国民間文学集成江蘇巻編輯委員会編『中国諺語集成・江蘇巻』中国ISBN中心　一九九八年（家庭諺・家政の部）
（9）中国民間文学集成湖南巻編輯委員会編『中国諺語集成・湖南巻』中国ISBN中心　一九九五年（生活諺・起居の部）
（10）中国民間文学集成江蘇巻編輯委員会編『中国諺語集成・江蘇巻』中国ISBN中心　一九九八年（家庭諺・家人の部）（揚州）
（11）管見の話は次の通り。（それぞれの内容については、資料編に掲載）

児島信久・荒井伸一・橋本勝編訳『モンゴルの昔話』三弥井書店　一九七八年
松田忠徳訳編『モンゴルの民話』恒文社　一九九四年
A・モスタールト著　磯野富士子訳『オルドス口碑集』平凡社　一九六六年
鄭寅燮編訳『温突夜話』三弥井書店　一九八三年
宇野秀弥『朝鮮文学試訳六九　古典四三　民話選』自家出版　一九八八年
裴永鎮『朝鮮族民間故事講述家　金徳順故事集』上海文芸出版社　一九八三年
グェン・カオ・ダム　チャン・ベト・フォン　稲田浩二　谷本尚史編著『原語訳　ベトナムの昔話』同朋舎出版　一九八〇年
(12) ルドゥ・ウー・フラ著　古橋政次・大野徹訳『ビルマの民話』大日本絵画巧芸美術株式会社（アラカン族はビルマのインド洋沿岸の部族）　一九七八年　八四〜八九頁
(13) 陳維礼・郭俊峰主編『中国歴代笑話集成』第三巻　時代文芸出版社　一九九六年
(14) 西岡直樹『インド動物ものがたり　同じ地上に生なすもの』平凡社　二〇〇〇年　一四〜一七頁
(15) 太田全斎『諺苑』（一七九七年）の増修版。なお、本文引用は『増補俚言集覧』（一九〇〇年）に因った。
(16) 中国民間文学集成浙江巻編輯委員会編『中国諺語集成・浙江巻』中国 ISBN 中心　一九九五年
(17) 中国民間文学集成上海巻編輯委員会編『中国諺語集成・上海巻』中国 ISBN 中心　一九九九年

中国「古屋の漏り」表1　資料出典

1、中国新文芸体系総編集委員会『中国新文学大系　一九四九―一九六六　民間文学集』下　中国文聯出版公司　一九九一年
2、本書編委会『中華民族故事大系』第一五巻　上海文芸出版社　一九九五年
3、中国民間故事集成甘粛巻編輯委員会『中国民間故事集成・甘粛巻』中国 ISBN 中心　二〇〇一年
4、中国民間故事集成甘粛巻編輯委員会『中国民間故事集成・甘粛巻』中国 ISBN 中心　二〇〇一年

5、中国民間故事集成甘粛巻編輯委員会『中国民間故事集成・甘粛巻』中国 ISBN 中心 二〇〇一年
6、中国民間故事集成寧夏巻編輯委員会『中国民間故事集成・寧夏巻』中国 ISBN 中心 一九九九年
7、中国民間文学集成陝西巻編輯委員会『中国民間故事集成・陝西巻』中国 ISBN 中心 一九九六年
8、中国民間文学集成四川巻編輯委員会『中国民間故事集成・四川巻』（上） 中国 ISBN 中心 一九九八年
9、中国民間文学集成四川巻編輯委員会『中国民間故事集成・四川巻』（下） 中国 ISBN 中心 一九九八年
10、成都民間文学集成編委会『成都民間文学集成』四川人民出版社 一九九一年
11、本書編委会『中華民族故事大系』第七巻 上海文芸出版社 一九九五年
12、涂石編『侗族民間故事選』上海文芸出版社 一九八二年
13、本書編委会『中華民族故事大系』第一三巻 上海文芸出版社 一九九五年
14、本書編委会『中華民族故事大系』第五巻 上海文芸出版社 一九九五年
15、中国民間故事集成河南巻編輯委員会『中国民間故事集成・河南巻』中国 ISBN 中心 二〇〇一年
16、中国民間故事集成湖南巻編輯委員会『中国民間故事集成・湖南巻』中国 ISBN 中心 二〇〇二年
17、中国民間故事集成湖南巻編輯委員会『中国民間故事集成・湖南巻』中国 ISBN 中心 二〇〇二年
18、中国民間故事集成江西巻編輯委員会『中国民間故事集成・江西巻』中国 ISBN 中心 二〇〇二年
19、中国民間文学集成浙江巻編輯委員会『中国民間故事集成・浙江巻』中国 ISBN 中心 一九九七年
20、中国民間文学集成福建巻編輯委員会『中国民間故事集成・福建巻』中国 ISBN 中心 一九九八年
21、『国立北京大学 中国民俗学会 民俗叢書』九九に所載の『福建故事』 一九七三年
22、『国立北京大学 中国民俗学会 民俗叢書』九九に所載の『福建故事』 一九七三年
23、中国民間文学集成山西巻編輯委員会『中国民間故事集成・山西巻』中国 ISBN 中心 一九九九年
24、中国民間故事集成河北巻編輯委員会『中国民間故事集成・河北巻』中国 ISBN 中心 二〇〇三年
25、「民間文学」一九八六年四月号

26、中国民間文学集成北京巻編輯委員会『中国民間故事集成・北京巻』中国ISBN中心　一九九八年
27、陳慶浩・王秋桂主編『中国民間故事全集三〇』遠流出版（台湾）一九八九年
28、瀋陽市巻編委会『薛天智故事選　中国民間文学集成遼寧巻』一九八八年
29、張其卓・董明編『満族三老人故事集』春風文芸出版社　一九八四年
30、中国民間文学集成吉林巻編輯委員会『中国民間故事集成・吉林巻』中国文聯出版公司　一九九二年
31、『国立北京大学　中国民俗学会　民俗叢書』一五七に所載の『大黒狼的故事』一九二九年
32、薩音塔娜采『達斡爾民間故事』内蒙古人民出版社　一九八七年
33、武鷹・呉紹芳・周樹年　選編『動物王国的故事』大衆文芸出版社　一九九六年
34、中国民間故事集成雲南巻編輯委員会『中国民間故事集成・雲南巻』（下）中国ISBN中心　二〇〇三年
35、中国民間故事集成雲南巻編輯委員会『中国民間故事集成・雲南巻』（下）中国ISBN中心　二〇〇三年
36、「山茶」一九八九年第五期
37、中国民間故事集成湖南巻編輯委員会『中国民間故事集成・湖南巻』中国ISBN中心　二〇〇二年
38、本書編委会『中華民族故事大系』第七巻　上海文芸出版社　一九九五年
39、基諾族民間故事編集組『基諾族民間故事』雲南人民出版社　一九九〇年
40、中国民間故事集成湖北巻編輯委員会『中国民間故事集成・湖北巻』中国ISBN中心　一九九九年
41、陳慶浩・王秋桂主編『中国民間故事全集二二』遠流出版（台湾）一九八九年
42、伊藤清司編訳　アジアの民話九『中国の民話』大日本絵画　一九八一年
王忱石・郭僧編『民間故事』上・下　民国三〇年重版からの訳
43、小林恭子「中国民話『漏』（古屋の漏り）をめぐって（上）」より橋谷英子の採集報告。話者　朱丐忠（四四歳　農民）。採訪地は浙江省永嘉県花坦郷廊下村。採訪日は一九九八年八月一七日。
44、小林恭子「中国民話『漏』（古屋の漏り）をめぐって（上）」より小林恭子の採集報告。話者　丁欣（三四歳　医師）。遼寧

省丹東市出身。話者が幼い頃に母六三歳より聞く。母は祖母八五歳より聞く。採訪地は新潟県新潟市。採訪日は一九九八年一〇月一七日。

中国「古屋の漏り」類話　資料出典

1、中国民間故事集成内蒙古巻編輯委員会『中国民間故事集成・内蒙古巻』中国ISBN中心　二〇〇七年
2、中国民間故事集成内蒙古巻編輯委員会『中国民間故事集成・内蒙古巻』中国ISBN中心　二〇〇七年
3、中国民間故事集成内蒙古巻編輯委員会『中国民間故事集成・内蒙古巻』中国ISBN中心　二〇〇七年
4、中国民間故事集成内蒙古巻編輯委員会『中国民間故事集成・内蒙古巻』中国ISBN中心　二〇〇七年
5、中国民間故事集成新疆巻編輯委員会『中国民間故事集成・新疆巻』(上)中国ISBN中心　二〇〇八年
6、中国民間故事集成新疆巻編輯委員会『中国民間故事集成・新疆巻』(上)中国ISBN中心　二〇〇八年
7、中国民間故事集成新疆巻編輯委員会『中国民間故事集成・新疆巻』(上)中国ISBN中心　二〇〇八年
8、中国民間故事集成甘粛巻編輯委員会『中国民間故事集成・甘粛巻』中国ISBN中心　二〇〇一年
9、中国民間故事集成寧夏巻編輯委員会『中国民間故事集成・寧夏巻』中国ISBN中心　一九九九年
10、中国民間故事集成寧夏巻編輯委員会『中国民間故事集成・寧夏巻』中国ISBN中心　一九九九年
11、中国民間文学集成陝西巻編輯委員会『中国民間故事集成・陝西巻』中国ISBN中心　一九九六年
12、中国民間故事集成青海巻編輯委員会『中国民間故事集成・青海巻』中国ISBN中心　二〇〇七年
13、中国民間故事集成青海巻編輯委員会『中国民間故事集成・青海巻』中国ISBN中心　二〇〇七年
14、中国民間故事集成青海巻編輯委員会『中国民間故事集成・青海巻』中国ISBN中心　二〇〇七年
15、中国民間故事集成青海巻編輯委員会『中国民間故事集成・青海巻』中国ISBN中心　二〇〇七年
16、中国民間故事集成青海巻編輯委員会『中国民間故事集成・青海巻』中国ISBN中心　二〇〇七年
17、中国民間故事集成青海巻編輯委員会『中国民間故事集成・青海巻』中国ISBN中心　二〇〇七年

18、中国民間故事集成青海巻編輯委員会『中国民間故事集成・青海巻』中国ISBN中心　二〇〇七年
19、中国民間故事集成河北巻編輯委員会『中国民間故事集成・河北巻』中国ISBN中心　二〇〇三年
20、中国民間故事集成河南巻編輯委員会『中国民間故事集成・河南巻』中国ISBN中心　二〇〇一年
21、中国民間故事集成河南巻編輯委員会『中国民間故事集成・河南巻』中国ISBN中心　二〇〇一年
22、中国民間故事集成山東巻編輯委員会『中国民間故事集成・山東巻』中国ISBN中心　二〇〇七年
23、中国民間故事集成江蘇巻編輯委員会『中国民間故事集成・江蘇巻』中国ISBN中心　一九九八年
24、中国民間文学集成浙江巻編輯委員会『中国民間故事集成・浙江巻』中国ISBN中心　一九九七年
25、中国民間故事集成上海巻編輯委員会『中国民間故事集成・上海巻』中国ISBN中心　二〇〇七年
26、中国民間故事集成重慶巻編輯委員会『中国民間故事集成・重慶巻』（上）　中国文聯出版社　二〇〇七年
27、中国民間文学集成福建巻編輯委員会『中国民間故事集成・福建巻』中国ISBN中心　一九九八年
28、中国民間故事集成湖南巻編輯委員会『中国民間故事集成・湖南巻』中国ISBN中心　二〇〇二年
29、中国民間故事集成湖南巻編輯委員会『中国民間故事集成・湖南巻』中国ISBN中心　二〇〇二年
30、中国民間故事集成広西巻編輯委員会『中国民間故事集成・広西巻』中国ISBN中心　二〇〇一年
31、中国民間故事集成広東巻編輯委員会『中国民間故事集成・広東巻』中国ISBN中心　二〇〇六年
32、中国民間文学集成四川巻編輯委員会『中国民間故事集成・四川巻』（下）　中国ISBN中心　一九九八年
33、中国民間文学集成四川巻編輯委員会『中国民間故事集成・四川巻』（下）　中国ISBN中心　一九九八年
34、中国民間文学集成四川巻編輯委員会『中国民間故事集成・四川巻』（下）　中国ISBN中心　一九九八年
35、中国民間故事集成西藏巻編輯委員会『中国民間故事集成・西藏巻』中国ISBN中心　二〇〇一年
36、中国民間故事集成西藏巻編輯委員会『中国民間故事集成・西藏巻』中国ISBN中心　二〇〇一年
37、中国民間故事集成西藏巻編輯委員会『中国民間故事集成・西藏巻』中国ISBN中心　二〇〇一年

中国「古屋の漏り」表2　資料出典

1、瀋陽市巻編委会『薛天智故事選　中国民間文学集成遼寧巻』一九八八年
2、中国民間故事集成甘粛巻編輯委員会『中国民間故事集成・甘粛巻』中国 ISBN 中心　二〇〇一年
3、本書編委会『中華民族故事大系』第一五巻　上海文芸出版社　一九九五年
4、中国民間文学集成吉林巻編輯委員会『中国民間故事集成・吉林巻』中国文聯出版公司　一九九二年
5、中国民間文学集成浙江巻編輯委員会『中国民間故事集成・浙江巻』中国 ISBN 中心　一九九七年
6、中国民間故事集成雲南巻編輯委員会『中国民間故事集成・雲南巻』中国 ISBN 中心　二〇〇三年
7、中国民間故事集成湖南巻編輯委員会『中国民間故事集成・湖南巻』中国 ISBN 中心　二〇〇二年
8、中国民間故事集成湖南巻編輯委員会『中国民間故事集成・湖南巻』中国 ISBN 中心　二〇〇二年
9、燕宝・張暁編『貴州民間故事』貴州人民出版社　一九九七年
10、本書編委会『中華民族故事大系』第七巻　上海文芸出版社　一九九五年
11、本書編委会『中華民族故事大系』第五巻　上海文芸出版社　一九九五年
12、中国民間故事集成河南巻編輯委員会『中国民間故事集成・河南巻』中国 ISBN 中心　二〇〇一年
13、張其卓・董明編『満族三老人故事集』春風文芸出版社　一九八四年
14、中国民間故事集成江西巻編輯委員会『中国民間故事集成・江西巻』中国 ISBN 中心　二〇〇二年
15、中国民間文学集成四川巻編輯委員会『中国民間故事集成・四川巻』（下）中国 ISBN 中心　一九九八年
16、中国民間文学集成四川巻編輯委員会『中国民間故事集成・四川巻』（上）中国 ISBN 中心　一九九八年
17、『国立北京大学　中国民俗学会　民俗叢書』一五七に所載の『大黒狼的故事』一九二九年「老婆兒怕漏的故事」
18、陳慶浩・王秋桂主編『中国民間故事全集二一』遠流出版（台湾）一九八九年
19、中国民間故事集成甘粛巻編輯委員会『中国民間故事集成・甘粛巻』中国 ISBN 中心　二〇〇一年
20、中国民間文学集成陝西巻編輯委員会『中国民間故事集成・陝西巻』中国 ISBN 中心　一九九六年

21、中国民間故事集成湖北巻編輯委員会『中国民間故事集成・湖北巻』中国 ISBN 中心　一九九九年
22、涂石編『侗族民間故事選』上海文芸出版社　一九八二年
23、『国立北京大学　中国民俗学会　民俗叢書』九九に所載の『福建故事』一九七三年「鹿的尾巴很短的由来」
24、『国立北京大学　中国民俗学会　民俗叢書』九九に所載の『福建故事』一九七三年「倒湛的老虎」
25、成都民間文学集成編委会『成都民間文学集成』四川人民出版社　一九九一年
26、中国民間文学集成山西巻編輯委員会『中国民間故事集成・山西巻』中国 ISBN 中心　一九九九年
27、中国民間故事集成寧夏巻編輯委員会『中国民間故事集成・寧夏巻』中国 ISBN 中心　一九九九年
28、本書編委会『中華民族故事大系』第一三巻　上海文芸出版社　一九九五年
29、「民間文学」一九八六年四月号「漏」
30、中国民間故事集成北京巻編輯委員会『中国民間故事集成・北京巻』中国 ISBN 中心　一九九八年
31、中国民間故事集成甘粛巻編輯委員会『中国民間故事集成・甘粛巻』中国 ISBN 中心　二〇〇一年
32、中国民間故事集成湖南巻編輯委員会『中国民間故事集成・湖南巻』中国 ISBN 中心　二〇〇二年
33、中国民間文学集成福建巻編輯委員会『中国民間故事集成・福建巻』中国 ISBN 中心　一九九八年
34、中国民間故事集成雲南巻編輯委員会『中国民間故事集成・雲南巻』（下）　中国 ISBN 中心　二〇〇三年
35、中国民間故事集成河北巻編輯委員会『中国民間故事集成・河北巻』中国 ISBN 中心　二〇〇三年
36、陳慶浩・王秋桂主編『中国民間故事全集三〇』遠流出版（台湾）　一九八九年
37、薩音塔娜采『達斡爾民間故事』内蒙古人民出版社　一九八七年
38、武鷹・呉紹芳・周樹年　選編『動物王国的故事』大衆文芸出版社　一九九六年
39、「山茶」一九八九年第五期
40、本書編委会『中華民族故事大系』第七巻　上海文芸出版社　一九九五年
41、中国新文芸体系総編集委員会『中国新文学大系　一九四九―一九六六　民間文学集』下　中国文聯出版公司　一九九一年

第四章　「小鳥前生譚」の比較研究

第一節　「小鳥前生譚」の比較研究の目的

わが国では、昔から日々の営みの中で鳥の声に耳を傾け、その声に意味を求めてきた。また、目にした鳥の姿や習性の由来を説くために、その鳥の前生に思いを馳せてきた。人々の生活の中で、わが国の小鳥前生譚は生まれ、多くの人に身近な、そして共感できる鳥の話として親しまれ伝わってきた。

日本で語られる鳥は、時鳥や百舌、郭公、雲雀、鳩等々、その他幾種類もある。ただ、総じて人の生活圏の内や、その近いところにいて、体の大きくない鳥である。そして、なぜ現在のような鳥になったかという由来譚では、何らかの自責や後悔の念に駆られた結果であると説いたり、深く悲しんだ結果であると説いたり、何かの罰を受けた結果であると説くことが多い。小鳥前生譚の話は様々あるが、全体的に悲しい色調の話である。

隣国の中国に目を向けても、小鳥前生譚は存在する。やはりわが国と同じように生活に密着して語られており、その内容も悲しく、哀愁を帯びている。そこで、主に中国の小鳥前生譚の鳥になる由来を整理することで、日中両国の共通点、相違点を考察していく。なお本章では、人が鳥に変わる点を以て小鳥前生譚と見なし、その基準を満たす話を分析していくこととする。

第二節　小鳥前生譚の背景としての諺

わが国で小鳥前生譚が語られる場合、それは、農村の生活の実感に支えられているという。理由は、小鳥前生譚に登場する鳥が、おおむね春から夏にかけて鳴く鳥で占められ、田植えや麦の成熟などと結びつけられているからである。(1)

農業との関係で鳥の声に耳を傾けるのは、中国も同様である。両国の小鳥前生譚を述べる前に、話の背景となる民俗の点から、両国の共通性を確認してみたい。ここでは鳥に対する関心が端的に表れる諺に注目して、見ていくことにする。

わが国で、鳥の諺は数多く、特に季節や天候との関わりを中心に関心がもたれている。一例として谷本亀次郎『農業に関する金言俚諺集』から、その諺を引用してみる。(2)

1　百舌鳥の早く鳴く年は霜早し
2　鳩空中に舞う時は天気晴れ
3　鳩の雌を呼ぶは晴れ
4　鳩の雨中に鳴くは雨霽るるなり
5　朝鳶鳴けば其日に雨あり、夕に啼くは晴れ
6　鶏高きに上り鳴く時は晴れ

7　雲雀高く上がるは晴天
8　鶏の早く塒につくは翌日晴なり
9　鳩の聲繁きは降雨の兆なり
10　鳥又は雀水浴すれば雨近し
11　水鳥樹木に宿るは雨降る兆なり
12　鳥の巣高き年は暴風少く低き年は暴風あり
13　山雀多く通過する年は大風あり

ここに挙げたのは、わが国に伝わる鳥に関する諺の内のわずかな例に過ぎない。しかし、これらを見るにつけても、我々は日頃から鳥の鳴き声や行動に注意を払い、気候の変化を探ろうとしていたことが分かる。

中国においても同様のことが言える。中国の諺については、今回『中国諺語集成』の江蘇巻(3)、上海巻(4)、陝西巻(5)と他に『中華諺語誌』(6)、『支那農業気象俚諺集』(7)にあたり、一五三の諺を調べた。通覧するとはっきりと確認できるが、鳥の行動を季節の到来の目安にする場合と、天候変化の目安にする場合とに分かれる。

鳥を季節の到来の目安にする場合、圧倒的に多く諺に登場する鳥は燕、郭公、雁の渡り鳥である。次にその例を鳥ごとに纏めて挙げていく。

『中国諺語集成　陝西巻』

1　高山の時鳥が鳴くと春。
2　雲雀が鳴くのを聞くと、春が来たことを知る。
3　雁の群れが南へ飛ぶと寒くなり、北へ飛ぶと暖かくなる。

『中国諺語集成　江蘇巻』

4　燕は清明に来る。

5　燕が来るのは三月三日を過ぎず、去るのは九月九日を過ぎない。

6　燕が穀雨より前に来ると、低地は綿を収穫せず、穀雨の後に来ると低地は大豆を植える。

7　燕が来たらそろって田植えをし、燕が去ったら稲が香る。

8　燕が来たらニンニクを抜いて、雁が来たら綿花の茎をほじる。

9　燕は笑いながら来て、雁は泣きながら去る。

10　燕が来るのが早いと、もみ殻が多くて、食糧が少ない。

11　雁が来ると雪が舞い、雁が去ると春が来る。

12　郭公が鳴くと麦が笑い、郭公が鳴くと大忙し（農繁期）が来る。

13　郭公が鳴くと、怠け妻が驚く。

14　郭公郭公、麦刈り田植え。

15　郭公が鳴くと、麦が黄色くなる。

『中国諺語集成　上海巻』

16　雁が北へ飛ぶと暖かくなる。

17　雁の群れが南へ飛ぶと寒くなり、北へ飛ぶと暖かくなる。

18　雁が南へ渡らなければ寒くなく、北へ渡らなければ暖かくない。
19　雁が南へ飛ぶと、霜近し。
20　雁が去って一八日すると霜あり。
21　燕が来るのが遅いと、雨が多い。

『中華諺語誌』　第七

22　（浙江省）燕が来たら田植え、白鳥が来たら年越し。
23　（雲南省）郭公が鳴いたら、田植えの時期。
24　（雲南省）コウライウグイスが鳴いたら、農夫が飛び上がる。
25　（山東省）コウライウグイスが鳴くのを聞くだけで、大麦と小麦は互いによく知っている。
26　（山東省）「光光惰鋤（郭公の鳴き声・ただ耕すのを怠けただけ）」は、麦がよく知っている。
27　（山東省）キジバトが巣を作り「布谷」と鳴くと、麦は黄色くなり杏は熟す。
28　清明が来て、麦が笛を吹く（穂がでる）と、鵲が鳴いて客が来る。
29　田植えはクイナが鳴くまでに、脱穀は毛織りの帽子をかぶるまでに。

『中華諺語誌』　第一〇

30　（湖北省）八月一日雁の門が開く、雁が頭に霜を連れてくる。
31　（湖南省）八月一五日雁の門が開く、燕が去って、雁が来る。

32 （湖南省）雁は二月二日をこさず、燕は三月三日をこさない。
33 （山東省）雁が去って、燕が来る。

次に、鳥の行動を天候変化の目安にする場合について見ていく。天候の変化で最も多いのは、雨の予兆を語る場合である。次いで、大風が吹く予兆と続く。こちらにも、燕、郭公、雁の渡り鳥は登場するが、烏、鵲、鳩、雀など四季を通して身近にいる鳥の姿が目立ち始める。

『支那農業気象俚諺集』

34 （山東省）朝の烏が鳴けば曇り、月夜の烏が鳴けば晴れ、夜中の烏が鳴けば、夜の明けない中に雨が降る。
35 （山東省）鷗が朝鳴くと曇り、夜鳴くと晴れ、夜中に鳴くと夜の明けない中に雨が降る。
36 （江蘇省）鴨が朝啼くと、風であり、夜啼くと雨が降り、午後啼くと池の底まで乾く。
37 （山東省）既済回（鳥の名）が三度も鳴くと、雨が降らなければ風が吹くであろう。
38 （山東省）急急回（鳥の名）が三度も鳴くと、雨が降らなければ風が吹くであろう。
39 （山東省）烏鴉子が三度も鳴くと、雨が降らなければ風が吹くであろう。
40 （河北省）小万という鳥が「缸根陰」と鳴けばよもぎの根を抜け。
41 （安徽省）杜鵑が六月六日の節日まで鳴けば、高い田も低い田も塡補するに及ばない。（雨水がないの意）
42 （安徽省）夏の夜にある種の鳥の鳴き声によって、晴雨を占い得るのであって、一度鳴くと乾燥し、二度鳴くと旱魃になる。三度四度鳴くと大水害となる。
43 （浙江省）鴨が一声鳴けば晴れ、二声だと雨が降り、三声だと大雨が降る。

44　（江蘇省）雌鳥が低く鳴くと雨が降る。
45　（山東省）了哥（鳥の名）が群れると雨になり、白鶴が群れると霜が降る。
46　（河南省）鶏鷹が飛び廻ると雨があっても多くない。
47　（山西省）燕が天にのぼり、蛇が道に止まり、牛が前啼をなめると、雨が来る。

『中国諺語集成　陝西巻』

48　鳩が高く飛ぶと天気はよく、巣からでないと雨がびしょびしょ。
49　鳩がグーグーと鳴き続けるのは、人に雨風を告げている。
50　鳩が乱れ鳴くと、雨風は二・三日にすぎない。
51　雉鳩が鳴くと雨が降る。
52　雁が朝鳴くと曇り、夜鳴くと晴れ、夜半に鳴くと夜明け前に雨。
53　秋の雁が行水すれば、晴れ。
54　鵲が鳴くと、天気が崩れる。
55　鵲が鳴くと親戚が来る、雉鳩が鳴くと雨が降る。
56　今年どんな風が多いか知りたければ、鵲の巣を見てみてもよい。
57　鳶が鳴くと、晴れる。
58　燕が地に張りつくように飛べば、出かける時雨よけのひさしを持っていけ。
59　燕が低いところを飛べば、早く蓑を用意しろ。

60 燕が高く飛べば晴れの知らせ、低く飛べば雨の知らせ。
61 春燕が行水をすると、三日は晴れない。
62 燕が低く飛べば雨。
63 燕が餌取りに忙しいと、陰雨は必ず長くなる。
64 晴れが続いている時雀が騒ぐと雨になり、長雨の時雀が騒ぐと晴れる。
65 雀が囀ると、まもなく大雨。
66 雀が餌を蓄えると、雪が降る。
67 雀が群れてえんじゅの木の実を食べると、陰雨ではなくて雪。
68 雀が言い争うと曇りのち晴れ、群れから離れると晴れのち曇り。
69 赤いくちばしの鳥が飛んできて鳴くと、西北の大雨がやってくる。
70 鳥が群れをなして鳴くと、寒波が来る。
71 鳥が巣に帰ってカーと鳴けば近日の天気は良く、声もなく帰ると周囲百里は晴れない。
72 鳥が鳴くと雨が降り、雉鳩が鳴くと日照り。
73 鳥が高いところに巣を作れば、その年は雨が必ず多い。
74 鳥が低いところにとまっていると、まもなく雨が門をたたく。
75 鳥が高いところにとまっていると、大風がやってくる。
76 鳥が行水すると風、鵲が水浴びすると雨、ハッカチョウが水浴びすると風雨なし。(ハッカチョウは椋鳥類)

『中国諺語集成　江蘇巻』

77　空気が清々しいと燕は高く飛び、空気が湿っていると低く飛ぶ。
78　燕が低く飛んだら、早く蓑を用意しろ。
79　燕が天にのぼり、蛇が道に止まり、牛が前啼をなめると、雨が来る。
80　燕が軒で押し合いをして並んだら、風雨は目の前。
81　雁が「人」の字に並ぶと、風が吹く。
82　雁が鳴くと、翌朝寒い。
83　長雨に雀が鳴けば、晴れていなくても良くなる。
84　雀が行水すれば、風雨が来る。
85　雀が餌をあさると、雪が降る。
86　雀が群れを分けると晴れのち曇り、雀が言い争うと曇りのち晴れ。
87　烏が行水すると風、雀が水浴びすると雨、ハッカチョウが水浴びすると風雨を断つ。
88　烏が冬群れをなすと、雪がすぐ来る。
89　烏が巣を作ると、雪が舞う。
90　昼間烏がやたら忙しく鳴くと、必ず大雨が来る。
91　烏が朝鳴くと曇り、夜鳴くと晴れ、夜半に鳴くと夜明け前に雨。
92　鵲が行水すると、雨の前兆。
93　鵲が巣を高く作ると水の年、低く作ると風の年。

94 晴れが続いて鵲が騒ぐと雨、長雨が続いて鵲が騒ぐと晴れ。
95 どんな風が多いかを知りたければ、木の上の鵲の巣を見て下さい。
96 シラコバトが鳴くと雨になり、雀が鳴くと雨が上がる。
97 郭公が鳴くのが早ければその年は必ず水の害があり、鳴くのが遅ければその年は旱魃。
98 白鷺が飛ぶと雨。
99 シャコが朝鳴くと曇り、夜鳴くと晴れ、午後鳴くと水がびしょびしょ。
100 海鷗が崖に上がると、家々は油靴（雨靴）をはく。

『中国諺語集成　上海巻』

101 鶏が足を縮めると、寒くなる。
102 烏が鳴くと、大風が起きる。
103 烏がワーワーと鳴くと、天気は寒くなり風が吹く。
104 烏が空いっぱいに飛ぶと、風が来るのではなく、雨になる。
105 朝の烏が鳴けば曇り、夜の烏が鳴けば晴れ、夜中の烏が鳴けば、夜の明けない中に雨が降る。
106 冬の烏が群れをなせば、雪が降る。
107 もし今年どんな風が多いか知りたければ、烏の巣を試しに見てみればよい。
108 烏の巣が高ければ、大雨が来るのが早く、低ければ大風が必ず来る。
109 烏の巣へ帰るのが早いと明日の天気はよい。

110　長雨に鳥の声を聞けば、ほどなく晴れ。
111　烏が行水すると風、鵲が行水すると雨、ハッカチョウが行水すると風雨を断つ。
112　もし今年の嵐が大きいかどうか知りたければ、木の上の鵲の巣を見ろ。
113　鵲が鳴くと、晴れの知らせ。
114　鵲の巣が地面に近いと、その年は大水。
115　晴れ続きに鵲が鳴くと雨、長雨に鵲が鳴くと晴れ。
116　晴れ続きに鳩が鳴くと雨、長雨にキジバトが交互に鳴くと晴れ。
117　朝、鵲が鳴くのは、天気がよい知らせ。
118　オナガが鳴きやまないと、大雨がふる。
119　サカツラガンが北へ飛べば、雨雲が起きる。
120　雁が南へ飛べば風、北へ飛べば雨。
121　雁が去るのが遅いと、雨が多い。
122　雁が巣を出る（南へ飛ぶ）と風、巣にはいる（北へ飛ぶ）と雨。
123　燕が低く飛び、蛇が道をふさぐと、三日もしないで雨が降る。
124　燕が低く飛び、蛇が道にとどまり、牛が大声でほえると雨が降る。
125　燕が低く飛ぶと、大風がある。
126　燕が低く飛ぶと明朝は必ず雨で寒い。
127　燕が低く飛べば、蓑を着ろ。

128 燕が高く飛ぶのは晴れのお告げ、低く飛ぶと雨空が来る。

129 ハッカチョウが天高く飛ぶと、雨が目の前。

130 鳩が鳴くと雨、雀が鳴くと晴れ。

131 キジバトが鳴くと雨、雀が鳴くと晴れ。

132 キジバトの声がこだますれば晴れ、こだましないと雨。

133 シラコバトの声がこだますれば必ず晴れ、こだましないと必ず雨。

134 シラコバトが必死に鳴くと、雨が梢を打つ。

135 シラコバトが天高く飛ぶと、雨が目の前。

136 雀の鳴き声がものうさげだと、必ず雨がある。

137 雀が朝、楽しげに鳴いていると、明日の天気は一日晴れ。

138 雀が低く飛んで餌を探すと、三日しない内に大雪がある。

139 雀が餌を蓄えると、雪が降る。

140 雀の行水、降雨の兆し。

141 雀が鳴くと、必ず天候が変わる。

142 雀が巣を低く作れば、大風にやられる心配はない。

143 （コウノトリや鶴が）天を仰いで鳴くと晴れ、うつむいて鳴くと雨。

144 黄伯労（鳥・伯労は百舌鳥のこと）が鳴くと晴れる。

145 百舌鳥が鳴くと、天気はよい。

146 野生の鵞鳥が北へ向かうと雨、南へ向かうと晴れ。
147 コジュケイが鳴くと、天候が変わる。
148 鵜が鳴くと、明朝雨が降る。
149 鷺が鳴くと、大雨が起こる。
150 鷗が朝鳴くと曇り、夜鳴くと晴れ、夜中に鳴くと夜の明けない中に雨が降る。
151 郭公が鳴くと雨が降る。
152 啄木鳥が鳴くと、大雨が来る。
153 水鳥が行水すると、大風が起きる。

天候変化を予兆する諺では、その諺の種類も豊富で、登場する鳥の種類も多くなる。ただ、およその見当がつけられるのは、鳥の行動の中でも、鳴き声に耳を傾け、天候変化の予兆を探ることが多いということである。また、中国で鳥と暦の関わりには長い歴史がある。既に『礼記』「月令」に「仲春之月玄鳥至」、「季冬之月鵲始巣」などの記述があり、陰暦二月に燕がやって来たり、陰暦一二月に鵲が巣作りを始めることが書かれている。当然ながら、その後の地方誌や博物誌にも鳥を季節の目安とする記述は多く、今後はこれらを整理する必要がある。

いずれにしろ中国の鳥に関する諺はまだまだ多く、ここに挙げたのは、ほんの一例である。諺に関しては、その内容、地域的なまとまり、歴史的な広がりなど、機会を改め検証をしていく事項を残したが、本章では日中両国の小鳥前生譚を支える鳥に対する関心が共通していることを確認して、論を進めることとする。

第三節　中国の小鳥前生譚に関する研究

中国の小鳥前生譚は現在も伝承されているが、それを理解する際、幾つかの押さえるべき事項がある。前掲の諺についてもその中の一つといえるであろうが、他に大きなものとして、中国の伝統的な鳥に対する観念と、そして鳥の声を用い、寓意、抒情を表した禽言詩が挙げられる。

わが国では、既に柳田國男の指摘にあるように、鳥が霊魂との関係を持つため、小鳥前生譚でも人が鳥に変わると言われている。(8) 中国においても、鳥が霊魂との関係を持つことは、自明のこととされている。鉄井慶紀「古代中国に於ける鳥の聖視観」（『民族学研究』四一巻二　一九七六年）では、霊魂との関わりが説明され、『楚辞』の王逸注や『楚辞後記』『南康記』『神仙通鑑』から人が鳥になる話が挙げられている。

禽言については、宋代以降に目立ってくるそれを整理しなければならない。ただ、周作人「関於禽言」（『苦竹雑記』一九三六年）の禽言に関する文章の中には、「禽言は農民より出たものもあるが、文士によるものが大半で、田園詩の雰囲気は多いが、民間の苦労を反映できているのは少ない」という記述もあり、小鳥前生譚との関わりで考える場合は、注意が必要となろう。

また、中国古典のホトトギスとカッコウに限って言えば、青木正児「子規と郭公」（『山口大學文學會誌』一九五四年・後に『青木正児全集』第八巻に記載）に詳しい。要点を鳥ごとに分けて整理すると次の通りである。

【ホトトギス】

『爾雅』『説文解字』（漢代）に「巂」とあり、これは「ケイ」・「キ」と読み「規」と同音なので「子規」と呼ばれるようになった。「ケイ」・「キ」は鳴き声をまねたらしい。また、「子規」が、『華陽國志』の「蜀志」（三国時代）では「子鵑」とあり、「規」が「鵑」に変化しているのは蜀の方言かもしれない。「杜鵑」というのは、蜀王杜宇と関係がある。『華陽國志』に、戦国時代、杜宇は帝と称し望帝を名乗り蜀に君臨したが、水害の起こった時、宰相の開明がよく治めたので、これに位を譲って、自らは西山に隠れ、またその時が二月で、「子鵑鳥」が鳴いたとある。もしくは、『禽経』（著者未詳）では、ホトトギスを蜀では「杜宇」と言っていたとあり、「杜宇」と「子鵑」が結びついて「杜鵑」となったようである。

【カッコウ】

『詩経』「曹風」に「鳲鳩」とある。鳴き声が本となっている名は『爾雅』の「鴶鵴」（カッキク・キッキク）が古い。ついで、揚雄『方言』（漢代）・陸璣『詩草木疏』（三国時代）では「布穀」としている。そして、『爾雅』の郭璞註（晋代）には、江東で「穫穀」と言い、陳藏器『本草拾遺』（唐代）には、江東で「郭公」、北人は「撥穀」と言うとある。「穀」の字が目立つのは、農事と関係があるからである。

また、青木正児が目にとまった範囲のカッコウの鳴き声として次の①から⑪を挙げている。引用資料と年代は以下の通りである。陳造『布穀吟』（宋代）・『戒庵漫筆』（明代）・李時珍『本草綱目』（明代・一五七八年）・『蝶階外史』（清代）。

①「布穀布穀」（戒庵漫筆）
②「郭公郭婆」（戒庵漫筆・蝶階外史）
③「阿公阿婆」（本草綱目）

④「郭嫂打婆」（布穀吟）
⑤「脱了潑袴」（布穀吟）
⑥「脱却破袴」（本草綱目）
⑦「脱却布袴」（蝶階外史）
⑧「割麥挿禾」（本草綱目・蝶階外史）
⑨「看蠶看火」（戒庵漫筆・蝶階外史）
⑩「光棍奪鋤」（蝶階外史）
⑪「剛剛奪黍」（蝶階外史）

中国の小鳥前生譚への言説では、澤田瑞穂『中国の傳承と説話』「動物と伝説」（研文出版　一九八八年）において鳥の声の聞きなしの具体例が紹介され、「（鳥の声が）聞くものによって意味ありげに表現され、またそれを脚色して姑と嫁、継母と継子の葛藤などが昔話化して語られる。」と指摘されている。そして、飯倉照平『中国民話集』（岩波書店　一九九三年）においても「小鳥前生　三話」として話が載せられ、巻末の解説には、中国側の小鳥前生譚に関する言説を調べる手がかりが載せられている。また、繁原央「『時鳥と兄弟』の比較説話」（『比較民俗のために』比較民俗学会　二〇〇一年）や「『小鳥前生譚』の比較」（説話文学会　二〇〇二年度一二月例会資料）では日本と中国の小鳥前生譚の比較が行われ、加えて中国の文献における小鳥前生譚に関係あるものとして三国時代『華陽國志』の杜宇が農事に祭られることが注目されている。鳴く時期が自然暦とされたものは、中国では『華陽國志』にまでさかのぼることができるとして、この民俗が先にあって説話が生まれていったのではないかと推察し、また、杜宇が死後、子鵑になることがはっきりと語られるのは宋代の『太平寰宇記』まで待たなければならないと指摘されている。さらに、繁原央は、中国小鳥前生譚の伝承分布についてを「中国の小鳥前生譚(1)その分布資料」（『常葉学園短期大学紀要』三三号　二〇〇二年）において論じ、二〇〇三年から二〇一〇年までに、毎年追加資料を発表している。この発表もやはり「常葉学園短期大学紀要」においてなされ、二〇一〇年の「中国の小鳥前生譚(9)追加資料(8)」までで既に四五四話の小鳥前生譚が紹介されている。

中国側の研究としては苑利「試論鳥的伝説」（『民間文芸季刊』一九八六年三期）が挙げられ、鳥類伝説の一般的な特徴（鳥の声の聞きなしや登場する鳥の形態的な特徴）や科学的価値の検証が行われている。

第四節　わが国と中国及び周辺諸国の小鳥前生譚

わが国の小鳥前生譚の各話についての研究は、すでに先学によってなされている[8]（管見の論文については本章末に記載）。そこで、中国との比較を行う上で、基準となるよう、わが国の小鳥前生譚を大観してみたい。鳥になる由来を以て分類をすると、およそ次の四つに分類できそうである。「兄弟の葛藤」「親子の葛藤」「継母（主人）との葛藤」「夫婦の葛藤」。次に、どの様に分類したのかを示す。なお話の名称は『日本昔話大成』に拠った。

1、兄弟の葛藤

「時鳥と兄弟」

2、親子の葛藤

「郭公と母子」「水乞鳥」「山鳩不幸」「よしとく鳥」

3、継母（主人）との葛藤

「馬追鳥」「行々子と草履」「時鳥と継母」「時鳥と包丁」「時鳥と小鍋」「時鳥と計算」「片脚脚絆」

4、夫婦の葛藤

「夫鳥」「狩人と犬」

実際の伝承では話ごとのバリエーションが豊富で、なかなかに纏めづらくはあるが、鳥になる由来を基準として分類をすると、以上の通り分けられると思う。鳥の声に悲しい物語を想起する時、わが国では身近な人々との葛藤が中心となる。それだけに、小鳥前生譚は多くの人々に共感を持たれ、伝承されてきたのであろう。

次に、中国の小鳥前生譚を見ていく前に、まず周辺の国の小鳥前生譚について見てみたい。本書の第一章から第三章までの比較研究は、ともにインドを起源とした話を扱ってきた。しかし、この小鳥前生譚に関しては、鳥になる動機が深い悲しみや何らかの罰のためという大枠があるものの、話の筋についてはバリエーションに富んでいる。そして、インドに目を向けてみると、小鳥前生譚の話は、やはり存在する。長弘毅『語り継ぐ人々　インドの民話』（福音館書店　二〇〇三年）に「天よ　水をおくれ」という題の小鳥前生譚が載せられているので、ここに引用させてもらう。

「天よ　水をおくれ」（ガルワール地方）

ある村に、年とった母親と娘と嫁が住んでいました。むすこは、遠くへかせぎに出かけていて留守でした。

三人は野良仕事でくらしをたてていましたが、母親は寄る年波に勝てず、すっかり体が弱っていました。だから、野良には娘と嫁が出かけていきました。ふたりは若くて、似たりよったりの年ごろでした。嫁は気だてが良くて働きもの、娘はとてもわがままでしたが、仕事ではいつも、嫁と張りあっていました。

取り入れの季節になりました。

ある日、娘と嫁は朝暗いうちに起きると、畑へ籾摺りに出かけました。刈りとった麦の穂を穀物置場（カリーハーン）にひろげると、ふたりはそれぞれ自分の牛に轡をはめて、穂の上を歩かせはじめました。山ほどの麦の穂は、とりくずしてもとりくずしても、なかなかへりません。みるみるうちに陽はま上にさしかかりました。ジェート月（五、六月　インドで最も暑い季節）の灼けつく陽射しのなかで、牛はあせにまみれあえいでいます。娘の顔はブラーンスの花のようにまっ赤になり、いらいらして牛にあたりちらします。それを嫁はだまって見ていました。百姓の家では、嫁は牛と同じでした。

母親がやってきて、牛を休ませるようにいいました。娘と嫁は轡をはずしてやりました。牛は長い舌をたらして、荒い息をしていました。

「さあ、牛に水を飲ませておやり。きょうはおいしいキール（乳粥）をつくったから、水を飲ませて早くもどってきたほうに食べさせてあげるよ」

母親がこういうと、娘は、

「キールはあたいのものよ」

といって、笑みをうかべながら嫁を見ました。嫁も娘を見かえしました。つと、嫁はひとムチふると牛と走りだしました。足ばやにかける嫁のあとを、娘も負けまいと自分の牛をおいたてました。でも、いくら牛にムチの雨を降らせても、どうしても嫁の牛を追いぬくことができません。

水飲み場は村のはずれにありました。とても追いつけないと思った娘は、自分に腹がたちました。それから牛に、なによりも嫁に腹がたちました。キールを嫁が食べると思うと、がまんがなりません。とうとう娘はとちゅうで引きかえして、水をやらないまま牛を小屋につないでしまいました。

先にもどってきた娘の前に、母親はあまいキールを置きました。おくれてもどった嫁の前には、すっぱいチャーチュ（牛乳からバターをとった残り物）を置きました。おいしそうにキールを食べている娘を見ると、嫁はチャーチュのひと口ひと口がのどにつかえてなりません。キールが食べたいと思いました。

〝牛に水を飲ませなかったくせに……〟

と娘に腹がたちました。でもだまっていました。

「さあ、キールを食べたんだから、牛のようすを見に行きましょう」

嫁が娘にいいました。ふたりが牛小屋へ行ってみると、娘の牛はのどがかわいて死にかかっていました。牛の体はふるえ、目に涙があふれていました。そのうち、牛の首がぐらりとかしいで、息をひきとるまぎわに、牛は娘にいいました。

「おまえは死んだら鳥になれ。そして一生、水で苦しむがいい！」

娘は死んで鳥になりました。そして、いつもあの牛のようにのどをからしています。

ジェート月のま昼どき、

天よ（サラグダーニー）　水をおくれ！（デーパーニー）

と鳴きながら、鳥は天に向かって水を乞いつづけるのです。その鳥は、大地の水を飲みません。それというのも、鳥の目に大地の水は、牛の血に見えるからです。

怠け者の娘が、牛に水をやらず殺してしまい、その罰として鳥になってしまう。この話は、わが国の「水乞い鳥」を彷彿とさせるような話でさえある。そしてこの話には次のような解説がなされている。

「天よ　水をおくれ」は、チャータクとよばれる鳥の鳴き声の由来譚です。カッコー鳥の一種で、別名パピーハともいわれます。由来譚の話の展開は、ガルワール地方の「嫁」の立場がどのようなものかを想像させてくれます。

この話は嫁と小姑との葛藤を中心に話が展開するが、次に述べていくように、中国の話においても、嫁と小姑の葛藤譚は存在する。ただし、話の筋も異なり、前章まで見てきた話のような強い影響関係を考えることは出来ない。それでは中国の小鳥前生譚を分類していく（管見の話については、一覧表を作成し、本章の最後に提示した。また資料として七話の梗概を提示した。なお梗概については、本書末の資料編においても補充して資料を挙げた）。

ちなみに中国の小鳥前生譚では、聞きなした鳴き声をそのまま鳥の名前とすることが多く、わが国の鳥名との同定が難しい。以前、筆者が福島県耶麻郡で調査をしていた際、話者の方から「この辺りでは、ホーホーと鳴いている鳥がいる」と聞いたことがある。それは何鳥でしょうかと尋ねても、「この辺りでは、みんな『ホーホーどり』と呼んでいるから、分からない」と言われたことがあった。中国でも、その共同体でのみ通用する鳥名があるようで、同定できない場合は中国語での表記を行った。

さて、中国の小鳥前生譚の中で、人が鳥になるパターンは大きくは、二つに分けられよう。

まず、悪いことをした報いで鳥となる場合である。一覧表の中に「加害」の項目を設けてあり、丸印をつけているのが、これに当たる。「継母が継子を殺そうとして、自分の子を殺してしまい鳥になる」「嫁が盲目の姑に蚯蚓を食べさせた罰を受けて鳥になる」という具合である。この場合、その鳥は、許されざる罪を背負った象徴となる。その話を聞く者に、「悪いことをすると鳥になる」というメッセージを持つことになる。

次に、深い悲しみや辛さ、苦しさから鳥に変わる場合である。「生活の苦しさから鳥になる」「愛しい人や親を捜して鳥になる」「権力者に迫害されて鳥になる」という具合である。この場合、その鳥は、悲しみや辛さを背負った象徴といえよう。鳥になる者を迫害する者としては、継母、姑、小姑や地主などの権力者が挙げられる。わが国と違うのは、姑、小姑、地主などが登場する点であろう。ただ、姑や地主がほとんど常に迫害する存在であるのに比べて、小姑は話によって、嫁を迫害する存在にもなれば、嫁の強力な味方になることもあり、二面性を備えている。婚家における小姑の微妙な立場を反映しているようで興味深い。ちなみに、地主などの権力者は小鳥前生譚以外の昔話でも、敵役として多く登場する。現在の中国政府が資産階級を否定した上で成り立ってきたことの影響を指摘する向きもあろうが、いずれにしろ、中国において民衆の生活を圧迫していた存在として強く意識されていたことに間違いはなく、わが国の話との大きな違いとなっている。

また、登場する鳥が季節や農事の暦に関わって語られる場合、多くは、悲しみや辛さから変わった鳥である傾向が見られるようである（鳥と暦の関わりが語られている話には、一覧表の「暦」の欄に丸印をつけた）。鳥が農事などの目安となって手助けをしてくれる場合、その鳥が、悪いことをした報いにより変わった鳥であると考えにくいためであろうか。

ここまで、小鳥前生譚を大きく二つに分けて、その違いを見てきたが、最後に、わが国の小鳥前生譚に対応する形での分類を試みる。およそ「兄弟葛藤」「親子の葛藤」「継母との葛藤」「嫁ぎ先（夫・姑・小姑）との葛藤」「地主・金持ち・権力者との葛藤」「農作業・仕事の失敗」の枠の中で、話を整理できるのではなかろうか。

ちなみに各話レベルでの共通性というと、「兄弟葛藤」の「時鳥と兄弟」は話の筋から日中両国の繋がりを窺わせるが、それ以外では、話の筋の共通性は現在のところ、見いだせない。「時鳥と兄弟」の話がなぜ両国で語られるのかは、今後の課題となるが、その他の話は、それぞれ日中両国で生まれ、語られてきたのであろう。また、中国国内を見ても、全国的に共通して語られる話というのはあまりなく、目立つのは一覧表21～29の継子話「八石豆型」（資料C）および8と38～44の鶏の由来（資料D）である。この内「八石豆型」の話は、他の継子話の広がりとの関係を探らねばならず、分布の広さについては小鳥前生譚の枠の中だけでは考えられない。鶏の由来の話については、中国の北から南まで見られ、内容もかなり固定されている。鶏がどこにでもいて、しかも鶏を呼び寄せる時の声が共通していることなどが、広くこの話が受け入れられた理由であろうが、その伝播経路はこれから当たらねばならない。しかし、いずれにしろ、これは小鳥前生譚の中では珍しい。全国で共通しているのは、鳥の声を聞いた際、そこに悲しみを汲み取る心の動きと、人が鳥になるという観念である。これを下敷きとして、各地で特徴を持った話が紡ぎ出され、語り継がれてきたといえよう。

資料A「兄弟葛藤」（一覧表4番）

親のいない兄弟がいた。兄は一二歳、弟は九歳。とても貧しかったが兄は弟を大事に可愛がり、山にいってハマビシを掘って食べていた。兄は実の部分を弟にやり、自分は硬い皮と茎の部分を食べていた。しかし隣の悪い巫女が、兄弟の家の財産を巻き上げようとする。巫女は弟に、ハマビシは皮と茎がうまく、兄はいつも独り占めしているから、山に行った時、穴に落としてしまえと言う。弟は騙され、その通りにしてしまう。兄は死に、弟がハマビシの皮と茎を食べてみると、まずく、騙されたことに気づく。弟は泣き、また誰も弟にハマビシを掘ってくれないので、まもなく死んだ。弟は黒くて小さい鳥になり、「哥喂哥喂（お兄さん、お兄さん）」と鳴いて飛ぶ。旧暦の三月のことで、今もこの時期、この鳴き声を聞く。

（海南省）

資料B「親子の葛藤」（一覧表18番）

むかし、ある夫婦が五人の子を産んだ。家は貧しかった。ある年、干ばつやイナゴなど様々な天災が起き、家には少しの食料も無くなった。子供達はお腹がすいたと騒ぐが、何の方法も思い浮かばない。母親は、自分の乳房を切ると、鍋で煮て子供達に食べさせた。鍋の肉を喜んで食べ尽くした子供達は、母親を捜したが、そこには阿套五勒古鳥がいるだけで「没套没套由、没套没套由、過冷没套由（生きていけない、生きていけない、本当に生きていけない）」と鳴くと飛んでいってしまった。二・三月になると山から、阿套五勒古鳥が「没套没套由、没套没套由、過冷没套由」と鳴くのが聞こえる。

（雲南省）

資料C「継母との葛藤」（一覧表25番）

陽天と陽桂の兄弟がいた。兄は先妻の子、弟は後妻の子だった。弟の幼名は桂桂陽といった。後妻は、兄を憎んでいた。ある豆まきの季節に、後妻は兄弟に豆を渡し、芽が出るまで帰ってきてはいけないと言う。兄の豆は、煎ったものであった。道すがら、弟は兄の豆がいい匂いがするので自分の豆と交換してもらう。豆まきをして、兄の豆は芽を出した。兄は家に帰り、事情を後妻に話す。後妻は、兄をひどく殴り、弟を見つけて帰るように迫る。兄はあちらこちら探すが、弟を見つけられず、死んで鳥になる。毎年農暦三月の豆まきの時期になるとこの鳥の鳴き声は一層痛ましくなり「桂桂陽、桂ー桂ー陽ー」と鳴く。（四川省）

資料Ｄ「嫁ぎ先との葛藤」（一覧表41番）

奚の家に娘が嫁ぐ。ある日の昼、一家は餃子を食べ、餃子が余る。その日の午後、夫の妹の餃子の盗み食いを、嫁は目撃する。夕方、姑が餃子が減っているのに気づき、嫁を罵る。夫の妹はそれを見て、嫁に向かって「食べていないのなら、私と一緒に天に向かって誓いをたてろ」という。嫁は「餃子を食べたのがもし私なら、私は今日死ぬ」と言い、それを見た夫の妹は自分も誓いをたてざるを得なくなり「餃子を食べたのがもし私なら、私は人でない」と言う。すると、夫の妹は倒れ、姿が見えなくなり、服の中から、まん丸ではなく細長くもないものが現れた。両親は悲しみ、姑がそれを抱いて、二十数日後、それの中から黄色くて、尖った嘴で、とても細い脚のものが出てきた。舅はそれが鳥のようなので名字の奚と鳥をくっつけて「鶏」と呼ぶようにした。数年後、嫁の息子が鶏に餌（米）をやるのに「鶏鶏鶏、早く食べな」と言うと、聞いていた姑は怒って「こんな小さなものでも、おばさんなんだから姑姑（おばさん）と呼びなさい」と言う。以来鶏を呼ぶときは「姑姑姑」と声を掛けるようになる。またもともと、鶏になった娘は卵を生んだ後、恥じて鳴かなかったが、ある日飼い葉桶の下で卵を生んでいる時、娘の兄が飼い葉をかき混ぜにきた。兄は鶏が偉そうに動かないのを見て、棒で打った。以来、鶏は卵を生むと、打たれたことを思い出し「哥哥打、哥哥打（兄が打つ、兄が打つ）」と鳴くようになった。（浙江省）

資料Ｅ「嫁ぎ先との葛藤」（一覧表59番）

父母のいない娘が嫁入りする。姑は娘に父母がいないので馬鹿にして、いじめる。夫が出稼ぎに行っている時に、姑は家事をすべて嫁にやらせ、食事も満足に与えず、こき使う。生きていても仕方がないと思った娘は石臼に頭をぶつけ自殺をする。帰ってきた夫は、妻が死んだことに衝撃を受け、麦の収穫もせずに、妻の墓の前でうなだれる。鳥に生まれ変わった妻はそれを見て「哥哥快去割、哥哥快去割（あなた、早く刈りに行って）」と鳴く。（四川省）

資料F「地主・金持ち・権力者との葛藤」（一覧表111番）

麦鵲という娘が、結婚をしようとしていた。しかし、麦家の主人が、麦鵲を自分の息子、馬尻兒の嫁にしようとする。十日以内にに三石の麦を小作料として出せと命じ、出せなければ麦鵲を連れて行き、結婚相手を役人に渡すと迫る。この当時は今と麦の熟する時期が違いまだ麦は青かった。麦鵲は、毎日麦畑に行って「麦兒快黄、麦兒快黄（麦、早く黄色くなれ）」と叫んでいたが、数日後死んでしまう。麦鵲は麦兒鳥になり、「麦兒快黄、麦兒快黄」と鳴く。麦鵲の親も娘を想いまもなく死ぬ。その日は立夏で、この時から麦は立夏に熟すようになる。毎年、麦が熟すようになると麦兒鳥が飛んできて鳴く。麦家の主人の息子も、麦鵲と結婚できなくて、しゃくで我慢できなく、馬尻兒鳥になる。鳥になっても、麦兒鳥を追いかけている。（四川省）

資料G「農作業・仕事の失敗」（一覧表136番）

六盤山一帯には、麦の熟す六月に催収鳥が来て、「辺黄辺割（熟したら刈れ）」と鳴き続け、血を吐いても鳴き止まず、声は悲哀を感じさせる。以前、麓の村には、働き者の老人と息子がいた。ある年の麦は良く実り、息子は父に麦の刈り入れを促すが、父は全部の麦が熟すまで待とうという。四日後、刈り入れを始めた途端、大粒の雹が降ってきて、麦が全滅してしまう。父は倒れ、鳥になり、毎年麦の熟す季節になると、「熟したら刈れ」と懸命に鳴く。
（寧夏回族自治区）

註

（1）『日本昔話事典』（弘文堂　一九七七年）の「小鳥前生譚」（執筆は大島建彦）の項目。
（2）谷本亀次郎『農業に関する金言俚諺集』（養鶏園藝社　一九一九年）の七四～八一頁のうち、鳥に関する諺を抜粋。
（3）中国民間文学集成江蘇巻編輯委員会編『中国諺語集成・江蘇巻』中国ISBN中心　一九九八年
（4）中国民間文学集成上海巻編輯委員会編『中国諺語集成・上海巻』中国ISBN中心　一九九九年
（5）中国民間文学集成陝西巻編輯委員会編『中国諺語集成・陝西巻』中国ISBN中心　二〇〇〇年
（6）朱介凡編著『中華諺語誌』第七巻・第十巻　台湾商務印書館　一九八九年
（7）伊藤斌訳編『支那農業気象俚諺集』東亜研究資料刊行会　一九四三年（原書・国立中山大学理工学院『中国気象諺語集』国立中山大学出版部　一九三三年）
（8）柳田國男『野鳥雑記』「鳥の名と昔話」の水こい鳥の項。
（9）わが国の小鳥前生譚に関する管見の論文
南方熊楠「時鳥の伝説」（『郷土研究』四巻四号　一九一六年）
柳田國男『野鳥雑記』甲鳥書林　一九四〇年
折口信夫「鳥の声」（『婦人の友』二二巻一〇号　一九四八年）
三谷榮一『日本文學の民俗學的研究』「物語る日と文藝の発生」有精堂　一九六〇年
福田晃『昔話の伝播』「鳥獣草木譚の意義――『時鳥と兄弟』をめぐって」弘文堂　一九七六年
最上孝敬「鳥類と昔話」（『昔話――研究と資料――』一一号　三弥井書店　一九八二年）
川田順造『聲』「音の共通覚」筑摩書房　一九八八年

野村純一『昔話の森』「ほととぎすと兄弟　鳥になった子どもたちへの鎮魂」大修館書店　一九九八年
高橋宣勝「小鳥前生譚と自発変身」（「昔話伝説研究」第一六号　昔話伝説研究会　一九九一年）
徳田和夫「『一盛長者の鳥の由来』祭文をめぐって――小鳥前生譚『雀孝行』の物語草子　付・翻刻――」（「国語国文論集」第二七号　学習院女子短期大学国語国文学会　一九九八年）
花部英雄『呪歌と説話』「『喚子鳥』歌と小鳥前生譚」三弥井書店　一九九八年
花部英雄「小鍋焼きの地獄――昔話『時鳥と小鍋』の伝承風景――」（「昔話伝説研究」第一九号　昔話伝説研究会　一九九九年）
山本則之「時鳥の鳴き行くをあふぎて――鳥の昔話の伝承契機・時鳥譚を中心に――」（「昔話伝説研究」第二〇号　昔話伝説研究会　二〇〇〇年）
花部英雄「鳥の昔話と飢饉――『山鳩不幸』を中心に――」（「昔話――研究と資料――」二九号　三弥井書店　二〇〇一年）
久保華誉「日本昔話における鳥の役割――『継子と鳥』とグリムの『ねずの木の話』の比較を通して――」（「國學院大學大學院紀要――文学研究科――」第三二輯　二〇〇一年）
伊藤龍平『江戸幻獣博物誌　妖怪と未確認動物のはざまで』「もう一羽のくらっこ鳥」青弓社　二〇一〇年

中国小鳥前生譚一覧表

	鳥の名	鳥になる者	加害	暦	鳴き声　ただし（　）は鳴き声以外	鳥になる原因	伝承
	兄弟葛藤						
1	フクロウ	弟	○		お兄さん	悪い婆さんにそそのかされ兄を殺し、後悔。	広西
2	尋哥鳥	弟	○	○	お兄さん	悶着を起こす人にそそのかされ兄を殺し、後悔。	広西
3	布呵鳥	弟	○		お兄さん	兄だけ良いのを食べていると誤解し、	雲南

						弟が殺してしまう。	
4	哥喂鳥	弟	○	○	お兄さん	資料A	海南
5	棒棰鳥	弟			王兄さん、王兄さん	高麗人参を取っている際、虎に食われた兄を捜して。	吉林
6	キツツキ	兄	○			弟をいじめ、弟に富を与える樹を切ろうとした時、鳥に。	山西
7	フクロウ	兄	○		後悔、後悔	兄弟が財産を巡って殺し合う。	甘粛
	鵞怪子（ウ？）	弟	○		悪かった、悪かった		
8	ニワトリ	妹			兄がぶった	妹が兄にいじめられて鶏になる。	浙江
9	紅鳥	妹		○	妹を三つに刻んだ	兄と兄嫁が、妹を金持ちに嫁入りさせようとするが、逆らって殺される。	湖南
10	哥喂鳥	妹		○	お兄さん	果物をとろうとした兄が木から落ち、悲しむ。	海南
11	新娘鳥	若者・娘				娘の兄と兄嫁が娘をいじめる。結婚を邪魔されて、若者と娘は死ぬ。	海南
12	叫号鳥	兄と嫁	○			弟を殺し、弟の嫁（星の化身）に復讐されて。	海南
13	スズメ	姉	○			妹を殺した報い。（AT433蛇婿入り）	海南
14	咕嘟鳥	弟			（兄と兄嫁を罵る言葉）	兄と兄嫁に虐待されて。	チンポー族
	親子の葛藤						
15	風吹抖抖鳥	母			風が吹いて、打ち払う	自分の死後、娘にもつれた麻糸のほぐし方を教えるため。	浙江
16	風吹抖抖鳥	母			風が吹いて、打ち払う	右記に同じ	浙江
17	タカ	姉と弟			（鷹が旋回するのは両親を捜すため）	山に行って帰らぬ両親を捜すため。	福建
18	阿套五勒古	母		○	生きてゆけない	資料B	雲南

	鳥						
19	フクロウ	兄弟				母からの虐待を受けて。	台湾
20	鳩閣雷	兄				女の子が欲しかった母親から虐待されて。	台湾
	阿艾鳥	弟				女の子が欲しかった母親から虐待されて。	
継母との葛藤							
21	後悔鳥	継母	○		後悔、後悔	継子を殺そうとして、実子が死ぬ。（八石豆型）	陝西
22	鳥	弟		○	お兄さん待って	自分の種から芽が出なくて、家に帰れず。（継母が継子を害そうとするが、実子を害してしまう。八石豆型）	河南
23	錯種鳥	継母			私の子が播き違えた、炒めるべきでなかった	継子（弟）を殺そうとして、実子（兄）を殺す。（八石豆型）	湖北
24	鳥	継母	○		私の子が、騙された	継子を殺そうとして、実子が死ぬ。（八石豆型）	浙江
25	桂桂陽	兄		○	桂桂陽（弟の名）	資料C	四川
26	ホトトギス	兄		○	桂桂陽（弟の名）	継母が継子の兄を害しようとして、実子の弟が死ぬ。兄がその弟を捜して。（八石豆型）	四川
27	哥哥鳥	妹			お兄さん	継母が害した兄を継母の実子の妹が捜して。（八石豆型）	福建
28	ホトトギス	兄		○	弟、弟	継母が継子を殺そうとして、実子を殺す。兄が弟を捜す。（八石豆型）	広西
29	布谷鳥	継母	○	○	布谷、継母が毒入れた、布谷、継母が悪い	継子を殺そうとして、実子が死ぬ。（八石豆型）	広西

30	ホトトギス	弟		○	お兄さん、苦しい	継母が兄（継子）を殺そうとした毒入り弁当を、兄想いの弟（実子）が交換して食べて、死んで。	江蘇
31	苦呀鳥	女の子			苦しいつらい	地主に嫁がせようとする継母に、部屋に閉じこめられて。	寧夏
32	苦呀鳥	娘			苦しい、苦しい	継母に望まない結婚を迫られて、逃げる際、事故死して。	浙江
	小黒鳥	若者				娘と結婚するため費用を稼ごうとするが、過労死して。	
33	姉妹鳥	妹		○	お姉さん、妹は行きます	継母にいじめられて。	四川
34	シラコバト 布谷鳥	姉と弟		○		継母に殺されかけ、姉はシラコバトに、弟は布谷鳥になる。	四川
35	キジ	継母	○			継子達に鳥になる果物を食べさせようとして、夫に露見し、自分が食べるはめに。	四川
36	甘工鳥	娘		○		父親・継母から望まない結婚を迫られて。	海南
37	甘工鳥	娘			甘工（娘の名）	継母から望まない結婚を迫られて。	海南
嫁ぎ先（夫・姑・小姑）との葛藤							
38	ニワトリ	小姑			（鶏をおばと呼ぶ由来）	自分が盗んだ鏡を、兄嫁のせいにしようとして。	吉林
39	ニワトリ	小姑	○		（鶏をおばと呼ぶ由来）	盗み食いの罪を兄嫁に着せようとして。	河南
40	ニワトリ	小姑			お兄さん（兄嫁を）ぶって（他に鶏をおばと呼ぶ由来と鶏の字の由来）	兄嫁にいじめられて。	河南
41	ニワトリ	小姑	○		兄が打つ	資料D	浙江

42	ニワトリ	小姑	○		兄が打つ	盗みの罪を兄嫁に着せようとして。	四川
43	ニワトリ	小姑			（鶏をおばと呼ぶ由来）	小姑が盲目のおばを騙して、米をとり。	広西
44	ニワトリ	小姑			（鶏をおばと呼ぶ由来）	姑が兄嫁を毒殺するのを知り、小姑が身代わりになって死に。	海南
45	鳥	嫁			蚯蚓の蒸しパン焼いて盲目の姑を騙す	盲目の姑を虐待したのが、夫にばれて。	陝西
46	シラコバト	女の子			くっ、くっ、くっ（もの悲しい感じ）	姑（養母）に虐待され、飢えて、つまみ食いをした時に、姑が来て咽に詰まらせ死ぬ。	湖北
47	梗煞老婆鳥	姑		○	礱糠麦粿、姑を詰まらせたこと辛く思わないで	嫁がいいものを食べていると誤解した姑がそれをつまみ食いし、嫁が来た時あわてて、咽に詰まらす。	浙江
48	礱糠麦粿鳥	女の子			悪い舅悪い姑、隣のおばは灰をほじって火をおこす（悶着を起こす）	お腹をすかせた女の子がつまみ食いをして、姑（養母）が来て、咽に詰まらす。	浙江
49	礱糠麦粿鳥	姑			礱糠麦粿、姑を詰まらせたこと辛く思わないで	嫁がいいものを食べていると誤解した姑がそれをつまみ食いし、嫁が来た時あわてて、咽に詰まらす。	浙江
50	苦哇鳥	嫁	○		苦しいつらい	盲目の姑に蚯蚓を食べさせた嫁を、雷公が罰して。	江蘇
51	布谷鳥	嫁	○		つぐなう、つぐなう	盲目の姑に蚯蚓を食べさせたりした嫁を太陽公が罰して。	福建
52	白臉鶏	嫁	○		夫よ、罰しないで	盲目の姑を虐待したのが、夫にばれて。	海南
53	救哇鳥	嫁	○		助けてよ、助けてよ、助けてよ	盲目の姑に蛭を食べさせるなど、虐待の報いで。	不明
54	布谷鳥	兄嫁			小姑、小姑	小姑は兄嫁が仕事をしやすいよう桑の	寧夏

						木に変わる。その小姑を捜して。	
55	找姑鳥	兄嫁			小姑を捜す、小姑を捜す	小姑が兄嫁の為に山神に願いをし、叶った後さらわれる。その小姑を捜して。	江蘇
56	找姑鳥	兄嫁			小姑を捜す、小姑を捜す	小姑が兄嫁の為に山神に願いをし、叶った後さらわれる。その小姑を捜して。	不明
57	鳥	兄嫁			小姑、待って	小姑は、姑にこき使われる兄嫁の仕事を助けるが崖から落ちる。その小姑を追って。	甘粛
		姑	○		後悔、後悔	娘が死んだのを聞いて。	
58	布谷鳥	嫁		○	あなた、私のことは想わないで、あなた、刈り入れ田植えして	嫁は姑に虐待され、死んでしまう。夫は嫁の死を悲しみ、仕事をせず、嫁が鳥になり声をかける。	安徽
59	布谷鳥	嫁		○	あなた、早く刈りに行って	資料E	四川
60	布谷鳥	嫁		○	あなた、私のことは想わないで収穫に行って	嫁は姑に虐待され、死んでしまう。夫は嫁の死を悲しみ、仕事をせず、嫁が鳥になり声をかける。	四川
61	比牠鳥	次男の嫁			姑よ、姑よ	長男の嫁が山へ置き去りにした姑を捜して。	吉林
62	恨狐鳥	嫁			狐が憎い、狐が憎い	狐が鶏をとり、姑が嫁を疑う。狐を嫁が追い、さらに、それを追った子が川へ落ちる。	吉林
63	我想郎君鳥	娘		○	あなたを想う	出稼ぎに行く夫が、舅に殺され、妻が夫を捜して。	吉林
64	黎鶏	嫁		○	早く起き、ご飯炊け、米とげ	姑にいじめられて。	北京
65	オウム	小姑			布団を開け、誓いは時期を得なかった	兄嫁の簪がなくなり兄嫁と小姑が喧嘩、階段で転び死ぬ。自分の死後、悲しむ	北京

						母を見て。	
66	オウム	女の子			布団を開け、はっきりする、私の母は悪口で人を傷つける	死後、母がなくした簪の場所を教えるため。	北京
67	咕咕鳩	嫁			おばさん助けて	嫁が姑を驚かそうと首をつるふりをするが、助けるはずのおばが忘れる。	山西
68	夏鶏	嫁			お茶、水をささげ持って母をもてなす	親不孝の夫は死後、虫になり、仲のいい嫁と姑は死後、鳥になる。	河南
	コウライウグイス	姑			不忠不孝はいい死に方しない、怒るぞ		
69	豆雀	夫		○	妻、水くみに行け	怠け妻が夫の過労死を悲しみ、夫は死後その妻のため。	陝西
70	コウライウグイス	嫁		○	荀理（夫の名）	姑の死が自分のせいでないことを夫に証明して死に。	陝西
71	ホトトギス	娘				嫁ぎ先の姑がひどく、それを後悔した娘の母親が死んで。	陝西
72	布谷鳥	兄嫁	○			小姑が神仙から貰った薬を兄嫁が取り上げて飲んで。	陝西
73	シラコバト	兄嫁			小姑、待って	役人が兄嫁を嫁にしようとするが、小姑が身代わりになる。兄嫁はそれを悲しんで。	寧夏
74	苦哇鳥	娘			辛い、女ではなく男に生まれたかった	親・夫・姑に虐待され、身投げして。	安徽
75	紡織娘	織女				嫁の織女が仕事を怠け、離縁され入水。自分の死後、悲しむ夫を見て。	浙江
76	竹杠鳥	弟嫁			（弟嫁の鳴き声）竹竿、竹竿、	盲目の母親を虐待したと誤解した弟が、その嫁を竹竿で殴り殺して。	浙江
		弟	○		姑は糠食った、おばは窓閉め、		

					夫が竹竿でぶった		
77	担当鳥	娘婿		○	引き受けた、騙された	舅に強要された盗みの最中、足を滑らせ死んで。	浙江
78	担当鳥	娘婿			引き受けた、騙された	舅に強要された盗みの最中、足を滑らせ死んで。	不明
79	養蚕鳥	弟嫁		○	小姑が妬む、養蚕は苦しい	小姑が弟嫁をいじめ、養蚕の邪魔をして。	浙江
80	当当賭	嫁			質に入れて賭ける、質に入れて賭ける	賭け事が好きな夫を再三諌めるが、瓶に閉じこめられて。	浙江
81	布谷鳥	嫁		○	早くトウモロコシの種をまけ	死後、忘れっぽい夫のために。	四川
82	狗餓鳥	娘			犬が腹を空かせている	犬が食べたのを、姑（養母）に盗み食いと思われ、殺され。	四川
83	夫婦鳥	妹				夫は妻の姉に殺され、妻はラマ僧に言い寄られ。	四川
84	姑虎鳥	兄嫁			小姑、虎、小姑、虎	虎にさらわれた小姑を捜して。	広東
85	ミズドリ	嫁			小姑、小姑	姑に殺されて。（仲のいい小姑に助けを求める）	広西
86	シラコバト	嫁			おば、おば（おばは冤罪）	姑にぬれぎぬを着せられて。（姪に自分は無罪だと伝える）	広西
87	阿喔鳥	嫁		○	あーおー、あーおー（苦痛の声）	播く種を炒ってしまい、夫に殺される。	雲南
88	哭刀鳥	悪い兄嫁	○		金の刀	欲ばりな兄の死を兄嫁が悲しんで。（AT729金の斧）	海南
89	哭刀鳥	悪い兄嫁			金の刀	欲ばりな兄の死を兄嫁が悲しんで。（AT729金の斧）	海南
90	阿喂鳥	嫁			ああ、ああ（悲しい声）	姑に指を切り落とされて。	ナシ族
91	公公鳥	老人			舅が水をくみ、息子の嫁は摘み	息子の嫁に殺された舅が、殺された真	チャン族

					食い	相を告げるため。	
92	姑姑救	女の子		○	おばさん助けて、おばさん助けて	姑（養母）に虐待されて。	不明
	地主・金持ち・権力者との葛藤						
93	オシドリ	夫と嫁			妻、妻、私の可愛い妻	夫は徴兵され、戦死して、妻は夫の骨を抱いて入水して。	黒竜江
94	棒槌鳥	若者と娘		○	「汪剛さん」「麗さん」	結婚を迫る地主に追われ、死んで。（棒槌は高麗人参）	遼寧
95	ハイタカ	国王	○			国王が猟師の作った飛天衣を取り上げて着て。	遼寧
96	脱了衣睡鳥	女の子				借金の形の女の子が、金持ちにいじめられ、殺されて。	吉林
97	光棍兒雀	若者			独り身は、とても辛い	地主に騙され、酷使されて。（光棍児は男の独身者）	吉林
98	打更鳥	老人			何時だ、何時だ	地主に殺されて。（打更は夜回りのこと）	吉林
99	打更雀	老人			何時だ、何時だ	主人に殺されて。（打更は夜回りのこと）	吉林
100	庄哥鳥	娘			庄哥、庄哥（恋人の名）	地主への借金返済のため人参掘りに行って倒れた恋人を捜して。	吉林
101	車伙子雀	牛飼い			どうどう（牛をおう言葉）	雨の中、主人のために医者を呼びに行かされ、牛を連れていて事故死して。	吉林
102	嘰嘰鬼子雀	仲人の女	○		いつ乾く、いつ乾く、いつ乾く	騙して嫁入りさせようとした娘に入水されて。	吉林
103	オシドリ	若者・娘				騙されて嫁入りさせられる娘が入水、若者も後追い。	不明
104	ハト	二人の若者			母、母	始皇帝に出仕を強要された若者が死後、母を想って。	北京

105	王剛鳥	娘			王剛さん、王剛さん、待って	娘へ横恋慕した金持ちに、恋人を殺されて。	北京
106	布谷鳥	娘(鳥女房)		○	布谷（夫の名）	横恋慕した皇帝に連れ去られた夫を捜して。	北京
107	黒老鴉	地主	○		わーわー（泣き声）	使用人が仙人から貰った空飛ぶ服を地主が取り上げて着て。	山西
108	爹爹苦鳥	娘			雇用人辛い、お父さん辛い	父が地主に殺されて。	陝西
109	姐姐回鳥	妹		○	お姉さん、帰ってきて	父の賭博の借金の形として嫁入りする姉が身投げし、その姉を捜して。	陝西
110	白肚腰鴉兒	娘				おじに結婚を迫られ自害して。	甘粛
111	麦兒雀雀	娘		○	麦早く黄色くなれ	資料F	四川
112	ホトトギス	娘		○	李貴陽（婚約者の名）	結婚を迫る地主から逃げ、婚約者を捜して。	四川
113	ホトトギス	娘		○	お父さん家に帰って	蚕を飼っている父親が地主に殺され、その父を捜して。	浙江
114	ホトトギス	娘		○	お父さん帰って、お父さん帰って	父親が権力者に殺され、その父を捜して。	浙江
115	念娘鳥	母と娘		○	お母さん、お母さん	母が、悪漢に殺され、娘もショックで死に、復讐のため。	浙江
116	哭爹鳥	娘		○	お父さん、お父さん	父が地主に殺され、娘は地主に結婚を迫られ、自殺して。	浙江
117	オシドリ	娘と若者		○		若者は皇帝の無理な命令を受け、娘は若者の死後、皇帝に結婚を迫られて。	福建
118	シャコ	娘			麦が熟した、お父さん	借金の形の娘が、収穫時期になっても迎えにこない父を捜して。	福建
119	カモメ	娘			鷗さん（恋人の名）	娘へ横恋慕した網元に、恋人を殺されて。	福建

						て。	
120	吉祥鳥	夫妻			薬が病気を取り除く	薬草で貧しい病人を治していた夫妻が役人に捕まってしまって。	福建
121	箇工鳥	作男			一個の仕事	地主に一年の稼ぎをごまかされて。	広西
122	苦娃鳥	娘		○	苦娃、苦娃（恋人の名）	地主（部落の長）の娘が、恋人を父に殺されて。	広西
123	カツオドリ？／カモメ	妹／兄				網元に結婚を迫られて。（兄妹は人魚の子供）	広東
124	狗害我鳥	娘			犬が害をなし、地主に打ち殺された	犬と猫が食べたのを盗み食いをしたと誤解され、地主に殺されて。	雲南
125	布谷鳥	若者・娘		○		権力者のいじめにより。	海南
126	哥喂鳥	娘			お兄さん	結婚を迫る地主に恋人を殺され、自分も自殺して。	海南
127	特同鳥	牛飼い			国王の頭を割る	牛飼いの妻（仙女）へ横恋慕した国王に、殺されて。	海南
128	雇工鳥	作男		○	雇用人、雇用人、一年に一個の仕事、作男を殺す	地主に一年の稼ぎをごまかされて。	ヤオ族
129	画眉鳥	若者・娘				笛と歌を皇帝の前で披露したが、娘を狙う皇帝に若者は殺され、娘は自殺する。	スイ族
130	稀粥粥鳥	男の子			お父さん、お父さん、薄い粥、薄い粥	仕事時、お粥を運んでいた父が、地主のいじめで死んで。	不明
131	オシドリ	若者・娘				自分を助けた若者を父（役人）が殺し、娘は入水する。	不明
農作業もしくは仕事の失敗							
132	赶工鳥	農民		○	仕事を急ぐ	他人の田植えを手伝い、自分のが間に	浙江

						合わなくて。	
133	擱工鳥	農民（末っ子）		○	仕事をほうっておく	兄弟の田植えを手伝い、自分のが間に合わなくて。	浙江
134	擱工鳥	若者		○	仕事をほうっておく	他人の田植えを手伝い、自分のが間に合わなくて。	浙江
135	各工鳥	農民（末っ子）		○	それぞれの仕事、苦しい	農作業をさぼって、収穫できず。	浙江
136	催収鳥	老人		○	熟したら刈れ	資料G	寧夏
137	催収鳥	老夫婦		○	今熟した、今刈れ	老夫婦の二人の息子が刈り入れを怠けて麦が大雨で全滅して。	寧夏
138	ホトトギス	兄弟		○	麦が熟したところから刈れ、スープを飲まずに、子供をつないで	収穫を怠けて、麦が全滅して。	甘粛
139	車老板兒鳥	黒牛			どうどう、車輪ガラガラ	（車老板兒はベテラン車夫。）道路の補修中の事故死で。	吉林
140	叫驢子雀	男			ろば、ろば、ろば	男に富をもたらしてくれた驢馬が逃げ、それを追って。	吉林
141	陰天打酒喝喝鳥	老人			（雨が止み、晴れる時に出てくる）	（曇りの日に酒を飲むという名の鳥。）高麗人参取りの老人が酔い潰れて死んで。	吉林
142	雀の一種	老人			（この鳥が出ると、雨が止み晴れる）	右記に同じ。	吉林
143	輪急狗子雀	男			激了、激了、激了	賭に負けて、悔しくて。	吉林
144	輪急狗子雀	男			激了、激了、激了	右記に同じ。	吉林
145	釣魚鳥	漁夫			囀るな、囀るな	鳥の囀りで魚が捕れず、波にさらわれて。	吉林
146	タカ	呂洞賓の妻				呂洞賓の妻が仙人になった後、家に残	寧夏

						した鶏を惜しみ。		
147	シラコバト	女性			趙図助けて（趙図は死後ともに仏になろうと誓った屠殺人）	生前、米と泥を混ぜた罰で。	浙江	
148	鳥	若者・娘			周玖、あなた放して（周玖は娘の名）	結婚費用のため懸命に働いていた若者が山で事故死。	浙江	
149	フクロウ	県令				賄賂を取った罰で。	四川	
150	咕鈷鳥	怠け娘		○	咕鈷、咕鈷（咕鈷鳥の鳴き声）	怠け者の娘が、山で筍掘りのふりをして、事故死。	広西	
151	オオサイチョウ	夫と嫁			すまない、すまない	夫が狩りにでた際、妻を餓死させてしまって。	雲南	
その他								
152	芦花鶏	隣の嫁	○			盲目の隣人を騙して、やましく思って。	山西	
153	郷姑鳥	田舎娘		○	あの人が帰ってくる、あの人が帰ってくる。	屈原を探しに行った娘が、消息を村人に知らせる為に。	湖北	
154	ホトトギス	国王			民は大切、民は大切	城に閉じこもった新国王に会って諫めるため。	四川	
155	棒槌鳥	義兄妹			「王にいさん」「李五」	妹が、高麗人参を捜している兄を捜して、冬山に入り。	不明	

※注　一覧表の「布谷鳥」はほとんどの場合、「カッコウ」を指すが、「ホトトギス」と区別が難しい場合もあり、中国語表記とした。

（出典資料）

中国民間故事集成広西巻編輯委員会『中国民間故事集成・広西巻』中国ISBN中心　二〇〇一年

1、2、29、43、85、86、121

中国民間文芸研究会貴州分会主編『苗族民間故事選』上海文芸出版社　一九八一年

3

中国民間故事集成海南巻編輯委員会『中国民間故事集成・海南巻』中国 ISBN 中心　二〇〇二年
4、10、12、13、36、37、44、52、88、125、126、127
雪夫・裴明海編『鳥的伝説』広西人民出版社　一九八六年
5、9、11、14、16、20、23、28、32、46、47、53、56、58、61、62、78、79、80、84、87、89、90、91、92、93、99、100、
101、102、103、114、115、116、122、123、124、128、129、130、131、135、140、142、144、145、148、150、151、153、154、155
中国民間文学集成山西巻編輯委員会『中国民間故事集成・山西巻』中国 ISBN 中心　一九九九年
6、67、107、152
中国民間故事集成甘粛巻編輯委員会『中国民間故事集成・甘粛巻』中国 ISBN 中心　二〇〇一年
7、57、110、138
中国民間文学集成浙江巻編輯委員会『中国民間故事集成・浙江巻』中国 ISBN 中心　一九九七年
8、15、24、41、48、49、75、76、77、113、132、133、134、147
中国民間文学集成福建巻編輯委員会『中国民間故事集成・福建巻』中国 ISBN 中心　一九九八年
17、27、51、117、118、119、120
中共麗江地宣伝部編『納西族民間故事選』上海文芸出版社　一九八一年
18
小林保祥著　松沢員子編『パイワン伝説集』風響社　一九九八年
19
中国民間文学集成陝西巻編輯委員会『中国民間故事集成・陝西巻』中国 ISBN 中心　一九九六年
21、45、69、70、71、72、108、109
中国民間故事集成河南巻編輯委員会『中国民間故事集成・河南巻』中国 ISBN 中心　二〇〇　年
22、39、40、68

成都民間故事集成編委会『成都民間文学集成』四川人民出版社　一九九一年
25、35、42、59、81、82、111、149

中国民間文学集成四川巻編輯委員会『中国民間故事集成・四川巻』（上・下）中国ISBN中心　一九九八年
26、33、34、60、83、112

中国民間故事集成江蘇巻編輯委員会『中国民間故事集成・江蘇巻』中国ISBN中心　一九九八年
30、50、55

中国民間故事集成寧夏巻編輯委員会『中国民間故事集成・寧夏巻』中国ISBN中心　一九九九年
31、54、73、136、137、146

中国民間文学集成吉林巻編輯委員会『中国民間故事集成・吉林巻』中国文聯出版公司　一九九二年
38、63、96、97、98、139、141、143

中国民間故事集成北京巻編輯委員会『中国民間故事集成・北京巻』中国ISBN中心　一九九八年
64、65、66、104、105、106

鄭辜生編『中国民間伝説集』上海華通書局　一九三三年
74

中国民間文学集成遼寧巻編輯委員会『中国民間故事集成・遼寧巻』中国ISBN中心　一九九四年
94、95

第五章　中国貴州省でのフィールドワーク　トン族を例として

第一節　貴州省黎平県岩洞について

二〇〇七年から二〇〇九年にかけて各年八月の一〇日間ほど、中国貴州省黎平県岩洞を中心として、フィールドワークを行った。毎年一〇人前後での調査であった。[1]本章では、この調査概要を紹介し、そこで得られたトン族の口頭伝承の実態および伝承される昔話の具体例を日本との繋がりや特徴的な伝承の観点からみていく。

中国南部の貴州省を象徴的に表すのは「手のひらの広さの平地もない」「晴れの日が三日も続かない」という表現である。実際貴州省は山が多い地勢であり、調査地であった岩洞も山を切り拓いて段々畑を作るなど等高線栽培を行っている。それでも雨が多いので作物は育つ。八月の調査時期も朝夕に良く雨が降り、田畑を潤していた。年間降水量は年や省内の地区によっても異なるが一〇〇〇～一四〇〇㎜ほどである。

岩洞は貴州省の東南部に位置する農村であり、少数民族のトン族が村の人口のほとんどを占める。トン族は中国においておい三〇〇万人ほどの人口を有する少数民族である。貴州省を始め、隣接する広西チワン族自治区と湖南省において、稲作農耕を営んできた。木材を用いた建築技術に優れ、鼓楼や風雨橋など特徴的な建築物が村々にある。鼓楼はもともと太鼓が置かれた木造の塔で、村人の招集に用いられたり、外敵の侵入を知らせる役割を果たした。村の氏族ごとにある鼓楼は、現在でも共同体の決まりごとを話し合う場であり、社交の場である。後述するが、昔話や伝説を語る場でもあった。風雨橋は花橋とも呼ばれ、瓦屋根を持つ長廊式の橋である。風雨を避けることができるこの橋の通路の両側にはベンチも置かれ、人々の憩いの場となっている。鼓楼も風雨橋も釘を使わずに組み上げられており、トン族の建築技術の高さを示している。(2) また、歌が上手い民族としても有名であり、正月や春の清明節、夏の中元節、秋の中秋節など年中行事において歌が歌われる。そして行歌坐夜といって男女が夜通し歌の掛け合いを行うほど、歌が生活の身近にあり、男女の仲を取り持っている。

調査地の岩洞では、一九七八、九年頃に個人が水力発電で電気をつくり始めた。ただし電灯くらいしか使っていなかったそうだ。一九九八年に国の電力発電により電気が安定供給されるようになる。その頃から冷蔵庫や扇風機が使われたが、テレビに関しては、それ以前からあったらしい。現在はテレビの普及はもとより、インターネットも使用できる環境が整っている。山がちの村であるが携帯電話の使用も可能である。所得による格差もあるが、近代化の波が押し寄せていることは確かである。二〇〇七年の調査時にはテレビで日本の「ウルトラマン」が放送され、子どもが見ている光景を宿舎で目にした。

このような岩洞での調査は、中国側で調査協力をしてくれた研究者の力に負うところが多かった。三年間に亘り、鄧敏文（中国社会科学院民族文学研究所研究員）と呉定国（貴州民族学院客員教授）の両氏の協力を得て調査が行われた。現地での調査に際して地元の公安（日本における警察）における手続きから始まり、語り手の選定、トン語から中国語への通訳まで両氏の力なくしては、調査は不可能であった。高齢のトン族の語り手達は、中国語でのコミュニケーションはまず不可能で、調査の際は全てトン語の通訳を必要とした。そのため日本語から中国語へ、そしてトン語へと間に通訳を二人立てての調査であった。

第二節　調査の場と語りの場

調査は調査隊のメンバーが宿舎としている岩洞の「侗人文化家園」まで語り手に来ていただき、聞き取りを行うのが基本だった。まず、語り手に知っている話を幾つか簡単に挙げてもらい、その内からこちらが詳しく聞きたい話を選んで語ってもらうことをした。また、こちらから「〇〇が登場する話を知っているか」など質問をして語ってもらう場合もあった。このようにして三年間に一〇〇話ほどの聞き取りをして、その内五七話を選び『中国民話の旅』（中国民間故事調査会編　三弥井書店　二〇一一年）として出版した。

以上のように日本人研究者が調査をする場合、振り返ってみれば自身の興味に引きつけて聞き取りをするため、日本の伝承との共通項が多い話を中心に収集する傾向があることは否めない。実際に『中国民話の旅』に収録された話の内、二二話は日本の昔話と同話型か同モチーフを持つ話であった。巻末の対照表から次にその二二話を挙げる。「　」が『中国民話の旅』の題名で（　）が対応する日本の昔話である。日本の昔話の名称は『日本昔話大成』の話型名に基づいた。

「七仙女の話」（天人女房）・「天人女房」（天人女房）・「闇の三日三晩」（絵姿女房・物売り型）・「蛇の精霊」（竜宮女房・猿神退治・甲賀三郎）・「ランホウ」（竜宮女房）・「蛇婿入り」（蛇婿入り・嫁入り型）・「スーメイ」（絵姿女房・猿神退治・甲

賀三郎）・「変婆の話」（天道さん金の綱）・「蚤と虱の由来」（天道さん金の綱）・「小妹が祖母の家に行く話」（天道さん金の綱）・「蛙と人の故事」（たにし息子）・「古屋の漏り」（古屋の漏り）・「幸運な男」（炭焼き長者・初婚型）・「レンプンの話」（こんぴ太郎）・「老勝の話」（糸引き合図）・「悪い婿」（俵薬師）・「南瓜に入った兄弟（一）（二）」（竹取爺）・「カワセミはなぜ魚が好きか」（魚女房）・「ワウ鳥の由来」（時鳥と兄弟）・「『李魚釣り』と赤い魚」（魚女房）・「タニシ娘」（蛤女房）

これまでに中国で出版されたトン族の民間説話に関わる資料を見れば、トン族の伝承には漢民族に対して抵抗するトン族の英雄の話や支配階級をやりこめる知恵者の話も多く見られるが、これらは今回の調査ではあまり重視されなかった。

さて民間説話の資料については、中国においてもかなり出版されてきたが、語りの場については、報告資料がほとんど無いため、今回の調査で聞くことができたことは、貴重な機会であった。岩洞で聞くことができたトン族の語りの様子を挙げていく。なお、各資料末の話者の年齢は二〇〇七年の調査時における年齢である。

従江県からユゥン（三、四十歳くらいの農民）が越してきて小さい時に聞いた。祖父母は語ることができなかった。語りを聞くのに、決まった日はなく舞台の近くや鼓楼に子どもがいて、語り手が暇な時に語る。「かたってくれ」と言うこともいって、語り手から肩をもんで欲しいと言われることもあった。（呉明月・一九一二年生・九十五歳・男性・歌師）

新しくできた村のお婆さんが、小さい時に語ってくれた。家に行って聞いた。仕事が終わってからの夜に何人かで行くこともあった。聞きながらマッサージをすることもあり、そんな家が他に二、三軒あった。十一〜十四、五歳で聞いた。話は一度聞いて覚えて、同じくらいの友達にも語った。山で薪をきりながら聞かせた。祖父母からは「教育意義のあるもの」を語ってもらった。また、歌師（トン族の歌の師匠）である母親からも聞いた。夕飯を食べた後、何もすることが無い時などに聞いて、他所の人も聞きに来ていた。（呉良明・一九六五年生・四十二歳・男性・教師）

昼間、座っていて眠くなった時に祖父から聞くことがあった。

子どもの相づちは、うなずきだけ。

鼓楼で、民間故事（神話・伝説・昔話）を語る。最初の語り手から次の語り手に移る時は、語りはじめはつけない。語りはじめは「むかし、むかし老人が老人から聞いた話、その老人はまた老人から聞いて、今私はあなたたちに聞かせます」だが、「むかしむかし」をつけるかどうかは話による。

語りおさめについて、子ども向けは「私の話はこれで終わり、まだ聞きたい？」であり、大人向けは「私の話は終わり。うまく語っていなくても笑わないで下さい。次の人がうまく語ってくれます」という。

道を歩く時や仕事、休憩の時は笑い話が基本である。

昔話を語ってはいけない時というのはないが、昼間は語る暇がない。

色ばなしは語ることはあるが、男ばかりが基本。ただし男女のつき合いの時は話す。兄弟・家族のいる場ではしない。女性の場合、夫婦ではする。また、同じくらいの年齢同士ならするが年上の人とはしない。（呉玉珍・五十四歳・女性・呉定国夫人）

トン族の男性は電気のある場所、年配の男性宅、鼓楼、カーファン（真ん中に囲炉裏のある部屋、共同使用の場所で当番で薪を持ち寄った）に夕食後九時くらいに集まり、若い人は行歌坐夜をする。子どもは、母親か祖母についていく。女性は生活がわりと豊かな人の所に集まり、糸紡ぎや仕事をする。子どもはお母さんについてそこへ行って、話を聞くこともあったという。（鄧敏文・一九四三年生・男性）

このように見ていくとトン族の人々も、語りが出来る人の所へ人が集まり、話を聞くことがあり、また鼓楼を始めとして人々が集まる場所においても語りが行われてきたことが分かる。

第三節　民間説話に影響を与えた民俗の一考察

ここまで、中国貴州省での調査の概要を述べてきたが、今回採集した資料を具体的に示しつつ、この地方独特の民俗が語りに与えた影響を見ていく。次に挙げるAからCの三つの資料は『中国民話の旅』に収録されているものであり、途中の頁数はこれに対応する。話はいずれも日本の「竜宮女房」のモチーフをもつ内容である。

A「蛇の精霊」

（梗概）皇帝が娘の婿を探す。剣の舞を上手く舞った者を婿に迎えることとする。ある青年が威風堂々と舞い、婿となったが、結婚式の宴で婿は酔い、穀物の倉庫で寝ると、蛇の正体を現した。皇帝達が蛇を焼き殺そうとすると、蛇は娘をさらって逃げる。さらわれた娘が落とした靴を拾った貴龍宝が、その靴を皇帝に届けるが、娘を助けなかったことをとがめられて、娘の救出を命じられる。

貴龍宝がある村に着くと、その村は蛇の精が子どもを食べに来ることで悩んでいた。貴龍宝は門のかんぬきや石鎚が話す蛇の殺し方を聞いて、蛇に深手を負わせる。蛇の血をたどって洞窟に入り、娘と水牛に会う。水牛は竜王の三番目の息子で、やはり蛇にさらわれて働かされていた。この水牛の助言で蛇を殺し、娘をまず地上にあげたが、地上で待っていた皇帝は、貴龍宝と娘の結婚を危惧して、洞窟をふさいでしまう。洞窟に閉じ込められた貴龍宝は、助けた水牛に竜宮へ連れて行ってもらう。

（三七頁）

ある日、三番目の息子が、貴龍宝にこっそり教えた。

「あなたが家に帰る時、竜王は必ず多くの財宝を与えるはずである。でもそれを受け取らないで。家の柱にヒョウタンが三つ掛けてあるが、実はわたしの三人の妹である。あなたは一番左側にあるのを望んでもらうように。三人の中で一番かわいい妹である」。貴龍宝は竜王に、家に帰りたいと願い出た。案の定、竜王は彼に財宝を与えようとし、彼に、

「好きな物を選んでくれ」と言った。貴龍宝は三番目の息子が自分に言ったことをしっかり覚えていて、

「金銀財宝は要らない。家に帰ると山に登って仕事をするから、そのヒョウタンが欲しい」と言った。しかし、竜王はすぐ応じなかった。竜王は、

「まだ帰るのは早い。もう少し遊んでから帰って」と言った。その夜、竜王はこっそりヒョウタンの位置を変えて置いた。三番目の息子がこれを知って、この秘密を貴龍宝に教えた。

一週間が過ぎて、貴龍宝はまた家に帰りたいと言い出し、しかもヒョウタンがほしいと言った。彼が欲しがっているのは、竜王が溺愛している小竜女であったが、竜王は仕方がなかった。

「おまえと私の三番目の娘は、何らかの縁がありそうだ。おまえが欲しがっているのは、実はわたしの娘なんだ。よし、決めた。娘をおまえの嫁に与えよう」と言った。

竜王は、鯉に貴龍宝の道案内をするように命じ、貴龍宝に言った。

「ヒョウタンとこの傘をしっかり持って。岸に上がって傘を開くと、竜女が現れるから」。貴龍宝は竜王に感謝をし、鯉が開いてくれた道に沿って岸辺に着いた。傘を開けると、美しい竜女が彼の前に現れた。

彼は竜女を連れて家に向かった。ずっと歩いて行き、ある山にいたって日が暮れてしまった。竜女はヒョウタンに向かって、「大きい家に、変われ。酒と肉に、変われ」と唱えた。すると、ヒョウタンはしだいに大きくなり、立派な家に成り変わった。また、家の中のテーブルにはごちそうが並べてあった。二人は喜んで、酒を飲みごちそうを食べ、その立派な家に泊まった。

（梗概）ある士官が竜女に目をつけて、自分の妻にしようとする。「自分が持っていた同じキセル」「十二匹の雌猿」「十二匹の虎」「十二頭の水牛」などを要求するが、その都度、竜女は竹や木の葉をこれらに変えて渡した。士官が「奈不何（ナイプフ・どうしようもない）」を出せと難題を出すと、竜女は竹で作った動物に火薬を入れた。これが動くたびに「ナイプフ」と音を立てる。士官はこれをおもしろがって遊んだ。最後に餌と言われていた線香をこの動物の腹に入れ、爆発してしまう。貴龍宝と竜女は黄平県に移って街をつくり、幸せに暮らした。（台江県番召　語り手・ツァンニープ〈ミャオ族〉）

B「ランホウ」

（四五頁）

ランホウという青年がいた。家はとても貧しく、年老いた母と一緒に住んでいた。ある日、薪を伐りに山に行く途中で、包みを拾った。それを持って帰ったら母は、

「薪を伐りに行かせたのに、なんで役に立たないものを拾って帰って来たのか」と、ランホウを叱った。ランホウは包みを河に捨てた。実は包みは、竜王の娘の竜女が変身したものだった。竜女は河に捨てられ、竜王に会った。彼女は竜王に、

「水が少なくなって山に出され、家に帰れなくなったが、ランホウが私を河に捨てて私の命を救ってくれたのです」と言うと、竜王は、

「そんないい人には、恩返しをしないといけない」と言った。

そして、竜王は人を遣わしてランホウを呼び寄せることにした。竜女はブチ（トン語――魚の名）をランホウのところに遣わして、

「もし竜王に何がほしいか、と聞かれたら、神棚の上にある三番目の花を求めるように」と教えた。

ランホウが竜王のところに来たので、竜王はランホウに宝物などいろいろあげようとしたが、ランホウは受け取らず、神棚の上の三番目の花がほしいと言った。竜王も同意してその花をランホウに渡した。この時、竜王はランホウに傘を渡し、

「この傘を、けっして差してはいけない」と言った。ランホウは花を持って家に帰るとき、雨が降ってきたので、花が雨で濡れるのを心配して傘を差した。すると竜女が出てきた。ランホウは、傘から竜女が出てくるなら、もっと早

く傘を差したらよかったのにと心中思った。

竜女をつれて家に帰ってきたが、家は相変わらず貧しく何もない。布団もなかったので、竜女は布団を作り、母を寝させた。布団は非常になめらかで、母が横になるとこちら側からあちら側に滑っていった。そこで竜女は、布団を作り直した。

住む家もないので竜女は村人に、「これからランホウは家を作るので、三日三晩夜が続きます。皆さん準備してくださ い」と言った。三日三晩の夜が続き、村の人々は鋸の音とか家を建てる音を聞いた。三日三晩過ぎたら、本当に部屋が九つもある家が建っていた。

(梗概)ランホウの妻を県官が狙う。県官はランホウの妻と自分の役職を交換させる。竜女は元県官に家を建てたが、それは草葺きの家だった。ランホウは再び竜女と結婚して子どもができ、ある日、竜女の母である祖母の家に遊びに行く。祖母は、自分に会いに来る時は羊でなく豚を連れてくるように言う。そこで豚を連れて行った。行く途中に、センチンという人に会った。センチンはちょうどもち米を搗いていた。昔は稲は一回植えたら一生植える必要がなく、毎年取ればよかったが、センチンが毎日稲を摘むことを面倒に思って唾を吐いた。そのため稲は全部なくなり、それ以来人々は田植えをして稲の栽培をしなくてはならなくなった。

この時、竜女たちが稲の苗を持ってきたので、この村もそれから稲の栽培ができるようになった。(黎平県岩洞・竹坪　薩春春が陳興和の話を補足〈二人ともトン族〉)

C「スーメイ」

(梗概)スーメイは、男に対して理想が高かった。いとこの老五(ラオウー)と老六(ラオリュー)がふさわしい男を探すが、このことを知った蛇の精が美男子に化けて、二人に声をかける。家の者もこの美男子を気に入って、婿にするが、結婚式の宴で酔った婿は、穀物倉で寝て、蛇の正体を現してしまう。村の長老達が焼き殺そうとするが、蛇はスーメイをさらって逃げてしまう。老五と老六はスーメイを追って、洞窟を見つける。蔓を垂らし洞窟に降りると、寝ている蛇を老六が殺す。洞窟から帰る時、まずスーメイが登り、次に上がった老五が蔓を切ってしまった。老五はスーメイと結婚するが、老六は洞窟に取り残され、出口を探し続けた。すると洞窟の土地神が同情し、石壁に封じられた竜を助けるように助言する。

（五八頁）

老六が四層ほど下りていくと、確かに土地神が言った通り、竜が石壁に閉じ込められて、死にかけていた。彼は土地神が教えた通りにして、竜を救い出した。竜は彼に感謝し、彼を連れて洞窟を出て、海の竜宮に帰った。竜は竜王に、

「私は飛竜によって、洞窟に七年間封じ込められていました。幸いに老六が助けてくれて、いま竜宮に帰ることができました」と、報告した。竜王は、

「老六は命の恩人だ。恩を返さなければならない。竜宮には金銀財宝がいっぱいあるから、好きな分だけ持ち帰ってよい」と言った。老六は、

「金銀財宝は要りません」と言った。竜王が、

「では、恩人は何がほしいか」と聞くと、老六は、

「ぼくは、もう若くはありません。しかし、まだ嫁がなく、ぜひ七番目の娘をぼくにください」と言った。竜王の后は、それはできないと反対した。しかし竜王は、

「彼の願いを叶えてあげよう」と言い、娘を与えた。

老六は、いよいよ家に帰る準備を始めた。竜王は彼に一本の傘を渡し、「家に向かう途中で、絶対傘を広げてはいけない」と、繰り返し言いつけた。老六が家に向かう途中で、大雨が降ってきたが、彼は傘を差さなかった。翌日、もっと強くて激しい雨が降ってきた。通行人は彼がびっしょり濡れているのを見て、

「あなたは馬鹿じゃない？　傘を持って歩きながら、雨に濡れるなんて」と言った。人々があまり言うので、老六も傘を差そうと思って、ゆっくり傘を広げた。広げたとたん目の前に、突然きれいな娘さんが現れ立った。彼女は、竜王が彼に与えた七番目の娘であった。歩き疲れた二人は、その地で木を伐って家を建て、そこで暮らし始めた。

（梗概）老五は妻と財宝を得て、悠々自適に暮らしていた。しかし、自分の庭の梨を盗む村の子を殴って殺してしまい、投獄された。一方、老六は皇帝に妻を見そめられ、妻は無理矢理連れて行かれた。妻は、鳥の毛で衣を作るように言って、連れて行かれる。そして、皇帝と一緒に宮中に入ってから、ずっと病気にかかっていた。皇帝は、名医を募り、老六は鳥の毛の衣を着て上京し、皇帝の通知を手に取り、宮中に入った。彼は妻に言われた通り、羽衣をずっと着ていた。皇帝が見て、すっかりそれが気に入って、自分の衣と交換しようとした。二人は衣を交換し、皇帝は衣を着、彼は皇帝の衣装を身につけた。その時妻が、鳥だけを食う大きい鷲を鳥籠から放した。この鷲は衣を着た皇帝を見て、鵜と勘違いし、皇帝に飛びかかり食ってしまった。こうして老六は皇帝になった。老五を牢獄から出し、懲役を下し、家に帰らせた。（黎平県宰拱　語り手・呉進山〈トン族〉）

ここに紹介した三つの話で波線を施した箇所は、この地方独特の話の内容である。これらはいずれも若者が竜王の

娘を娶り、竜宮から戻る場面である。家に帰る際に傘を託されて、この傘から娘が現れる。

Aはトン族の伝承ではないが、同じ貴州省に住むミャオ族の話で、ここでは竜王から岸に着いたら傘を開くように言われ、そこから娘が現れる。

一方、BとCのトン族の伝承では、竜王から持たされた傘を開くことを禁じられるが、若者がその約束を破ったのち娘が現れる。昔話の流れからすると、禁忌を破れば報いを受けるはずだが、この法則がこの話には当てはまらず、不自然な印象が残る。いずれにしてもAからCの話に共通するのは、竜宮から若者の家に移動する途中で傘が登場するという流れである。

そこで貴州省における傘にまつわる民俗を見ていくと、この昔話に対する影響を汲み取れる。

まず、傘と神との関係である。始めに田畑久夫・金丸良子『中国雲貴高原の少数民族　ミャオ族・トン族』から紹介する。(3)「薩歳」についての記述である。薩歳はトン族の祖先神である。また、冒頭の黔東南は貴州省東南部の意味であり、今回の調査地も黔東南に位置する。

黔東南ミャオ族トン族自治州の黎平県・従江県・榕江県の南部方言区に属するトン族の寨には、トン族共通の祖先と考えられる「サーセイ」（祖母）を祀った祖母堂がある。毎年春節のころに、この「サーセイ」を祀る「祖母祭」が盛大に行なわれる。祖母堂には、種々のタイプがあるが、榕江県車江のものは立派な廟形式になっており、黎平県肇興（サオシン）では、傘をいくぶん開いた形で地面にさし、中に白い石を祀っていた。この白い石は、黎平県茶邑（リンバー）寨から運んできたものだという。「祖母祭」は、寨老の主催によって行なわれる。寨老の指導のもとに十五歳以下の子供（七〜八歳の子供中心）が、鶏肉・オコワ・モチ・酒などを供え、線香・紙銭を燃やし、太鼓・銅羅を鳴らし、蘆笙を吹いて「サーセイ」を祀る。その後、住民の全員が参加して、トン族のシンボルとでも称すべき鼓楼の前面に位置する広場（鼓楼坪・グーロウピン）で、「踩歌堂」（ツアイグータン）が行なわれる。「踩歌堂」は、とくに若者たちが楽しみにしている行事で、若い男性が蘆笙を吹き、それにあわせて娘たちが輪をつくり、手をつないで歌いながら踊る。その後は、男性も輪をつくり、娘たちの歌に呼応するように歌ったり踊ったりする。

傘はこのように神の存在を示す道具であり、ただの雨具としての位置づけでないことは明らかである。岩洞にも祖母堂があり、そのお堂の中には同じように傘を開いた状態で立て、神を祀っている(4)。

一方で、嫁入りの際にも傘は重要な役目を果たす。

まず、先ほどの資料Aの貴州省台江県のミャオ族の嫁入りの例を周国茂主編『中国民俗大系　貴州民俗』から引用する(5)。花嫁が実家を出て、花婿の家に向かう際の様子である。

出発の前、母親は涙をたたえて娘に布傘か花紙傘を贈り、道中の雨風を遮らせる。花嫁は傘を受け取った後、右足で門の敷居をまたぐ。そして花婿側の親戚について、男性の家に向かう。

山がちで雨が多い貴州省では、嫁が婿の家に行く際に、輿には乗らず傘を持って行く。これは、この資料に挙げられているように雨風を防ぐためだけでなく、傘の呪術的な役割も込められているであろう。例えば、同じ貴州省の天柱県岩寨では次の通りである。前掲の資料同様『中国民俗大系　貴州民俗』から紹介する(6)。

道中、買欠（嫁を迎えに行く女性で、花婿側の家の十五、六歳くらいの未婚の娘）は先頭でランタンを灯し、道案内をし、花嫁は一本の赤い傘を持ち、天気に関わらず、ずっと開き魔除けとした。

このように天柱県では、赤い傘が魔除けとして認識されている。

先ほどのBとCは黎平県岩洞のトン族の資料であるが、この黎平県でも嫁入りの際の傘を同じように魔除けとして用いている。黎平県九龍のトン族の例を劉鋒主編『侗族――貴州省黎平県九龍村調査』で見ていく。(7)

娘は家を出ると、正式に花嫁になり、傘を開いて魔除けにする。さしているのは桐油傘で、土地の人は、この傘に魔除けの力があり、魔物は桐の油を恐れるという。花嫁側に介添えの女性はおらず、男性側の嫁迎えの女性がお供を担当した。前を歩くこの女性がランタンを提げる。これは、花嫁の出発がだいたい鶏が鳴く明け方であり、空がまだ暗いためである。ランタンの灯りは道を照らすと同時に、魔除けの働きをする。魔物は灯りを恐れるという。花嫁の後ろには二人の女性がおり、それぞれ手に懐中電灯を持って道を照らす。途中、もし同じような花嫁行列に会えば、双方とも左側に寄って、互いに道を譲る。これは、双方がぶつからないようにするためで、また男の子を産むようにという気持ちを表している。

この資料では傘を開いて魔除けとしているが、傘を開くことを禁じる場合もある。その例を鄭傳寅・張健主編『中国民俗事典』から紹介する。(8)「以傘代轎」（傘を輿の代わりとする）の項目には次のようにある。

一種の質素な嫁取りの儀式。一部の少数民族で流行している。花婿の家が花嫁を迎える際に、花嫁は花かごに乗らず、傘を代わりとした。黔東南（貴州省東南部）トン族地区では花婿の家が二人にそれぞれ二本の傘を肩に担がせる。行きは左の肩に、帰りは右の肩に担ぐ。たとえ太陽が激しく照っても、大雨が降っても傘を開いてはいけない。ムーラオ族地区では、花嫁が家を出ると迎えの人に付き添われ、唐傘をさして歩いて花婿の家に行く。ショオ族地区では、花嫁を迎えて帰る途中、花婿が前を歩き、花嫁が後に従う。それぞれが雨傘を持ち、半開きにして自分の顔を隠し、歌を楽しみながら花婿の家に着く。鄂西（湖北省西部）トゥチャ族にも雨傘をさして嫁取りをする習俗がある。今でも一部の地域では、まだ見られる。

花嫁の実家から花婿の家に向かう道中において、何があっても傘を開いてはいけないということである。前掲のBとCの昔話でも、竜宮から若者の家までの道において傘を開くことを禁じるモチーフは、この嫁入り習俗の反映と見て良い。竜宮から若者の家への道は、竜女にとって、まさに嫁入りの道中である。

傘を開いてはならないという禁忌を若者が破っても、なお話が幸福な結末を迎えるのは、本来の話にあとから傘を開いてはならないという禁忌が付け足されたためであろう。開いた傘から竜女が登場することについても、傘が神の存在を示す道具としても用いられていることから考えて自然な流れであることがわかる。

以上、日本でいえば「竜宮女房」にあたるAからCの話を見てきたが、この傘のモチーフを見るにつけ、昔話がその土地の民俗を反映して楽しまれてきたことを確認することができる。

註

（1）調査日程とメンバーは次の通り。なお、中国の協力研究者は、三年間とも、鄧敏文・呉定国
二〇〇七年八月八日～一七日（うち岩洞での調査は八月一〇日～一四日）調査者は花部英雄・繁原央・常光徹・米屋陽一・繁原幸子・清野知子・曹咏梅・立石展大
二〇〇八年八月一二日～二一日（うち岩洞での調査は八月一四日～一七日。一八日は新洞で調査）調査者は花部英雄・繁原央・常光徹・米屋陽一・繁原幸子・清野知子・曹咏梅・内藤久義・荒石かつえ・久保華誉・立石展大
二〇〇九年八月一一日～二〇日（うち岩洞での調査は八月一四日～一六日。一三日は近隣の宰拱で調査。一七・一八日は台江県番召のミャオ族の村で調査）調査者は花部英雄・繁原央・常光徹・米屋陽一・繁原幸子・清野知子・内藤久義・荒石かつえ・立石展大

（2）上が鼓楼　下が風雨橋

（3）田畑久夫・金丸良子『中国雲貴高原の少数民族　ミャオ族・トン族』白帝社　一九八九年　一四一頁
（4）貴州省黎平県岩洞鎮の祖母堂

（5）周国茂主編・胡福生責任編集『中国民俗大系　貴州民俗』甘粛人民出版社　二〇〇四年　二三一頁
（6）前掲（5）二三四頁
（7）劉鋒主編『侗族——貴州省黎平県九龍村調査』雲南大学出版社　二〇〇四年　二一四頁
（8）鄭傳寅・張健主編『中国民俗事典』商務印書館・湖北辞書出版社　一九八七年　六九頁

第六章　日本の山姥と中国の変婆の比較研究

第一節　変婆にまつわる研究史

中国の南方では、人を喰う妖怪が山中に出ることを語る。昔話や世間話に登場する身近な存在である。表題に挙げた「変婆」以外にも、異なる呼び名は多い。例えば、トン族では、「変婆」の他に「老変婆」「鴨変婆」「押変婆」とも表記される。「鴨」も「押」も中国語では「ヤー」と発音する。トン族の言葉に中国語の漢字を当てたことによって、表記が分かれた。他の例を挙げれば、ハニ族では「妖精婆」、ペー族では「估有把」、ミャオ族では「牙騙婆」、マオナン族では「巴亜変」などそれぞれである。現地の発音に漢字を当てたり、意訳をしたりして表記される。

本章では、二〇〇七年から二〇〇九年の三年間にかけて、中国貴州省黎平県岩洞およびその周辺で調査を行った資料を中心として、変婆を見ていく。調査地、調査期間、調査方法については第五章において説明したとおりである。

さて変婆には、日本の山姥と似た伝承も確認できる。ただし、両者の直接的な伝播関係の有無については、慎重に考える必要があり、難しい課題である。そこで本章では、まず両者の比較を行うことにより、その共通性や互いの伝承の特徴を明らかにしていきたい。

変婆の研究では、最初に徐華龍「変婆考」(1)が挙げられる。中国には変婆と闘う有名な昔話があり、徐氏はまず、その変婆の昔話を整理して、基本的なモチーフ構成が八つあるとしている。

1 ある一家に二人の子どもがいる。姉弟か、姉妹である。普通は兄弟の設定はなく、他には三人姉妹か七人姉妹のこともある。

2 大抵母一人である。両親がいる場合でも、ほとんど母親一人について語り、父親は話題にしない。

3 山中には変婆がいて、母親が外出中に(もしくは、臼ひきや祖母の家に行くなど)子どもたちの母親や祖母に化けて訪れ、子どもたちを騙す。

4 変婆は子どもたちが世間に慣れていないことにつけ込み、疑う子どもたちと何回かの問答の後、家に入り込む。

5 変婆は寝る際に、妹か弟を喰う。

6 姉は変婆の正体を知り、逃走を図る。

7 変婆は姉の逃走を知ると、すぐに追いかけて、姉の隠れ場所を見つける。

8 姉は変婆が貪欲で無知であることを利用して、変婆を殺す。

徐氏は、このような分析を基に南方に伝わるこの話の特徴を紹介した後、変婆がいかにして形成されたかに言及している。徐氏によれば、変婆は亡霊が変身したものである。その根拠として、死んだお婆さんが生き返って変婆になる話やトン族の過鬼節(旧暦七月一四日の儀式)や旧正月に変婆を追い払う行事があることを挙げる。追い払われる変婆は、悪霊と認識されていると分析している。

先の徐氏が分析している変婆の話は、中国全土で語られており、多く「老虎外婆」(虎婆さん)とも呼ばれている。

華北では、虎や狼の妖怪が母に化けて子どもたちを襲う。そしてこの昔話は、日本において山姥が子どもを襲う「天道さん金の鎖」の昔話へと繋がる。

その「老虎外婆」が中国においてどのように伝承されているかを分析した論文が、飯倉照平「中国の人を食う妖怪と日本の山姥」(2)である。また、飯倉照平はＡＴ一二一〇のモチーフ（猿蟹合戦の後半部で、臼や蜂が蟹の仇討ちを助太刀するモチーフ）を持つ「虎の妖怪」話にも、変婆が登場することに注目して、中国全土に伝わるこの話の分析を行っている。

さて、日本の山姥研究については、柳田國男や折口信夫が山の神との繋がりで論じていることから始まり、既に多くの研究者により研究がなされているが、ここでは、本章と関わりがある研究をまとめたい。

変婆の昔話を見ていくと、そこには日本の神話や山姥伝承と共通するモチーフが幾つも登場する。

そして日本では、吉田敦彦『妖怪と美女の神話学』(3)において、神話モチーフと山姥伝承との共通性が指摘されている。山姥は山の神、もしくは山の神に仕える女性が妖怪化したものとして、これを更に進めて、山姥には神話に出てくる神の性格と重なる点があることを認めている。山姥と神の共通項を吉田敦彦は次のように整理している。

まず、イザナキ・イザナミと昔話「食わず女房」に出てくる山姥についてである。死者の国である黄泉国に行き、イザナミに自分と一緒に戻り、夫婦生活を続けてほしいとイザナキが切願する。つまりイザナミはイザナキにとって、掛け替えのない妻である。これと「食わず女房」において、女性が飯を食わぬという不可能なはずの条件まで満たした上に、働き者で器量もよく、世にまたとない良妻と夫に思われていたことが吻合する。加えて、妻の様子をのぞき見して、不気味な正体が明らかになり、必死で逃げる夫を妻が追いかけることが吻合する。

また、イザナキが黄泉の国のイザナミの元から逃げるモチーフと「牛方山姥」「三枚のお札」で牛方や小僧が山姥から逃げるモチーフが吻合する。

次に、イザナミ・イザナキの多産と山姥の多産が吻合し、山姥の無尽蔵に出される乳や、口から大量に出される糸、綾錦に変わる大便など、不思議な生産力を持つ点が、イザナミやコノハナサクヤビメなど偉大な母神と共通する。

そして、オホゲツヒメとウケモチの作物起源神話と「牛方山姥」「天道さん金の鎖」に登場する山姥が蕎麦の茎の赤い由来につながる点とが吻合する。

以上が、吉田敦彦が指摘する日本神話に登場するモチーフと山姥伝承の繋がりである。

このような日本国内の伝承の繋がりを踏まえて、次節より中国の変婆の昔話を分析していく。

第二節　変婆の昔話について

まず始めに、二〇〇七年八月に貴州省黎平県岩洞で聞いた昔話を紹介する。(4)


「変婆の話」

私がこれから語るのは、変婆の話である。昔、ある姉妹がいて、祖母に会いに行こうとした。母が彼女たちに祖母の家に行く道を教えた。「豚の糞があるのが行く道で、犬の糞がある道は、変婆の家に到る道である。あなたたちは、よく覚えて道を間違わないでください」

ちょうどその時、この家の裏で、変婆が母と子どもの会話を聞いていた。二人の女の子は、母に「私たちは覚えたよ。豚の糞のある道に沿っていけば、祖母の家に、犬の糞がある道に沿って行けば、変婆の家に到る」と言った。変婆はこの会話を聞いて、二人の女の子を騙し、自分の家に向かわせて食べようとして、こっそり豚の糞と犬の糞を取り換えておいた。翌日、案の定姉妹は祖母の家に向かった。豚の糞がある道に沿って、祖母の家に着いた。祖母が「あなたたちは私に会いにきたのか」と聞いたら、「そうです。私たちはお婆ちゃんに会いにきました」と言った。祖母は「とてもうれしい。では先に座っていて。私はごはんを作ってくるから」と言った。ご飯ができたら、祖母は「またおかずを作るから、あなたたちは目を閉じていなさい。卵焼きを作ってあげるから」と言った。妹は、本当に目をしっかり閉じたが、姉は目を閉じる前にわざと祖母の方を見た。そしたら祖母が鼻水でおかずを煮るのが見えた。鼻水をいためたら、それが卵焼きになって、祖母はそれを持ってきて、「目を開けて卵焼きを食べてください」と言った。

妹は何も知らなかったので、口を大きく開けてパクパク食べたが、姉は鼻水で作るのを見たから食べなかった。ご飯を食べてから、祖母と一緒に寝た。夜中になると、妹はトイレに行きたくなり、「お婆ちゃん、お婆ちゃん。私を連れてトイレに行ってください」と言った。祖母はベッドから起きて、妹と一緒にトイレに行った。トイレに行って変婆は、妹を食べてしまった。残った骨や肉を部屋に持ってきてまた食べた。姉は祖母とは別の所に寝て、祖母と一緒に寝ていたのは妹だった。祖母が何かを噛んで食べるのを聞いて、「お婆ちゃん、今何を食べているの」と聞いたら、「私は今炒った大豆を食べている」と答えた。姉が、「私にも少しください」と言うと、祖母は「今ちょうど食べ終わったところだよ」と言った。しかし、しばらくしたら、また何か食べているのが聞こえてきた。クワクワという音が聞こえ、さっきよりもっと大きかった。姉はまた聞いた。「お婆ちゃん、何を食べている?」祖母は「そら豆を食べている」と答え、姉が「私にも少しください」と言った。祖母は「もうすでに私のお腹の中に入ったよ」と言った。その翌日、夜が明けて姉は起きてから、妹が見えなかったので、「お婆ちゃん、私の妹はどこにいるの」と聞いた。祖母は「あなたの妹はお母さんに会いたくて、ずっと泣いていたから、家に送っていったよ。あなたはお婆ちゃんと一緒にしばらくここに泊まっていけ」と言った。姉は何も言うことができなかった。祖母は飴を持ってきてあげるからと言って出ていった。祖母はそれを持ってきて、彼女に「食べて」と言った。姉はここで初めて実の祖母ではなく、にせ者の祖母であることがわかった。彼女はあれこれ考えて、ここから逃げだそうとした。夜寝る時に「お婆ちゃん、私トイレに行きたい」と言ったら、祖母は「じゃ、一緒に行こう」と言った。姉は「私は大きいから、一緒に行かなくてもいい」と言うと、祖母は、縄で彼女の手を縛り、彼女をトイレに行かせた。姉はトイレに行って、縄をトイレの門に縛っておいて、自分はそこから逃げ出した。

祖母は、姉がトイレに行ったきり、帰って来ないので、「なんでこんなに長いの」と言いながら、縄を引っ張った。縄を引っ張ったら、門からメーという音がしたので、祖母は姉が返事をしたものと思って、そのままにした。しばらくして、また引っ張ってみた。またメーという音が聞こえたので、不安になり見に行ったら、縄は門にしばられ姉はいなかった。彼女は走り出して、姉を追った。しばらく走り姉に追いついた。祖母は姉に「なぜこんなところに来たの」と聞いた。姉が「トイレは暗くて臭いから、私は山に行って大便しようと思った」と言ったら、祖母は何も言わず、彼女を家に連れて戻った。姉は戻っても逃げ出す方法を考えた。彼女は祖母に、「お婆ちゃん、お婆ちゃん。頭にシラミがいっぱいいるから、取ってあげるよ」と言った。祖母は、「いいねいいね」と言った。地面にすわっていたら、姉はまた「私はよく見えないから、高い所に座ったらよく見える」と言った。そこで二人は木に登って座り、姉は祖母のシラミを取るふりをしながら、祖母の長い髪を木の枝にしばっておいた。そして、姉はわざと櫛を地面に落として、祖母に「お婆ちゃん、私が木を降りて櫛を取ってくる」と言った。祖母も注意を払わなかったので、彼女はすばやく逃げ出した。祖母は、彼女が逃げ出すのを見て、あわてて追って行こうとし、地面に飛び降りようとしたら、髪が木の枝にしばられていたので、降りることができなかった。彼女がだんだん速く走っていくのを目の前にして、あわてて思いきって飛び降りたら、髪と一緒に頭皮までむけてしまった。

姉は家にたどりつき、母に「お母さん、私たちは変婆に騙されて、変婆の家に行き、妹は変婆に食べられてしまった」と言った。母は悲しくなり、「私たちは絶対変婆を亡き者にしなければならない」と言った。ちょうどその時、変婆も家まで追いついてきた。変婆は、タオルで頭を巻いて、実の祖母の振りをして入ってきた。母は笑いながら、「お婆ちゃん、来たのですか」と迎えた。変婆は、母親に「来たよ来たよ」と言った。母親はまた「お婆ちゃん。疲れたでしょう。お湯をわかしてお風呂に入ってください」と言ったら、祖母は入ると言った。そこで母は、祖母を高くて深い木の桶に入らせて、「お婆ちゃん、お湯を入れてあげるよ」と言った。母と姉は、火傷しそうに熱いお湯をわかし、お湯の中にトウガラシを入れた。そのお湯を木の桶に入れたら、祖母は辛くて火傷しそうになったので、祖母はドスンと変婆になってしまった。彼女は川に行って、体を洗おうとした。川に行って水に映っている自分を見たら、まったく自分の姿ではなかった。川に映っているのは、母と姉だと思い、彼女たちを捕まえようと思い、ドブンと川に入り、溺れて死んでしまった。

（語り手　莫大英）

（この話の語り納めに、「子どもたち、妹のように愚かなのは駄目、変婆に遭わないように」と語ることもある）

「変婆の話」は岩洞ではとても親しまれている昔話である。昔話を語ってくれと岩洞の老人に頼めば、変婆の話が良く登場する。

ここで挙げた話は、冒頭で姉妹が豚の糞を目印に祖母の家を目指す。例えば、『侗族民間故事選』(5)の話（題名「走外婆」）では、牛の糞が目印となる。理由は、祖母がたくさんの牛を飼っているためである。岩洞の話でも、祖母が多くの豚を飼っている比較的裕福な家であるということになろう。

そして、波線箇所の変婆の鼻水が卵焼きとなる場面である。鼻水を卵焼きに変えるモチーフは、岩洞周辺の集落でも語られていた。更に、前掲の『侗族民間故事選』中の話でも登場するので、トン族ではよく知られているモチーフと見られる。この汚物から食物を生み出すモチーフは、日本神話のオホゲツヒメやウケモチの作物起源神話中におけるモチーフとの類似性を感じさせる。オホゲツヒメはスサノヲをもてなすのに、鼻や口や尻から食べ物を取り出した。また、体から有用なものを生み出す山姥の不思議な生産力にも通じるモチーフである。

もう一つ、岩洞で聞いた変婆の昔話を紹介する。ノミとシラミの起源の話であるが、ここに変婆が登場する。

「ノミとシラミの話」

昔あるところに姉妹がいた。姉は珠華、妹は銀華と言った。二人は変婆の孫で、珠華の体は変婆で、銀華の体は人間だった。珠華はいつも真珠のネックレスをしていて、銀華はいつも銀のネックレスをしていた。変婆は人間の体の銀華を食べようとしていた。銀華はこのことを知って、事前にネックレスを取り替えておいた。夜になって、変婆は銀のネックレスをつけている珠華を食べてしまった。銀華はこのことを知って病気になった。変婆は、銀華を珠華だと思って、体を治したいと思い、どうしたら治せるか尋ねた。銀華は変婆にこう言った。「私の体を治したいなら、天上にある檀香樹の枝を取ってきて、その枝をゆでて私に食べさせたら、私の病気はきっと治る」と。

翌日の朝、変婆は出かける支度をした。銀華は変婆に竹で編んだ籠で水をくんできてくれと言った。変婆は竹の籠を持って毎日水をくんだが、いつまでも水をくむことができなかった。この時、空を飛んでいたカラスがこれを見て、この人はなんて頭が悪いんだろうと思って、変婆に木の葉で竹の籠の中を敷くように教えた。カラスに教わった通りにしたら、水をくめた。

銀華はわざとこう頼んでおいて、逃げようとした。逃げる時、家から箸をたくさん持ってきて、逃げながら一本ずつそれを道に落として川のほとりに至った時、ちょうど川には一艘の舟があった。舟にはドウチュウとドンクワという二人の男性がいて、彼らは銀華を舟に呼び寄せた。この時、家に戻った変婆が、孫のいないことに気付いて追いかけてきた。道に自分の家の箸があるのを見て、それをたどって川辺に着いた。

変婆はドンチュウとドンクワに私の孫を見ていないかと聞いた。二人は人も見ていないし、孫も見ていないと答えた。しかし変婆は舟に銀華がいると思って、そこに向かって行った。岸辺に至って変婆がおならをしたら、舟の木の板が一枚飛んでいって、またおならをしたら木の板が二枚飛んでいった。ドンチュウとドンクワは、変婆が更におならをしたら舟が沈むのではないかと心配して、銀華を変婆から見えないように、そして影が水に映るように立たせて、「あなたの孫は水の下にいる」と話した。変婆は水の中にある影をすくって、引き上げようとしたが、いくら頑張ってもすくうことができなかった。

変婆はドンチュウとドンクワにどうすれば孫をすくえるかと聞いた。そしたら二人は山に入って、藤を切って、石を藤にしばってそれを体につけてくれと言った。変婆は最初、藤を腰あたりにつけようとしたが、二人は胸あたりにつけるように言った。変婆が胸のあたりにつけようとしたら、二人はもっと上の方がいいと言った。そして、首に藤をまいて両側に石を一つずつ縛って、水の中に飛び込んだ。こうして変婆は死んでしまった。しかし変婆は変身した。ドンチュウとドンクワは銀華を救ったが、誰が銀華と結婚するのか相談した。しかし、この時娘はドンチュウのことを密かに愛しており、二人は相談して、娘はこう言った。「一人は私と一緒に野原で土を耕し、一人は私と一緒に大きい木を伐ろう。早く終わった人が私と結婚できる」と。銀華は夜になって、ドンチュウに古い土を持ってきて、あるところにそれを置いておくようにと言った。それで皆は鋤や斧を持って、ドンチュウは耕しに、ドンクワは大きい木を伐りに行った。ドンチュウは土を置いておいたのでしばらくしたら終わった。ドンクワはいくら伐っても終わらせられなかった。

それでドンチュウと銀華は結婚して、毎日薪を伐ったりしながら働いた。ただ、子どもがずっと生まれなかった。変婆は人間に変身したいと思った時に、二人が子どもを欲しがっていることを知った。そこで変婆は子どもに変身して路上で泣いた。仕事の帰りに二人は子どもの泣き声を聞いて、子どもを見つけ、抱えて家に連れてきた。食べ物を与え、また絨毯で子どもを包んだ。

翌日、二人はまた薪を伐りに出かけて、子どもには食べ物をいっぱい与えて寝かせた。二人が出かけたら、変婆は起きた。実は変婆は二人にもらった食べ物では、満腹にならず、家にある魚や生臭いものを探して食べた。変婆は食べてから口を拭くことを知らないので、食べかすを口につけたままでいた。二人が家に帰って自分の子どもを見ると、生臭いにおいがして、口にも食べかすがついていたので、他の人に理由を尋ねた。他の人は、「あなたの子どもは変婆が変身したのかもしれない」と言った。二人は変婆だと知って、子どもに気づかれないように、皆を誘って薪を伐るために山に行った。その時二人は、皆に「私の子どもを見てくれ、とてもかわいいでしょう」と言いながら、子どもをおんぶして山に連れて行った。

山に登ると寒かったので、皆は薪で火をおこした。最初二人は子どもを投げ合ったりしたが、次第に皆で子どもを投げ合うようにした。「変婆のこども、火の上を通る」と呪文を言って投げ合った。そして、火が一番盛んに燃えている時に、子どもを火の中に投げ捨てた。さらに二人は、木の枝を持って子どもが逃げないように、押さえた。大きい火は、変婆を焼き殺した。

二人は家に帰って、二日後に変婆が本当に死んでいるか心配で、焼き殺したところに行ってみた。火をおこした所は、すでにノミとシラミだらけになっていて、二人の体にとびついてきた。それ以来、人の体にもノミとシラミがいるようになった。

（語り手　薩春春）

ここでは、ノミやシラミの起源を語る話に変婆が登場する。後述をするが、変婆の話は、他にイラクサや病気の起源を説く。ノミ・シラミ、人を刺すイラクサや病気など、いずれも人間にとって迷惑な存在である。説く起源はそれぞれ違うが、変婆は死しても人にとって厄介な存在となる点が共通している。ちなみに、日本においても、鬼や鬼婆そして山姥が死後にノミやシラミ、アブや蚊に変わる。『日本昔話事典』(6)では「蚤蚊の起こり」の項目で解説をされているが、沖永良部島で語られる「天道さん金の鎖」の結末では、死んだ鬼の腹からノミとシラミが生まれている。

さて、ここで挙げた話の波線部では、逃げる娘が箸を敢えて落として、自分の逃げる道を変婆に示しているが、これは元の形から変化していると思われる。そこで、隣の広西・チワン族自治区のトン族の話の梗概を示す。「ノミとシラミの話」の前半部（川で変婆を殺すまで）の内容と重なる話である。

「養鵝小姑娘闘鴨変婆」(7)（ガチョウを飼っている娘が鴨変婆と戦う）【梗概】（トン族）

昔、ガチョウを飼っていた娘が山すそでガチョウを放していた。日が暮れて集めたが、一羽足りないので山に探しに入る。山の洞窟で生のガチョウ肉を食べている女の子に出会う。女の子は竹の腕輪をしており、娘のしている銀の腕輪と交換したがった。娘が断ると、女の子は母親を呼んで、おまえを喰わせると言う。娘は女の子の母親が変婆であると知る。娘は腕輪と、そして服も交換し、女の子と遊んだ。

鴨変婆が帰ってきて、女の子を喰ってしまう。食べるとまた、出かけていった。娘は、洞窟の箸を全部持って逃げる。鴨変婆が洞窟に戻ると、自分の娘を食べてしまったことに気づき、追ってくる。

娘が箸を落とすと、鴨変婆は馬鹿なのでそれを拾い、洞窟に置いて、また追ってくる。それを何度も繰り返すが、ついに箸がなくなってしまい、鴨変婆に捕まりそうになる。娘は「大きな石よ、助けてくれ、鴨変婆に追いつかれる」と叫ぶと、大きな石が崩れ落ちてきて、鴨変婆を遮る。鴨変婆は洞窟から、鉄の棒を持ってきて、石を砕く。そして鉄の棒を洞窟に戻して、また追ってきた。

娘は、また追いつかれそうになり今度は「大木よ、助けてくれ、鴨変婆に追いつかれる」と叫んだ。すると大木が倒れてきて、道をふさぐ。鴨変婆は洞窟に戻ってナタを持ち、大木を切って道を開き、また洞窟にナタを戻す。

娘は川辺に着き、舟を見つける。舟には二人の男がおり、娘は「二人のお兄さん助けてくれ、鴨変婆に追いつかれる」と言った。男たちは娘を舟に隠す。鴨変婆がやってきて、川に映った自分の姿を娘だと思う。しかし、いくら潜っても捕まえられない。男たちは鴨変婆に、首に藤づるをつけて大石を巻いて潜ればいいと教える。鴨変婆はその通りにして、溺死する。

ここで登場するのは、鴨変婆である。変婆と表記されていないが、これは冒頭でも述べたとおり変婆とみてよい。この梗概を踏まえれば、箸を置くのは、娘が変婆の元から逃走するための手段であったことが明らかである。また、この話では、石や大木の助けを借りて変婆から逃げている。この逃走部分は、話の重要な骨子を成している。

そして、これは神話においてイザナキがイザナミから逃げ、昔話「三枚のお札」で小僧が山姥から逃げる呪的逃走のモチーフと同様である。

次に、変婆がイラクサに変わる話をみていく。

「蕁麻与艾蒿」(8)（イラクサとヨモギ）【梗概】（ペー族）

大甑板と二甑底の母親が出かける。家の裏の「估有把（老女に対する蔑称）」が外祖母に扮して訪れる。門で手を見せると、毛むくじゃらで外祖母でないことがわかる。次の日に毛を抜いた手を見せて、外祖母と思わせ、家に入る。夜、估有把は、弟と寝て、弟を食べる。その音に気づいた姉が、何を食べているか尋ね、炒り豆を食べていると估有把が答える。炒り豆を姉がねだって受け取ると、それは弟の小指だった。姉は小便に行くといって部屋を出るが、估有把が姉に縄を結ぶ。姉は豚小屋の豚に縄を結び池の脇の柳の上に逃げる。估有把は、戻らない姉を探して豚に気づく。估有把は池に映った姉の姿を見て、池に飛び込むが捕まえられない。それで、木の上にいる姉を見つける。姉が和リンゴが木の上にあり、それを採るために熱く焼いた鉄の棒を持ってきてくれと估有把に頼む。鉄の棒を姉が受け取ると、落としたリンゴを食べさせるからと言って、估有把の口を開けさせる。その口に鉄の棒を投げ入れ、估有把を殺す。死んだ估有把はイラクサとなる。姉は降りられず、やってきた牛飼いに頼むが、牛飼いは急いでいるからと行ってしまう。次にきた二人の羊飼いに頼む。飛び降りた毛氈の持ち主の嫁になることを約束するが、姉は毛氈の上ではなく、イラクサの中に飛び降りてしまう。娘はヨモギに変わり、以後、人々はイラクサに刺されるとヨモギで傷を癒す。

ペー族の話では、「估有把」と呼ばれているが、これは話の内容を見れば、変婆と同じ妖怪と見なすことができる。估有把がイラクサになる前までの話の筋は、他地域で語られる話とほぼ同一である。先行研究で挙げた飯倉照平が整理している中国の「虎のお婆さん」の話の一覧表によれば、イラクサに変わるのは、中国南方の雲南である。つまり、変婆が話に登場するのは中国南方であって、南方以外で虎や狼などの妖怪がお婆さんに化けた場合は、植物起源に結びつかない。

次に紹介する話は、病気の由来の話である。

「篤指尕阿魯[9]」（ドゥジガアル）【梗概】（イ族）

昔、老変婆は専ら人肉を喰い、生き血を飲んで暮らしていた。ある日、ドゥジガアルが東川に行こうとして、烏蒙山の村に着いた時、日が暮れた。彼は一軒の家を訪ねると、そこが老変婆の家であることを悟った。老変婆は、ドゥジガアルを屋根裏に泊めた。晩ご飯が終わり、ドゥジガアルは屋根裏へと登ると、トビに姿を変え、梁に上がった。そして足を一本垂らすと、首の細い小さな瓢箪に変えて、部屋の真ん中に掛けておいた。夜半になり、老変婆の子どもたちが、帰ってきた。老変婆と七、八人の子どもたちが屋根裏に上がってきた。しかし彼を見つけられない。この時、ドゥジガアルが、瓢箪に変えた足を揺らした。すると老変婆たちは、ドゥジガアルが瓢箪に隠れて逃げようとしていると思い、スズメバチに姿を変えて瓢箪に入っていった。ドゥジガアルは瓢箪を取ると栓をして、牛小屋川に投げ捨てた。

数日後、ドゥジガアルが東川から帰るのに、牛小屋川の下流に来ると、漁師が七、八人の老変婆と言い争いをしている。ドゥジガアルが訳を尋ねると、漁師が「網にかかった瓢箪のフタを開けると、蜂が出てきて変婆に変わり、瓢箪に閉じ込めた復讐に自分を食べようとしている」と言う。老変婆たちが漁師を食べようとすると、ドゥジガアルがこんな小さい瓢箪に入るなど信じられないと言う。それをきいた老変婆たちは怒る。そして、瓢箪に入れたら、ドゥジガアルも食べられ、入れなければ人を喰わないという賭けをする。老変婆たちがスズメバチに変身して瓢箪に入ると、ドゥジガアルは瓢箪のフタを閉める。そして漁師に言って、人々に九十九背負いの柴を集めさせ、瓢箪を焼き棄てた。

こうして老変婆は煙となって空を漂い、ドゥジガアルを罵って言った。「おまえが私たちを殺した。私たちは、九十九種類の病をまいて、おまえを殺す」ドゥジガアルは、すぐに答えた。「それでは私は百二十種類の薬で対処しよう」こうして、老変婆はいなくなり、病魔がこの世に来て、薬が生まれた。

最後の波線部の箇所において、病気の由来を語っており、またその病気に対抗する薬の由来も説いている。ドゥジガアルと変婆のこのやりとりは、日本神話の死の起源のモチーフを思い起こさせる。黄泉比良坂において千引きの岩を挟んで、イザナミが「一日に千人絞め殺す」と言えば、イザナキは「一日に千五百の産屋を建てる」と応じている。

第三節　変婆の俗信・世間話について

今回調査した貴州省黎平県岩洞では、変婆の話は、昔話だけではなく、俗信にも登場し、世間話でも伝えられている。日本において山姥は、話の中にのみ登場する存在となってしまったが、中国の変婆は今も生活に密着した存在である。

まずは、岩洞で調査をして得られた俗信を次に挙げる。

・おなかが痛い時に自分のつばを吐いて、それでおなかを撫でて「これは神仙の薬です、妖女の薬です。どこでも治そうと思えば、そこはすぐ治る」と言う（「妖女」は変婆を指す）。
・子どもがぶつけて痛がっている時。母親が唾をつけて、「これは犬の糞の薬、これは豚の糞の薬、これは変婆の糞の薬」と言う。
・変婆が植えたといわれる竹が、魔除けに使われている。
・変婆が出るのは、森や辺鄙なところ。
・変婆にもし会ったら、その人の家族はみんな死ぬ。

こうして俗信を見てみると、変婆にも人の役に立つ面が無いとは言えない。ただし、変婆自らが積極的に人の生活に幸福をもたらすことはしていない。とすれば現時点の資料において、人の生活を脅かす一方で富も与えるような日本の山姥と同様の両義性を認めることは難しいであろう。

変婆に会うと家族まで死ぬと伝え、変婆との遭遇を恐れているが、日本でも「山姥に笑いかけられると死ぬ」という俗信はある。(10) いずれも恐怖の対象としての側面を俗信においてもよく表している。

世間話を見ていくと、この恐ろしさを強調する傾向は更に強まり、変婆を警戒する話として伝承されている。次に、その世間話を挙げる。

一九六七、八年頃の話。変婆にあった人がいた。あった人は髪を振り乱していて、この人は死んだ。この家の人たちも次々に死んだ。四寨村という所の話で、昔は夜になると老人は外を出歩かなかった。

三月一五日の祭りのある時、四寨村の青年たちがほかの村に遊びに行った。きれいな女性がいて、手を引っ張ると、普通は二つある骨が、一つしかなくて、それで変婆と分かり、門に縛って閉じ込めて逃げ出して、助かった。

一代か二代前の話。変婆を嫁にもらった人がいた。その嫁が死んで棺桶に入れて、油が変婆の口に入って火をつけたら、変婆が逃げていった。

四寨村のある人が変婆を娶り、みんなが変婆をいじめた。変婆は自分の乳を搾って、四寨の子どもに飲ませたら、みんな変婆になった。

呉顕隆さんが、ある村に行くのに、友達の家に泊まった時、臼をひく音が聞こえた。変婆が来るのかと思って（普通臼は夜に引かないから）戸締まりをした。

トン族、ミャオ族、チワン族などにはこのような変婆の話があり、その家に変婆がいるという噂が出るだけで、結婚を避ける。変婆は遺伝するから。

若い時、四寨村に女性を探しに行く時、あそこには変婆がいるので気をつけろといった。メス豚や山羊の足を踏むのは駄目。豚の足を踏んだら、豚が変婆になる。山羊もそう。（以上　語り手　呉良明）

腕を触れば、変婆がわかる。また行歌坐夜（夜、男女が歌を交わす）の夜などに、変婆が現れる。変婆は尻尾を出すなど正体を現す。

新しい車を買った鄧敏文の次男の話。夜、黎平から岩洞へ帰る時。本人は帰りたくなかったが、母親が帰ってこいと言うので帰った。そろそろ着く頃、道の真ん中に白い服の女性がいて、怖くなって引き返した。（これは幽霊の話であるが、前掲の変婆の流れでこの話が語られている。変婆の話が、怪談話と同列に語られていた。）（以上　語り手　鄧敏文）

世間話では、変婆は遺伝すると語られたが、とすれば変婆の家筋があるということになる。実は日本でも「山姥はある特定の家に取りつく」[11]ということがあるので、どちらでも村の中のある家の特殊性を説明するのに利用されて来た経緯を窺わせる。また変婆も山姥も、山の中だけの存在ではなく、生活の身近に存在している。

この話を聞いた岩洞にも、近代化の波は押し寄せている。貴州省山中の農村である岩洞では、一九七八、九年頃に個人が水力発電で電気をつくり始めたそうだ（ただし電灯くらいしか使っていなかった）。一九九八年に国の電力発電により電気が安定供給されるようになる。その頃から冷蔵庫や扇風機が使われ始めたという（テレビに関しては、それ以前からあったらしい）。そして現在ではインターネット回線も通じている。それでも、まだ人々の生活において変婆の存在は身近であった。

ここまで、昔話、俗信、世間話と中国の変婆を見てきたが、最後に本章の資料を基に日本との対照表にまとめてみる。

中国・変婆などの妖怪の昔話モチーフ	日本の山姥話及び神話中のモチーフ
（不浄物から）食物を生み出す。	オオゲツヒメ・ウケモチなどの作物起源
死後、植物（イラクサ）となる。	蕎の茎が赤い起源
死後、ノミやシラミとなる。	山姥（鬼）の死後、ノミやシラミ、蚊や蝿が生まれる。（蚤蚊の起こり）

呪的逃走	呪的逃走（三枚のお札・イザナキの黄泉国からの逃走）
病の起源と薬の起源	死の起源（イザナキとイザナミのやりとり）
俗信・世間話	
変婆に会うと死ぬ。	山姥に笑いかけられると死ぬ。
変婆は遺伝するので、変婆のいる家との結婚は避ける。	山姥はある特定の家に取りつく。
（薬・魔除けとしての効果）	富や豊穣をもたらす存在
現在でも、身近な存在として語られている。	

このように両国において、共通するモチーフは多い。もちろん、冒頭でも述べたとおり、これを以て、すぐに両国の直接的な関係の有無を論じることは難しい。今後の課題として、更に多くの資料を整理して、モチーフの共通性が偶然の産物か、伝播によるものなのか慎重に判断する必要がある。しかし、山中の妖怪を語る場合、日中両国のどちらでも、起源を語ることに結びつくのは興味深い。変婆にせよ山姥にせよ、他の妖怪と違い、物事の起こりとなっても不思議でないくらいの力を持つ特別な存在と認識されているのだろう。

註

（1）徐華龍「変婆考」　上海民間文芸家協会編『中国民間文化　第二集』学林出版社　一九九一年
（2）飯倉照平「中国の人を食う妖怪と日本の山姥」　日本口承文芸学会「口承文芸研究」第一六号　一九九三年
（3）吉田敦彦『妖怪と美女の神話学』名著刊行会　一九八九年
（4）日中共同民間故事調査班編『中国侗族　岩洞寨民間故事集』自刊　二〇〇八年
（5）楊通山・蒙光朝・過偉・鄭光松・龍玉成編『侗族民間故事選』上海文芸出版社　一九八二年
（6）稲田浩二・大島建彦・川端豊彦・福田晃・三原幸久編『日本昔話事典』弘文堂　一九七七年

（7）中国民間故事集成広西巻編輯委員会『中国民間故事集成・広西巻』中国 ISBN 中心　二〇〇一年
（8）白庚勝　総主編『中国民間故事全書　雲南・剣川巻』知識産権出版社　二〇〇五年
（9）燕宝・張暁編『貴州民間故事』貴州人民出版社　一九九七年
（10）小松和彦『憑霊信仰論』「山姥をめぐって――新しい妖怪論に向けて」ありな書房　一九八四年
（11）堀田吉雄『山の神信仰の研究』増補改訂版「山姥と山姫」光書房　一九六六年初版・一九八〇年増補改訂

終章

第一節　日中民間説話の比較研究の展望

ここまで、各章において日本と中国の昔話を見てきた。それぞれの国の昔話を収集・整理・分析し、その話を支えている民俗に目を配りつつ、話や伝承の特徴を探るのが昔話の比較研究の方法であろう。本書で見てきた各話は、それぞれ伝承・伝播のかたちは異なる。したがって、各話の比較研究で明らかになる結論が、それぞれ異なってくるのは当然の結果とも言える。

第一章の「猿の生き肝」は東シナ海を挟んで日中両国が、共に似た話を伝えていることを示していた。中国沿海部の「猿の生き肝」は、中国の内陸部の話よりわが国との方が近い。中国の沿海部もわが国も、生活の身近な所に海があり、海の異界（竜宮）の観念を持つ点で共通している。この話では、同じ言語圏かどうかよりも、生活の環境が近いかどうかで話の異同が決まっていた。海を挟んでいることや、言語の違いは昔話の伝播の上で何の障碍にもならない。東シナ海を挟んだ両岸が、同じ伝承圏を形成していた一例として、この話は挙げられよう。

同じことは、第二章の「鼠の嫁入り」でも言うことが出来る。わが国のアイヌの循環形式の話に限って言えば、中国の東北部との繋がりを見せ、わが国の「鼠の嫁入り」の伝承とは異なる、別の伝承圏を形成している。ここでも、言語の壁を越え、日本海を挟み、中国の東北部から北海道にかけての交流が見られる。

では、他の日中両国の昔話について「環東シナ海」や「中国東北部から北海道にかけて」の伝承圏が当てはまるかと言えば、当てはまる場合もあれば、そうでない場合もあるというしかない。しかし、このような伝承圏が確かに存在することは、これらの話から確認できる。

第三章の「古屋の漏り」では日中両国に、それぞれまとまったかたちの伝承が見られた。例えば、わが国では、中国で見られるような「鍋が漏るのが怖い」という言い回しは、聞かれない。これは、わが国でこの話の伝播の背景に諺があったことが原因であろうが、この話の背景となる、生活の土壌が違う点も見逃せない。中国において鍋は生活必需品であり、雨漏りと同様に漏れるのが怖いのは本書で触れた通りである。わが国では「鍋が漏れるのが怖い」と言っても、それを聞く者に説得力がない。話を支える生活の背景が、伝承圏に影響を与えている点では「猿の生き肝」と同様である。

第四章の「小鳥前生譚」は前の三話型と違い、いくつもの話のまとまりを指したものであるので、個々の話の伝承圏については別途研究を進める必要がある。しかし、このまとまりを整理しただけでも、それぞれの話について、その話を支えている社会や文化背景の違いがにじみ出ることが見えてくる。

第五章と第六章は、中国貴州省黎平県岩洞において少数民族のトン族に調査を行った資料を中心として考察を進めた。第五章では、岩洞における昔話の語りの場を紹介し、日本の「竜宮女房」にあたるトン族の昔話に影響を与えた婚姻習俗について明らかにした。また第六章では岩洞を含む中国の南方において伝承されている「変婆」の話と日本の山姥の比較を行い、両者の差異と共通性について考察した。いずれも現地での調査の機会を得られたことにより資料の収集と考察を行うことができた。日本にいてはなかなか見えてこない語りの場の一端も知ることができ、実際に足を運んで調査をすることで得られた資料は貴重であった。

本書で分析をした昔話は、まだまだ一部であるが、今後、このような各話ごとの基礎的研究をさらに積み重ねていけば、より詳細な伝承の世界が明らかになり、わが国の東アジアにおける位置づけもさらにはっきりとしたものとなっていくであろう。

第二節　民間説話の「生命力」と伝承者の想い

さて、インドを起源としてわが国に伝わった話は他にもあるが、文献によらず、口承による伝播の道筋が見えるものとなると、本書で扱った「猿の生き肝」「鼠の嫁入り」「古屋の漏り」が中心となる。（「鼠の嫁入り」は本州以南の話は、文献・口承いずれの伝播か判然としないが、少なくともアイヌの循環形式の話は口承による伝播であろう。）

ここに挙げた話は、それぞれ固有の伝承圏を持つものの、言葉と文化の壁を乗り越え、広く伝播することが出来た話と言えよう。数ある民間説話の中でも、「伝播・伝承をする力」が非常に強い話であったとすることが可能であろう。本節では、この「伝播・伝承をする力」を民間説話の「生命力」と見なして、論を進めたい。

民間説話の伝承世界を一枚の布に見立てれば、縦糸はそれぞれの土地の文化であり、横糸を民間説話の「生命力」と言うことが出来よう。この二本の糸が絡み合って、インドから日本に至る広大な伝承世界を織りなしている。

そこで、この「生命力」を支えているものについて考えてみたい。まずそれは、文化が違う相手にも共感を持って迎えられる点ということになろう。語り手は、聞き手が興味を持って聞く話を選んで語るものである。相手が共感を持って受け入れなければ、伝播・伝承は成り立たない。もちろん、同じ文化圏に住む者同士ならば、その共感の幅も大きくなり、話は伝わりやすくなるであろう。しかし、インドから日本というアジアの中で、それぞれの土地の文化により形を変えつつも、話が伝播するためには、どの土地の人にも共感を持って迎えられる必要がある。

では、本書で見てきた話は具体的にどの点で「生命力」が強かったのであろうか。「猿の生き肝」では、「肝を取り出して干してきた」と言って、肝を狙われる動物が狙う動物を騙す場面であろう。この話は、中国の内陸部では友人同士の葛藤譚、沿海部と日本では竜宮の主のために肝を狙う動物が失敗をする話と、主題を異にするが、「肝を取り出して干してきた」と騙す場面は不変である。「鼠の嫁入り」では循環形式の話である点が、「古屋の漏り」では勘違いからおきる騒動が不変であり、ここに、それぞれ「生命力」の根幹があるのではないか。

こうして見てくると、その「生命力」の根幹に、「文化に束縛されることのない普遍的な笑い」が見えてくる。もちろん数カ国にわたり、伝承されている話にはこうした「笑い」を持たない話もある。しかし、このように「笑い」をその話の「生命力」の根幹として広く語られてきた話も確かに存在するのである。

そしてもう一つ、話がこれだけ広い地域で伝わるために必要なのは、語る人々の「この話はおもしろいからぜひ知らせたい」という、相手に対する想いであろう。語りの場は語る者と聞く者との共同作業によって成り立つ。お互いの好意で成り立つ語りの場があってこそ、話は伝播し伝承されていく。インドから中国、そして日本にかけての人々の想いが繋がってこそ言葉や文化の壁を越え、本書に挙げた昔話の伝承世界を創り出してきたと言うことができよう。

資料編

中国「猿の生き肝」日本語訳

（数字は第一章中の表の番号に対応）

1　「烏亀和猿子」（亀と猿）（モンゴル族）

一匹の亀が海に住んでいたが、ある日、大波にさらわれて、とても遠い陸に運ばれてしまった。亀は海から離れてしまい、遠い山のふもとまで這ってきたが、見る見るうちに餓死しそうになる。ちょうどその時、一匹の猿に会った。

亀は生き延びたいと思い、猿に向かってご機嫌をとり、自分と兄弟となることを求めた。猿は気心の優しさから、亀の要求に応え兄弟となった。その後、猿は亀を自分の住んでいる山の頂に連れていき、とっておいた食べ物を全て持ってきて亀をもてなした。

猿は亀の災難を救ってあげた後、海まで送った。

しかし、亀は災難を脱して海に戻ってから、恩を忘れ猿のしっぽに噛み付いて言った。

「猿よ！　私は体の調子が悪い。おまえの心臓を食べれば良くなると思うのだが」

猿は聞くと、亀の心根の悪さを察し、知恵を働かせ、二つ返事で言った。

「亀の兄さんの体のためなら、弟の何が欲しいと言っても、弟は何でも差し上げます。しかし、私たち山の動物は、いつも自分の山と林を愛しているので、出かけるときは心臓を木に掛けて、これまで身につけていたことはありません。弟の私も当然例外ではありません。亀の兄さん、もし弟の心臓が食べたいのならば、私と山へ帰りましょう！」

口卑しい亀は猿の心臓を食べたい一心で、また海岸を離れ、猿と山へ引き返した。

猿は山に着くと、亀を大木の下に連れて行き言った。

「この木の下で口を開いて待っていてください。わたしは木に登って心臓を採って来たらすぐ口の中に投げ入れます」猿は言い終わると、逃げ、木に這い上がった。

亀は、心臓を食えると思い、大口を開いて、木の下でぼうっとうずくまっていた。

猿は木に登ると思った。（亀は海から離れ、すぐに干からびるだろう。性根の悪い奴だ。まだ心臓を食べようと待っている。本当に、何考えているんだ！　おまえに糞を食らわせてやろう！）

そこで、猿は亀の口めがけて糞をした。

木の下の亀は口の中が糞で一杯になり、怒り心頭に発した。亀は、猿の住みかの山の頂まで這い上ると隠れて、猿が帰って来たときに殺そうとした。

亀の行動を、猿は早くから分かっていた。

夜になると、猿は亀をからかおうと思い、山の頂に帰ってくると三回叫んだ。「山の頂！　山の頂！　山の頂！」

そして、からかうように言った。

「悪い亀、おまえは山の頂で待って私の心臓を食べようとしているな。もし、おまえがいなかったら山の頂は私が呼ぶのが聞こえたらすぐ、あ、あ、あ、と応えるからな」猿は言い終わると、身を翻し去った。

二日目の夜、猿はまた戻ってきて、三回「山の頂」と呼んだ。この時、山の頂にいた亀は、昨夜の猿の嘘を真に受けて、慌てて三回「あ、あ、あ」と応えた。そして自分では、今回は猿が罠にかかると思った。

猿は亀の声を聞くと冷たく笑って、

「馬鹿な亀、まだ山で待っていたか！　おまえはいつ、山が生き物のように、あ、あ、あ、と応えるのを聞いたことがある」猿は言い終えると、森の中へ去っていった。

亀は干からび、飢え、遂に陸の上で死んだ。

中国科学院内蒙古分院語言文学研究所『蒙古族民間故事集』上海文芸出版社　一九六二年
胡尓査訳『蒙古族動物故事』中国民間文学出版社　一九八四年
陳慶浩・王秋圭主編『中国民間故事全集三六　蒙古民間故事集』遠流出版（台湾）　一九八九年

2　「癩蛤蟆和猴子」（ひきがえると猿）梗概（モンゴル族）

＊話の構成は資料1とほぼ同じ。

ひきがえるが、波にさらわれ陸に運ばれる。猿とひきがえるが会い兄弟となり、飢えたひきがえるを猿がもてなし、海まで送る。ひきがえるは、体の調子が悪いからと言い、猿に心臓を要求する。

猿は、心臓は山の木に掛けてあるといい（理由も資料1と同じ）猿とひきがえるは山に戻る。

心臓を採ると言って、木に登った猿は、下で口を開けて待っているひきがえるのその口へ糞をする。怒ったひきがえるは、猿の住みかの山の頂に隠れ、猿を殺そうとする。

それを知った猿は、最初の夜、三回「山の頂」と呼んで去る。二日目の夜、猿は、「ひきがえるがいるから山の頂は応えない、いなければ、あ、あ、あ、と応える」と言って去る。三日目の夜、ひきがえるは、猿の呼ぶ声に「あ、あ、あ」と応える。

ひきがえるは、海に帰ることもできず、干からびて死んでしまう。

中国民間文芸研究会民間文学編輯委員会「民間文学」一九五七年四月

3 「烏亀和猴子」（亀と猿）（モンゴル族）

亀の夫婦がいた。ある日、雄亀が山に登り猿と会った。お互いに親友となり、一緒にあちらこちらに遊んだ。その後、雄の亀は猿と別れて家に帰り、山の上で起こったことを雌亀に話した。雌亀は思った。この男は、仕事嫌いでずっとぶらぶらしている、今回は雌猿と暮らしたに違いない。そこで、雌亀は言った。「私は病気になりました」

雄亀はきいた。「おまえの病気は何を食べれば治るのか」

「雌猿の心臓を食べれば良くなるはず」

雄亀は猿の所へ行くと言った。「あなたと私は、外でずっと会っていたので、私はあなたを家に招待したい」

猿は言った。「私は水の中を歩けない」

亀は言った。「私が背負っていこう」

雄亀は、猿を背に乗せて行き、家に着くと言った。

「私の妻が病気で、友達のあなたの心臓を食べると治るはずだ。あなたの心臓が欲しい」

猿は言った。「どうして、私の家にいるときに言わない？　私たち猿はいつも木に心臓を掛けている。急いで心臓を取りに戻りましょう」猿がそう言うと、二匹は戻った。

山に着くと、猿は木に登り糞を持ってきて亀に言った。

「おまえはこれを持っていけ、〈心臓〉を食わせてやれ」

猿は言いながら下に向かって糞を投げ、木の上から降りてこなかった。

徳・策倫索徳諾姆編『蒙古民間故事選』世界知識出版社　一九八七年

4　「亀和猴」（亀と猿）（チベット族）

昔、森に一匹の猿が住んでいた。そして森の傍らの小さな湖には一匹の亀が住んでいた。秋になり、森に果実が累々となった。亀は水面に出て、森に這っていき、果物の良い香りをかぎ、食べたくて涎が出て来るくらいだった。

猿は木に登って果実を採って食べていて、亀を見て尋ねた。

「あなたは何というの。どうして私はあなたを見たことがないの」

亀は言った。

「私は亀というもので、そばの小さな湖に住んでいて、初めて森へ遊びに来ました」

猿がたくさんの果実を採って投げると、亀は大きな口を開いて受け、果実は香りが良く甘かった。彼ら二匹は食べたり話したり、太陽が山に沈みかけて、ようやく亀は帰った。それから亀は毎日来て夕方に帰り、亀と猿は親友となった。

長い月日が過ぎ、亀の妻が疑いだした。ある日、彼女は亀に尋ねた。

「あなたは毎日森に行き、日が暮れないと帰らない。きっと陸でまた女の所へ行っているのでしょう」

亀は言った。

「やたらに勘ぐるな。私は猿さんと果実を食べて話をするだけだ」

亀の妻は半信半疑だった。幾日も過ぎない内に彼女は突然病気になり、手でみぞおちを押さえわめきちらし、ころげまわった。亀は真偽の区別もつかず、慌てふためいた。

亀の妻が言った。

「私の持病で、猿の心臓を食べれば、病気はすぐ治る。早く私に猿の心臓を取ってきて」

亀は森に猿を探しに行き、這いながら考えた。猿は敏捷で、木に登れて、森では捕まえることができない。ひとつ猿を騙して水の中で手を下してはどうか。

亀の考えは決まり、猿を見て言った。

「猿さん、今日は私がもてなすから、私の家に行って遊びましょう！」

猿は頭を振って言った。

「だめです、私は泳げない」

亀は言った。

「それが何ですか。私の背に腹這いになって、目をつぶれば、私が背負っていきます」

猿は亀の話を信じて、そのように亀の家に連れて行かれた。すると亀は凄みをきかせて言った。

「猿、正直に言うと、妻が病気で、猿の心臓を喰いたがっている。おとなしく心臓を出し妻の病気を治してやってくれ」

猿は眼をくるっとさせて、ハ、ハと大笑いした。

「亀、どうして早く言わない。私は出かけるときはいつも心臓をつけない。心臓はまだ木に掛けてあるだろうね」

亀は本当だと信じ込み、大いに失望して、ぶつぶつ言った。

「これはどうしよう、これはどうしよう」

「簡単だ、早く私を背負って森に戻り心臓を取りに行け」

亀はどうしようもなく、猿を背負って、水面に出て森に帰るしかなかった。猿はサッと木に逃げ上がりくすくす笑って言った。

「亀、目をつぶり、大口を開けろ、私が心臓を取って投げるのを待っていろ」

何と、猿は木の上にうずくまると、糞をし出して、全て亀の口の中にした。彼は糞をしながら歌った。

私は良心のないのと友達になり
何のいわれもないのに私を騙して湖に連れていった。
もし私に少しの知恵がなければ、
危うく貴重な命を落とすところだった。

亀は口一杯にぷんぷんとにおいをさせて頭を垂れ、がっかりして這っていった。

陳慶浩・王秋圭主編『中国民間故事全集四〇　西藏民間故事集』遠流出版（台湾）一九八九年

5 「烏亀和猴子」（亀と猿）（チベット族）

亀と猿が仲良く遊んでいた。彼らは一日中草原でひなたぼっこをして、冗談を言ったりするか、そうでなければ、一緒に猿の住んでいる森に行き遊んだ。また猿はいつも木に登り、いろいろな果実を採って友達に食べさせてあげた。しかし亀には、あるもくろみがあった。猿の心臓を食べたいと思っていた。ある日、亀は猿に言った。「友よ、私はいつもあなたの所に来て食べ、飲み、遊んでいた。今日は私の家に遊びに来るのはダメかね」

猿は、自分は行きたいと思うが海に入れないと言った。

亀は言った。「大丈夫、私があなたを背負っていける」

そこで、彼らは一方が一方を背負って海に入っていった。海にはいると、亀は哀れさを装い、つらそうな様子で言った。「親愛なる猿の友よ、私には子供があり病気で今にも死にそうだ。医者が言うには、猿の心臓だけが病気を治すことができるという。そこでちょっと心臓を取ることはできないだろうか」

猿は聞いて、自分が騙されたことを知った。しかし、猿は頭がよく働き、すぐに考えが浮かび亀を騙して言った。「そんなことくらいならいいよ！　でも今日はちょうど都合が悪い。さっき急いでいて、心臓を家に忘れてきてしまった。私の家に行って取ってきなさいよ！」

亀は猿がうそを言ったことが分からず、猿が罠にかかったと思い言った。「あなたが心臓をどこに置いてあるか分からないから、私たち二人が一緒に取りに行った方がいいでしょう」

そこで亀はやはり猿を海岸まで背負い、その上、猿の住む木の下まで背負っていった。

猿は言った。「私が取りに上るから、あなたは木の下で受け取りなよ」

猿はすぐ了解した。しかし何と、猿は木に登った後、枝に座って歌い出した。

　私がうっかりつき合った友達は、

　本当に心根が悪い。

　もし私の知恵がなかったら、

　既に大きな苦しみを味わっているところだ！

亀は木の下で聞いて、自分の策が猿に見破られたことを知った。しかし木に登ることもできず、捕まえることもできず、ただ我慢して去るしかなかった。

翌日、亀もひとつの方法を思いついた。猿がよく寝たり日に当たったりしている山間に隠れて、猿が寝たところを殺そうと思った。

猿は来たが、かえって警戒心を高めていた。猿は山の頂に立って大声で歌った。

　山の窪地、山の窪地、

　猿があなたの懐に帰ってきた。

　もしクソ亀が隠れてなかったら、

　長々と、あ、と言って下さい。

亀は聞くと、自分がいないことを示すために、長々と、あー、と大声で叫んだ。

猿は笑った！　そして言った。「ここには亀がいる、私は別の場所に行くとしよう」

中国民間文芸研究会民間文学編輯委員会「民間文学」一九五九年五月

6　「猴子和青蛙」（猿と蛙）（チベット族）

ある一匹の猿が、よく湖畔で水を飲み、水中の蛙と知り合い、徐々に友達になっていった。彼らはいつも一緒に遊んでいた。

ある日、湖畔の草地で楽しく遊んでいるとき、蛙は猿に湖の中の彼の故郷へ遊びに来るように誘った。猿は水が怖く行きたがらなかった。蛙は言った。

「私の背に伏せて目を閉じれば、私が背負っていくよ」

猿は好奇心に駆られ蛙の背に伏せて湖の中に行った。

猿は蛙の家で幾日か遊んだ。蛙は猿の心臓が万病に効くと聞いていたので、猿を殺そうと思った。そこで蛙は猿に言った。

「友よ、私の母が病気で医者が言うには、猿の心臓を食べれば病気は治るだろうと言うことだ。あなたは、私はどうすべきだと思う?」

猿は聞くとわざと驚いた様子で言った。

「えっ! 蛙よ、あなたと私は友達となって長いのに、あなたは猿の心臓は木に掛けてあるのを知らないのか。あなたが私と一緒に岸まで来られれば、私の心臓を取ってきてあなたのお母さんの病気を治してあげよう」

蛙は猿を背負って陸に上がった。山に着くと、猿は木に登り、蛙に向かって言った。

「友よ! 口を開けろ、心臓を投げ落とすから」

蛙は聞くと、大口を開けて待った。猿は木の上で幾らか糞をすると、蛙の口に落とした。続けてはっはっと笑って言った。「蛙! 蛙! 猿の心臓が欲しいなら、糞食らえ!」

上海文芸出版社編『中国動物故事集』上海文芸出版社 一九七八年

7 「亀と猿の物語」梗概(チベット族)

妻と家族のいる年老いた亀が、猿と友達になる。亀は猿と過ごす時間が長くなり、嫉妬した亀の妻は仮病をつかい猿の心臓が必要と亀に言う。

亀は猿を家に招待すると偽り、猿を背に乗せて湖を泳ぎ始める。途中で、亀は心臓が目的であることを猿に告げ、猿は一匹の心臓では足りないであろうから、仲間も連れていこうと答え、二匹は岸へ戻る。

猿は岸に着くと木に飛び乗り亀に悪態を浴びせる。怒った亀は、猿の住みかの洞窟に隠れる。猿は、洞窟へ帰ってくると、「おーい、大きい洞窟、大きい洞窟」と二回呼び、「いつもは木霊がかえってくるが、今日はない。何か悪いことがあるに違いない」と言う。それを聞いた亀は、次に猿が呼んだときに「おーい、大きい洞窟、大きい洞窟」と応えてしまう。それを聞いた猿は、笑って別の場所に行った。

W・Fオコナー編　金子民雄訳『チベットの民話』白水社　一九八〇年

8　「猴子和鳖」（猿とスッポン）（トウー族）

ある早朝、スッポンが陸に上がって遊んでいた。スッポンは殻から出てみると、周囲の見るもの全てが新鮮で、面白かった。鳥がさえずり、花がにおい、山の小川が流れ……。スッポンは、這いながら、景色を見て、本当に見るほどに面白く、見るほどにもっと見たくなり、知らず知らず深い山の生い茂った林に来てしまった。見ている内に、スッポンはのどが渇き、おなかもすいてしきりに叫んだ。スッポンは頭を上げてみるとまずいことに、日が今にも山に落ちるところだった。スッポンはやっと家に帰ろうと思い、急いで這い戻ったが、周囲は果てのない森で、どちらに行くべきか分からない。長い時間探したが、家に帰る道は見つからなかった。スッポンは失望して大きな石の傍らに座るしかなかった。悲しくて泣き始めて、陸に遊びに来るべきではなかったと後悔した。

この時、深い森の奥から一匹の猿がやってきた。猿は涙をはらはら流している様子を見て、慌てて聞いた。

「スッポン君、スッポン君、どうしたの」

スッポンは誰かが尋ねてきたのを聞いて、慌てて頭を上げて見ると、猿であった。すぐに悲しそうに言った。

「今日の朝、私は陸に遊びに来て、遊びほうけて遠くまで来てしまい、家に帰る道を忘れてしまった。悲しまずにいられますか」

猿はこのことを聞くと、急いで言った。

「何だ、君は家に帰れないことを心配していたのか！　簡単なことだ、私が川辺まで背負っていくよ」猿は言い終わると、スッポンを背負い走った。そして、あっと言う間に、川辺に着いた。

ちょうどこの時、スッポンの両親も川辺に子供を捜しに来ており、彼らは猿が自分の子を送ってきたのを見て、とても喜び何度も猿に礼を言い、猿に幾日か彼らの家に来るように招いた。猿は口実を言って断ることもできず、みんなとスッポンの家に行くしかなかった。スッポンの一家は猿を厚くもてなし、毎日スッポンは猿と遊んだ。

ある日、スッポンの父親が突然病気になった。家族はてんてこ舞いで、診療してもらおうと医者を探して来た。すると医者が言った。

「病気を治すなら、猿の心臓を食べなければならない。そうでなければ、長くても四、五日の命だ」

この日、スッポンは医者の話を聞いて、気持ちがふさいでたまらなかった。そして考えた。猿を殺せば父親の病気を治すことができるが、猿は自分の命の恩人だ、どうして心を鬼にして手にかけることができよう。頭の働きのいい猿はスッポンの考えを読んで、急いで言った。

「スッポン君、君は一日中ふさぎ込んでいるけど、きっと何か考え事があるでしょう、一つ私に言ってみな、もしかしたら私も君の手助けができるかもしれない」

スッポンは猿に跪いて、懇請した。

「恩人、あなたは私の命を救って下さった。私は一生忘れることはできません。しかし、あなたも指をくわえて私の父の死ぬのを見ることは出来ないでしょう。あなたの心臓を取って父に食べさせれば、父は死なないのです」

すると猿は惜しむ様子を装い言った。

「ああ、本当に残念だ。私はあなたの手助けが出来ない。なぜなら私たち猿には規則があり、出かけるときは心臓を家に置かなければならないからだ」

「それなら、どうしたらよいだろう」

「でも、心配しないで、君のお父さんを助けるために、私と一緒に森に取りに行くことが出来る」

スッポンはそれを聞くと、いい方法だと思い、猿と一緒に心臓を取りに行くことにした。

彼らは深い山の森に着くと、猿は梢のカササギの巣を指さして言った。「私の心臓はあそこに置いてあるから、木の下で待っていて、取りに行ってくる！」言い終わると木に登って、果実を採って食べた。

スッポンは木の下で待ちきれなくなって、叫んだ。

「恩人、早く降りてきて下さいよ、私は待てないよ」

猿は木の上で腹一杯食べると、やっと声高に言った。

「悪心のスッポン、私はおまえを助けたのに報いようとはせず、私を殺そうと思っている。今は、おまえも帰りたくないだろう！」

言い終わると枝を伝って、よそへ行ってしまった。

そしてスッポンは、森で窮死してしまった。

朱剛・席元麟・星全成・馬学義・馬路・循集辦編『土族撒拉族民間故事選』上海文芸出版社　一九九二年

本書編委会『中華民族故事大系』第一〇巻　上海文芸出版社　一九九五年

9 「猴子和烏亀」（猿と亀）（エヴェンキ族）

海に亀がいた。ある日、亀の妻が病気になり、それは地面を転げ回るほどの痛みだった。医者が言うには、山の猿の肝を食べなければダメだということだった。

そこで亀は海を出て猿を探しに行った。岸に上がり、草原を這っていると、木の上で猿がちょうど木の実を食べているのを見つけた。猿は亀がやってくるのを見ると、いくつかの木の実を投げ落としてやった。何日も立たない内に、二匹は仲良しになった。

ある日、亀は言った。

「猿よ、私たちは異母兄弟となるのはどうだろう」

猿は何と言っても承知しなかったので、亀はまた勧めて言った。

「あなたのここの果樹は干からびてからからで硬い、私のところのは長く、果実には全て水分を含み、甘いの酸っぱいのが一年中あって、きっと満足するほど食べられるよ！」

ようやく猿は乗り気になり、亀と兄弟の関係を結び、亀が兄、猿が弟となった。この日、亀はまたそそのかして言った。

「海で半月二十日暮らしなよ！」

「私は泳げない」

「兄さんがいるのに、何が怖いか！　信じられないのならば、上帝に誓いをたてよう」

そこで猿は信じて、尋ねた。

「どうやっていくの」

「おまえが旗を持って差し上げて、私が背負って海に入る」

そう言うと、彼ら二匹は海へ入っていった。門のところに着くと亀は言った。

「降りなよ！」

家に入ってみると辺り一面は、ぱあっと明るく、金でなければ玉であるという具合である。猿はオンドルに上がって座り、また亀はいろいろな新鮮な果実を捧げ持ってきて、猿は大いに食べ、果実の種や皮は山のようになった。三、四日が過ぎて、亀はどのように猿を殺してやるかと考えていた。この時、亀の妻が隣の部屋で泣き叫びだした。猿は聞くと少し取り乱し言った。

「兄さん兄さん、私は帰りましょうか」

「おやおや、何を急いでいる」

「兄さん兄さん、私には兄嫁がいるのですか」

「そう！　病気なのは、おまえの兄嫁だ」

「どうして治療しに行かないのですか」

亀は猿を連れていき、見てみると、亀の妻は正に地面を転げ回っているところだった。猿はまた尋ねた。

「兄嫁は何の病気ですか」

「持病だよ。どうにも治らない、薬も揃わない」

「何が足りないのですか」

亀はため息をついて言った。

「治しようがない、言うことは出来ないよ！」

猿は重ねて尋ね、亀は言いだしにくそうな様子を装い言った。

「ああ！　兄弟であるおまえの肝だ」

この世に猿よりも頭の働くものはいない。猿は聞くと、太股をたたいて言った。

「どうして早く言わない！　私たちのところにあるよ！　木に掛かっていて、何十でも何百でも、それも新鮮で、からからに干からびているのはない。幾つ欲しいのか早くいいなよ！」

亀は信じ込み、再び猿を乗せて、肝を採りに岸に上がった。

岸に上がると、猿はさっと枝に上り、亀は頭を上げて尋ねた。

「肝はどこにあるんだ」

「どれも木（クスドイゲ）に掛かっているだろう」

見ると、秋も深まった楓やクスドイゲ全てが紅く鮮やかで、山一杯に広がっていた。亀はこの時やっと分かり、ぐったりして言った。

「あれは紅い葉だ。誰の肝が木に掛かるというのだ！」

猿は答えず、ぴょんぴょんと跳ね去ってしまった。亀はそれを見ると急いで猿の洞穴に入り、猿の帰りを待った。頭を出して、くそったれを容赦なく噛み殺してやろうと考えた。

猿はおなかいっぱい食べ十分遊んだので、帰って寝ようと思った。洞穴の入り口まで来ると、猿はまず一言叫んだ。

「私のーいえー誰かいるか」

声が収まると、谷はとても静かになった。ただ、「ふーびゅー、ふーびゅー」と聞こえ、何者かが荒い息遣いをしていて、向かいの山にもこだまがしていた。猿は洞窟の入り口を摑んでちょっと見ると、何と亀が中で眠りこけている。猿は振り返りもせずに逃げた。
亀は愚かにもひとしきり待ったが、誰も肝をくれないので、ただ気を落として帰るしかなかった。家についてみると、亀の妻は既に緑の腹を上にして死んで久しかった。
王士媛・馬名超・白杉編『鄂温克族民間故事選』上海文芸出版社　一九八九年
本書編委会『中華民族故事大系』第一四巻　上海文芸出版社　一九九五年

10　「猴子和团魚」（猿とスッポン）（トウチャ族）

スッポンと猿は義兄弟の契りを結んだ兄弟だった。スッポンは猿の頭がいいことを見て尋ねた。

「兄弟！　兄弟！　あなたはどうしてこんなに頭が良いの」

猿は笑いながら言った。

「私たちは山の果実を食べているからだよ」

スッポンは猿に頼んで言った。

「次は私にも山の果実を持ってきて下さいな。私たち兄弟二人とも頭が良くなれば願ってもないことだ」

猿は承知した。

スッポンはこのことを母親に話すと、母親は叱って言った。

「うすのろ、おまえの兄弟はまたおまえを騙したんだよ。猿が頭が良いのは、山の果実のおかげではなく、頭の良い心臓を持っているためだよ、おまえは猿の心臓を食べさえすれば、頭が良くなるよ」

翌日、猿は山からたくさんの果実を持って来て、兄弟の家に泊まりに来ることになった。スッポンは川岸に迎えに行った。スッポンは兄弟がこんなにもたくさんのものを持ってきたのを見てうれしくてたまらず、自分の前の水を分け、猿が後ろに続いた。スッポンの家に着こうかというところで、スッポンは振り返って猿に言った。

「兄弟よ！　私のお母さんがあなたの心臓さえ食べれば私は頭が良くなると言った。私はあなたの果実は食べたくない、あなたの心臓を私にくれよ」

猿は聞くと、さっと目をぎょろつかせ、スッポンに言った。

「兄弟よ、あなたのお母さんの言葉は正しいよ、あなたは私の心臓さえ食べれば頭が良くなるが、今日私は心臓を家に忘れてきた。食べたければ、私は急いで帰ってあなたに取ってきてあげる。あなたは岸で待っていなよ」

スッポンは喜んで言った。

「それでこそ私の兄弟だ」

二匹は急いで向きを変えると、スッポンはまた前の水を分け、猿を岸へ連れていった。猿ははじかれたように森に走っていってしまった。スッポンは岸辺で待っていたが、日が西へ傾くのを見てもまだ猿の影も見えず、独り言を言った。

「兄弟の心臓は一体どこにしまってあるのだろう」

帰秀文編『土家族民間故事選』上海文芸出版社　一九八九年
本書編委会『中華民族故事大系』第五巻　上海文芸出版社　一九九五年

11　「鱉猴交朋友」（スッポンと猿が友達になる）（河南省　漢族）

昔、丹江にスッポンがおり、良く岸に上がって、林で日向ぼっこをしていた。猿もよく林の木の枝に登って遊んでいて、しばらくすると二匹は仲良くなった。そして猿は桃や杏を持ってきてはスッポンに食べさせざるを得なかった。

そこでスッポンは言った。

「猿の兄さん、いつも私に良くしてくれるので、いつでもうちに来てくださいね。必ず、おもてなししますから」

この日も猿は、またみずみずしい葡萄を一房持ってきた。スッポンは食べ終えてから、親しげに言った。

「猿の兄さん、猿の兄さん。こんなに良くしてくれて。いつでも招待するので、必ずおもてなししますね」

こんなことを何度も何度も言って、スッポンも全部で何回言ったか分からなかった。ところが、ある日、猿は本当にスッポンの所へやってきた。スッポンは焦って思った。「口先だけのことを、本気にするとは。よし、どうにでもなれ」

そして、スッポンは顔色を変えて、病を装って言った。

「猿の兄さん、最近体がだるくて、聞くところによると、あなたの心臓で治るという。仲良しというなら、心臓を私にくれ」

猿は驚いたが、瞬きを幾つかして、すぐに考えが浮かんだ。そして急いで言った。

「本当にすまないが、来る時に心臓を樹に掛けてきた。送ってくれれば、取ってくるけどいいかな」

スッポンはそれを聞くと喜んで、猿を乗せて、すぐに水面まで出た。猿は岸に上がると、枝に跳び乗って、スッポンを指さして言った。

「人の心は善良だが、スッポンの心は狡猾だ。どこに心臓を樹に掛ける猿がいる」

この時から、スッポンは猿に会わす顔がなかった。

白庚勝　総主編『中国民間故事全書　河南・淅川巻』知識産権出版社　二〇一一年

12　「猴子和烏亀」（猿と亀）（山東省　漢族）

昔、ある猿が花果山で遊んでいると、ちょうど亀に会った。猿が亀にどこから来たか聞くと、亀は「私は東海竜宮から来た」と答えた。猿が更に「竜宮の風景はたいそうきれいと聞きますが、本当ですか」と聞くと、亀が言った。「全くその通りです。もし行きたければ、私たちは義兄弟の契りを結んで、お連れします」猿が「よし」と応じ、直ちに猿と亀は土饅頭を香炉にして、草を挿して香とし、兄弟の契りを結んだ。年齢によって、亀が兄、猿が弟になった。

亀は猿を背負って海の中央に出ると、言った。「猿の兄弟、相談があるが、聞いてくれるか」猿は言った。「兄さん、何を言っているんだ。私たちは兄弟だ。できることであれば、必ずしますよ」すると亀が言った。「私の母親が病気で、医者はおまえの心臓を副薬（漢方薬の効能を充分に出させるための補助薬）にしなければならないと言う。心臓を私にくれ」猿は、目をぐるっと回して言った。「これは大変だ。兄さんが言わなかったから忘れてしまった。急ぎましょう。家に心臓を置いてきてしまった。兄さん、早く私を家に送ってください。心臓を持ってきてお母さんの病を治しましょう」

亀が猿を岸に送ると、猿は言った。「亀、おまえは私の心臓を欲しても手に入れられない、おまえの心臓が赤いか黒いか見てやる」言い終わると猿は石で殴り殺した。

中国民間故事集成山東巻編輯委員会『中国民間故事集成・山東巻』中国ISBN中心出版　二〇〇七年

13　「猴子和魚」（猿と魚）（青海省　回族）

昔ある山の上に一匹の猿が住んでいた。山の下には沢があり、一匹の魚が住んでいて、山の上の猿はよく水辺まで水を飲みに行った。

ある日、猿が水辺まで来ると、魚が波に打ち上げられていた。魚は口をパクパクして、太陽に晒されて今にも死にそうだった。猿は魚に同情して、魚を水に放してやった。魚はとても感動して、猿に言う。「猿の兄さん、私たちは兄弟の契りを結びましょう」猿はそれを聞いてとても喜び、魚と兄弟の契りを結んだ。猿は年上なので兄となり、魚は年下なので弟となり、猿の兄と魚の弟はいつも一緒にいた。

ある日猿が言った。「弟よ、竜宮はとても良いところだそうだが、私には行く方法がない」すると魚が言った。「竜宮に行くのはとても簡単です。あなたが目さえ閉じていれば、私はあなたを乗せて竜宮へ行くことができます」猿はとても喜んで、魚の背に乗ると、魚は猿を竜宮へ乗せて行った。

猿は竜宮に着くとあちこちで遊び、あっという間に数日の時間が過ぎた。しかし、猿は水の中の生活に慣れていなかったので、彼の住んでいる山に帰りたくなって、魚を探した。一方、魚は猿を竜宮に連れてきて後、自分が遊んでいる時に他の魚から猿の心臓を食べると長生きできることを聞いた。魚はちょうど猿を殺そうと考えていた。そこへ猿が魚を探しに来た。魚は辛そうな顔で猿に言った。「猿の兄さん、竜王の奥様が病気になって、猿の心臓を薬（副薬）にしたいと竜王が言っています。この数日、私は到る所を探しているところです。もし見つからなければ、竜王は私の命を取ろうとしていて、ちょうど私があなたへ助けを求めに行くところでした」そう言うと数滴の涙も流した。

猿は聞くと、魚に殺意があることが分かった。そして言った。「これは非常にたやすいことだ。ただ魚の弟よ、あなたは人々が猿には心臓がないと言っているのを聞いたことがあるか。それは私たちが樹を下りる時に、樹に心臓をかけているからだ。もしあなたが私を岸に送ってくれれば、いくらでもあなたにあげよう」魚はとても喜んで、猿を乗せて岸に向かってとても速く泳いだ。そして、岸に着くと猿は言った。「魚の弟よ、もう少し前へ、まだ岸に上がることができない」魚がだんだんと岸に近づくと、猿は魚のえらをぎゅっと持って、沢辺に跳び上がって、魚をまた沢に晒した。猿は魚の横にある大きな石に、何文字か書くと、山奥にぴょんぴょんと飛び跳ねていった。

猿が石に書いた字は、

山奥に遊んで、仙桃を食べる
誰が猿の心臓を樹に掛けるものか
沢辺にまたおまえの肉を晒す
義のない者と友となるべきでない

中国民間故事集成青海巻編輯委員会『中国民間故事集成・青海巻』中国ISBN中心出版　二〇〇七年

14 「猴子和魚」（猿と魚）（青海省　漢族）

昔、山奥に一匹の猿がいて、毎日川辺に水を飲みに行っていた。川には魚の精がいて、毎日川で遊んでいた。何日も経ち、猿と魚の精は何度もあっているうちに、兄弟の契りを結び、毎日を仲良く過ごした。

ある日、水晶宮の竜王の姫が重い病にかかり、床についてしまい、多くの医者が病気を診た。彼らは脈をとると皆言った。「薬はあるが、副薬（漢方薬の効能を充分に出させるための補助薬）が見つけづらい」そこで竜王が尋ねた。「どんな副薬が必要だ」医者は答えた。「猿の心臓を一つ食べれば、病は良くなります」竜王はすぐに告示を出した。その告示には「誰でも猿の心臓を手に入れた者を娘婿にする」

このことが魚の精にも伝わると、彼は思った。「これは自分をおいて他には誰もできない、自分は猿と兄弟の契りを結び、猿は毎日川辺に来る。騙して水の中で殺して、心臓を取って、竜王に渡せば、娘婿だ。富貴は目の前だ」魚の精は、すぐに布告をはがすと、川辺の猿の所へ向かった。ほどなく猿が来ると、魚の精は親しげに言った。「猿の兄さん、この数日とてもお会いしたかった」そこで猿が「気にかけてくれて、ありがとう」と言うと、魚の精が言った。「我々が契りを結んでから、私は地上に上がれないし、あなたは水に入れない。今日は私があなたを水にご招待しますので、次は私を陸地で遊ばせてください。どうですか」そして猿が「どうやって招待してくれるの」と聞くと、魚の精が言った。「あなたが背中に乗ってください。あなたを乗せて、川を一回りします。どうですか」それを聞くと猿は「いいね、いいね」と言って、魚の精の背に乗った。魚の精は急いで川の真ん中まで行くと、得意げに言った。「正直に言おう。竜王の姫が重い病で、多くの医者の治療も効かず、治したければ猿の心臓の他にない。竜王は告示を出した。誰でも猿の心臓を取ってきた者は、娘婿に迎えると。その告示をはがしてきた。おまえの心臓が欲しい。今、おまえも逃げられないから、私の重大事のための助けになってくれ」

猿はそれを聞いて驚いたが、まじめな様子で言った。「どんなたいそうなことかと思ったら、こんなのは何も大変なことではないよ。私は山で死んだ猿を見つけると、心臓を取って樹に掛けている。今は数百個ある。老若男女どんな心臓もある。いくらでも上げるよ。兄弟が娘婿になれば、私も恩恵に与れる」魚の精はそれを聞くと喜び「あ、そう言うことなら、良かった。川辺に送るので、明日必ず持ってきてくれ」と言うや、すぐに猿を川辺に送った。猿は岸に跳び上がると「おまえは不義理で薄情なやつだ。やっと分かった。後日、自分で樹の上の心臓を取りに来い」と言うや、去ってしまった。

中国民間故事集成青海巻編輯委員会『中国民間故事集成・青海巻』中国ISBN中心出版　二〇〇七年

15 「猴子与烏亀」（猿と亀）（甘粛省　回族）

昔、猿と亀は兄弟の契りを結んでいた。

ある年、海に大風が吹いた。波が逆巻き、亀を水から遠い場所に運んだ。陸では太陽がじりじりと照りつけ、亀は一歩一歩海に向かって進んでいた。日に晒されて今にも死にそうな時、樹の上にしゃがんでいる猿を見つけ、急いで手招きして言った。「猿のお兄さん、お兄さん、早く助けて！」猿は、亀の弟を見ると、急いで樹を飛び降り、亀を水まで背負っていった。

しばらくして、竜王の娘が重い病気になった。どんな薬も探してきたが、副薬にする猿の心臓だけが無かった。竜王は水の全ての動物を呼び寄せて言った。「猿の心臓を探してきた者は誰でも、私の娘をそのものに嫁がせる」亀はそれを聞くと、すぐに水から出て、木の上にしゃがんでいる猿に言った。「猿の兄さん、早く降りてきて、話がある」猿が降りていくと亀が言った。「猿の兄さん、去年あなたは私を助けてくれた。今日はあなたを私の家に招待して、感謝の意を表したい」猿が言った。「兄弟よ、あなたは水の中のもの、私は陸の上のもの、どうしてあなたの家に行けようか」亀は言った。「私の背中に乗って、目を閉じて、私が目を開けろと言った時に、あなたが目を開けるだけでいい」このようにして、猿は亀を家に連れてきた。すると亀が言った。「猿の兄さん、私はあなたを困らせてしまう……。竜王の娘が病気になって、猿の心臓を副薬にしなければならない。私は……あなたの心臓を取る」猿はそれを聞くと、目をくるくる回して言った。「ああ、兄弟よ、どうして早く言わなかったのか？　私の心臓は梢に掛けてある」亀がそれを聞くと言った。「どうしたもんだろう？」猿が急いで言った。「何を案じることがあろうか。あなたがさっきのように私を乗せて陸に戻れば、何の難しいことがあろうか」亀はそれを聞いて、急いで先ほどのように猿を乗せて、陸に上がった。

この時、猿は言った。「兄弟よ、この地上ではあなたは歩きづらい、まず私があなたを私の粗末な家まで背負っていこう。待っていてくれれば、心臓を取りに行く」そう言うと、猿は亀を大きな石板の所まで背負ってくると、笑って言った。「兄弟よ、ここでじっと待っていてよ」猿は言い終えると、跳ねて行った。翌日猿が走ってきて見ると、亀は太陽に晒されて、今にも死にそうだった。亀が苦しそうに「猿の兄さん、心臓を取ってきてくれた？　もう耐えられない」と言った。すると猿はハッハッと大笑いして言った。「不義理な奴とは付き合わない。どこに猿の心臓を掛けた梢があるものか」亀は無惨にも干涸らびて死んでしまった。

中国民間故事集成甘粛巻編輯委員会『中国民間故事集成・甘粛巻』中国ISBN中心　二〇〇一年

16　「猴子和鱉打老庚」（猿とスッポンが兄弟の契りを結んだ）（陝西省　漢族）

猿が川で洗濯をしていると、大きなスッポンが石の上で甲羅干しをしているのに出会い、話をした。二匹は同年同月同日の生まれで、兄弟の契りを結んだ。そして、毎日川辺で会って、とても仲が良かった。

幾日か過ぎ、猿はスッポンを家に招いて遊んだ。猿は岩の洞穴に住んで、他にもてなす物もないので、桃や落花生やトウモロコシを出した。スッポンは喜んで二日を過ごて、帰る時に言った。

「私は帰って準備をしなければ、あなたに私の所で何日か遊んでもらおう」

猿は言った。

「あなたは水の中に住んでいるのに、どうやって行けばいいの」

そこで、スッポンは言った。

「私があなたを乗せていく。私と行けば、水の中も岸の上と同じだ」

何日か過ぎて、猿が川辺に行くと、スッポンがやってきて、猿を乗せて水底の大きな石の洞穴に連れて行った。スッポンはおいしい海の幸を並べ、猿も喜んだ。

二匹がご飯を終わると、スッポンは突然ある重要な相談事を猿に持ちかけた。猿は言った。

「お兄さん、何かあるのなら、いくらでも言ってくださいよ」

するとスッポンが言った。

「昨晩竜王が私に言いつけた。竜王が心臓の病気で、猿の心臓を副薬にしなければならない。竜王は私とあなたが兄弟の契りを結んでいることを知って、だから私があなたに心臓を求めるように言つけた。私はあなたが助けてくれることを信じている」

猿はスッポンの話を聞くと、にわかに混乱したが、考えて言った。

「お兄さんが私に竜王へ心臓を捧げることを求めるからには、弟はどうして断ることが出来ましょうか。しかし、私は朝、土手でとんぼ返りの練習をするのに、心臓を振って壊してしまうのを恐れて、取り出し、柳の梢に引っかけて来たんだ」

スッポンは聞くと、顔色を変えて言った。

「竜王が人を遣わして取りに来たら、私は申し開きが出来ない。おまえも逃げられない」猿は続けて言った。

「お兄さん慌てないで、今から取りに行きましょう。手数ですが、また川辺に背負っていってください」

スッポンは猿の心臓欲しさに、すぐに猿を乗せると川辺まで這っていった。猿は岸に上がると、あっという間に柳の樹に登った。スッポンは首を長くして、ぼうっと猿が心臓をくれるのを待っていが、猿は柳の樹から言った。

「スッポンの兄さん早く帰りな、私は岸で桃を囓っている。不義理な奴とは付き合わない。何処に猿の心臓を掛けた梢があるものか」

中国民間文学集成陝西巻編輯委員会『中国民間故事集成・陝西巻』中国 ISBN 中心　一九九六年

17 「猴子和鱉」（猿とスッポン）（寧夏回族自治区　回族）

昔、月亮山の小猿とスッポンが兄弟の契りを結んだ。二匹は家族のように仲が良かった。

ある日、小猿が山へ果物を取りに行くと、スッポンは待ちきれず、日が山へ落ちたのをいいことに、村へ入ってぶらぶらしていた。スッポンは張員外（員外は地主や土地の有力者）の家の前まで来ると、門の所に告示が出ているのを見た。告示にはこう書いてあった。「誰でも猿の心臓を持ってきて、娘の病気を治したものには、賞金を与える」

スッポンは読み終わると、飛び跳ねて喜んだ。これはとても簡単なことだ！　小猿の心臓を渡せば、私は財を成すではないか、金さえあれば、川辺に新しい家を建てて、小猿を雇って私の世話をさせられる。食べるのも、着るのも、お金を使うのも心配なく、全て自分でやることもなく、なんて快適なんだ！

日が暮れると、スッポンは家に帰り、全くご飯を作る気もなく、オンドルの上に横たわって考えた。猿は飛び跳ねるのが速い、私は這うのが遅い。どうやって猿の心臓を手に入れようか。

スッポンが目をつぶって考えていると、小猿が部屋にやってきて、スッポンに手を挙げながら言った。

「あなたに美味しいものを持ってきたよ」

スッポンはわざと何か言いたげな様子で、溜息をついて言った。

「弟よ、重要なことだ、助けてくれ」

猿は言った。

「どんなことが悩ませて、ご飯も食べられないの。出来ることがあれば、あなたのために命も賭けるよ」

スッポンはそれを聞くとくるっと起きあがり、言った。

「必ず出来る。張員外の娘が病に倒れ、起きることも出来ない。どんな薬も効き目が無く、猿の心臓を食べれば良くなるという。私は見ているととても気の毒で、みんなの前であなたの心臓をあげる約束をしてしまった」

小猿は怒って、歯ぎしりをするほどであった。しかし、大声は出さず、頭を働かせて言った。

「いいよ、いいよ。一個と言わず、十個でも探してくるよ。月亮山では毎日何匹か死ぬ猿がいるから、私達が行って取ればいい。どうして私の心臓をあげる必要があろう」

猿はいくつもの猿の心臓を取れると聞いて、小猿に同意した。

翌日、夜明け前に、小猿はスッポンを連れて出発した。道すがら、小猿はますます頭に来た。私は誠心誠意スッポンに接していたのに、おまえは少しの義理人情もなく、私の心臓を売ろうとしている。猿が速く歩けば歩くほど、スッポンは置いていかれるのを恐れ、急いで後についていた。月亮山に着くと、山の至る所に果物がたわわに実っていた。小猿は、まず大きな樹の前へ行って見てみると、その下にはたくさんの果物が落ちている。そこで、スッポンを騙して言った。

「兄さん、ここにいくつか猿の心臓があるよ」

スッポンはここに来たことはなかったので、顔の向きを変えた間に、猿はトッと木の上に跳んで、さっさと果物を食べに行ってしまった。

この時、太陽は既に山頂から照っていて、スッポンは暑さでのどが渇き、全身から汗が出ていた。眼は猿を求め、泣きついて言った。

「弟よ、早く戻ってきてくれ！　私は水から離れると干涸らびて死んでしまう！」

小猿は果物を食べながら、わざとぐずぐずしながら言った。

「木の下のは全部、死んだ猿の心臓だ。病気を治せないなら、私が食べ終わるのを待って、私の心臓を取っていけ！」

太陽が高く昇るほど、日に当たって暑くなり、スッポンは木の下で干涸らびて死んでしまった。

中国民間故事集成寧夏巻編輯委員会『中国民間故事集成・寧夏巻』中国ISBN中心　一九九九年

18　「海亀為什麼把頭縮進殻里」（亀はなぜ頭を甲羅に引っ込めるのか）（ペー族）

昔々、滇江東岸の羅坪山に賢い猿が住んでいた。この猿はよく川辺に潮を見に遊びに来た。日が経つにつれて川辺で日向ぼっこをする亀と友達になり、互いに兄弟と呼ぶほど親しくなった。

一方、滇江の竜王の娘は長年病気だった。ある日、竜王は洱海から名医を招いた。医者は処方箋を書いたが、その中で猿の心臓を副薬にする必要があった。これには竜王も困った。「川底のどれほど様々なものや、真珠でも私は手に入れられるが、陸の猿の心臓はどうしようもない」と考え、四方に布告を貼るしかなかった。「魚、蝦、蟹にかかわらず、三日以内に猿の心臓を献上したものに娘を取らす」という布告を亀が見ると、心の内で喜んで、急いで布告をはがすと竜王に拝謁した。亀が三日以内に猿の心臓を献上することをいうと、竜王はとても喜んだ。

この日、亀は川底から出ると、猿がちょうど山から下りてくるのが見えた。亀は喜んで言った。

「猿の弟、しばらくぶりだが、ますます元気そうだね。知り合ってから、良く私に山の果物をご馳走してくれて、申し訳ない。今日はぜひあなたを私の家に招待して、川底の世界を案内したいが、どうだろう」猿はそれを聞くと喜んで言った。「私は毎日、花果山で遊んでいるが、川の中には行ったことがない。少し待っていてください。すぐに戻ってきますから」

少しすると、猿はたくさんの新鮮な果物を持って、川辺に戻ってきた。亀は急いで「水をよける奥義」を唱えて、猿と川に入っていった。まず猿を家に連れて行き、おいしい川の料理を食べさせ、そして珊瑚の洞窟や、水晶の橋を案内した。そして深く草の繁茂する薄暗い場所へ来ると、亀は急に振り返って態度を変えて言った。

「なぜ、今日俺がおまえを澧江へ招いたか分かるか。正直に言おう。澧江竜王の娘が病気になり、急に心臓を副薬にしなければならなくなった。おまえと私は友人だ。長年の友情によって、助けてくれ。心臓を取り出して、竜王に捧げれば、私は竜王の娘婿になれる。永遠におまえの恩を忘れないから。もし承知しなければ、ここは竜宮の深い場所で、来たは良いが帰れないぞ」

猿はそれを聞くと、全てが分かった。しかし、機転を利かして亀に言った。

「何のことはない、あなたはこんなに智恵を絞って、なんだそんなことでしたか。あなたを助けるのに、心臓一つぽっち、なんてことありませんよ。私は八つの心臓を持っていますからね」

亀はそれを聞くと、満面の笑みを浮かべ言った。

「それは良かった、八つもの心臓を持っているのなら、早く私に一つくださいな」

すると猿はとがめるように言った。

「ああ、なんでさっさと言わなかったの。川に入る前、私は山に新鮮な果物を摘みに行って、川で遊ぶのに邪魔にならないように、樹に掛けてきてしまった。一つも持ってきていない。でも兄さん、慌てないでください。竜宮で遊び終わったら、一つ差し上げますよ。今はもっと遊びましょうよ」

亀はこれを聞くと、急いで言った。

「猿の弟よ、悪く思わないで欲しいのだが、竜王は三日の期限しかくれなかった。もし三日以内に持ってこられなければ、私は責任を全うできない。やはり、急いで心臓を取りに行ってくださいな」

そう言い終えると、亀は猿を乗せて、岸に戻った。

猿は岸に上がると、大声を上げて亀を罵った。

「この恥知らず。考えてもみなかったか、誰だって心臓は一つだ、どこに八つもある。今日、ようやくおまえが自分勝手の大馬鹿者だと分かった」そう言うと、振り返りもせず山に登ってしまった。

この時、亀ははっと悟ったが、手の打ちようもなく頭を殻の中に引っ込めて、二度と伸ばさなかった。

そして今に至るまで、亀は深々と頭を殻に引っ込めている。

白庚勝　総主編『中国民間故事全書　雲南・洱源巻』知識産権出版社　二〇〇五年

19　「烏亀為什麼縮頭」（亀はなぜ頭を縮めるのか）（ペー族）

昔々、漶江に亀がいた。亀の頭は鳥の首のように長かった。漶江東岸の羅坪山には、山の林に賢い猿が住んでいた。この猿はいつも岸辺で遊んでいて、ある日遊んでいる最中に、亀が岸辺で日向ぼっこをしているのを見た。二匹が話していると、まず亀が言った。

「私は水の中に住んでいて、時には岸辺に来て陸を這う」

すると猿が言った。

「私は山で生まれ育ち、水辺で遊ぶのは好きだが、脚までの水の深さしか入れない。それ以上深くなると入れない」

そこで亀が言った。

「私たちは水の中のものと、陸地のもので、友達になれるかね」

それを受けて猿が言った。

「最高ですよ。友達になりましょう」

このようにして、猿と亀は友達になり、互いに兄弟と呼ぶほどに仲良くなった。

さて漶江の竜王の娘は長年病気で、ある日、竜王が洱海から名医を招いた。医者は薬を処方したが、薬には猿の心臓を副薬にする必要があった。これは竜王を困らせた。川底のどんな珍しいものでも問題ないが、猿の心臓だけはどこで手に入れられるか。竜王はどうしようもなく、布告を四方に貼るしかなかった。布告には「誰でも三日以内に猿の心臓を献上すれば、娘を娶らせる」とあった。

川には魚、蟹、蝦といたが皆どうしようもなかった。ただ亀だけが密かに喜んで、急いで布告をはがした。

亀は川辺に来ると、待った。三日目の午後まで待ち続けると、ようやく猿が山から下りてくるのを見た。親友と会えば、自然と親しみが湧くもので、亀は笑顔で言った。

「猿の弟よ、久しぶりだが、ますますお元気で。知り合ってから、いつも私に山の美味しい果物をごちそうしてくれるので、申し訳ないと思っていた。今日は私が家に招待して、川底で遊ぶのはどうだろう」

猿は言った。

「良いは良いけれど、ただ水に入ることができません」

すると亀が言った。

「招待するのに、水に道をつくっていこう」

そこで猿は喜んで言った。

「山はどこも遊んだことがあるが、川には入ったことがない。少し待っていてください。果物を摘んできます」

少しすると、猿はたくさんの新鮮な果物を摘んできた。亀が水をよける奥義を急いで唱えて猿と川に入った。猿には川の水、石、魚、蝦が新鮮で、亀は猿を連れて珊瑚の洞窟や水晶橋などを案内した。そして深く草の繁茂した暗い場所まで来ると、そこは亀の家であった。猿は家を見ると、客を迎える様子ではなく、台所も料理の匂いすらしなかったが、聞きづらく、机脇の椅子に座った。

そして猿は言った。

「亀の兄さん、良いお家ですね。私の山の家に比べて、ずっと良い」

すると亀はさっと答えた。

「そうなんだ、家は良いんだが、一人暮らしでね。女房さえいない」

それを聞いた猿は思った。なるほど、亀がふしだらと言われるのは、妻を欲しがってのことか。しかし、口ではこう言った。

「焦らないで、妻なんて二、三日で探せないことはないですよ」

このとき、亀がまじめくさって言った。

「猿の弟よ、なぜ今日あなたを家に招待したかわかるだろうか」

猿は笑って答えた。

「友達だからですよね。あなたが兄、私が弟。兄が弟を招くのは、当然ですし」

すると亀も笑って言った。「私が招いたのは、あるものを借りたいからさ」

そこで猿が「何を借りたいのですか」と聞いた。

亀は困った様子で言った。

「言って、貸してくれなかったら、どうしよう」

猿は、事情を知らないので言った。

「もし、私が持っているものでしたら、なんでもお貸ししますよ」

そして亀がついに話した。

「それは良かった。では話そう。他でもない。ただ、心臓を借りたい」

猿は大いに驚いた。

「亀の兄さん、分かっていますよね、心臓は一つしかありません。もし貸したら、死んでしまう」

「それは知っている。しかし他に方法が無く、あなたに借りるしかないんだ」

猿は、更に聞いた。

「心臓を何に使うのですか」

亀は言った。

「漂江竜王の娘が病気で、急に猿の心臓を副薬にしなければならなくなった。もし心臓がなければ、生きていられない。我々は親友だ。長年の友情に免じて、心臓を取りだして、竜王に献上させてくれ」

また猿は言った。

「竜王の娘は、あなたと何の関わりがあるのです。心臓を献上しなければいけないのですか」

そして亀が答えた。

「知らないだろうが、竜王が布告を出した。誰でも猿の心臓を献上すれば娘を嫁にくれると。心臓を貸してくれれば、私は竜王の娘婿だ。永遠に恩は忘れない。もし駄目なら、ここは濜江の深い場所だ。帰れないよ」

ついに猿は全てが分かったが、機転を利かせて言った。

「何のことはない、そんなことでしたか。あなたのために心臓一つあげるのは、なんてことはない。さっきは一つだけと言ったが、それは嘘で、実は私は八つの心臓を持っている。友達が一つ欲しいというなら、駄目なことがあろうか」

猿はそれを聞くと、真に受けて満面の笑みで言った。

「それは良かった。八つ持っていたのなら、早く一つ出してくれ」

すると猿は恨みがましく言った。

「どうしてそれを早く言わなかったのですか。川に入る前、果物を摘みに行った時に、川で遊ぶのに邪魔になると思って全部樹に掛けてきてしまった。一つも持ってきていませんよ。でも焦らないでください。竜宮で遊び終わったら、一つあげますよ。まずは遊びましょうよ」

亀はそう聞くと、急いで言った。

「猿の弟よ、悪く思わないでくれ。竜王の期限は三日で、今日は最後の一日なんだ。今すぐ取りに行こう」

猿は了解して、二匹は岸に戻った。亀が岸についてのろのろ這うと、猿はその前に走り出て、指をさして罵った。

「この薄情者、考えてみろ、誰が八つも心臓を持っている。猿が賢くたって、一つしかない。今日、ようやくおまえが腹黒くふしだらな亀だと分かった。女房欲しさに友を殺そうとするとは」

すると亀は会わす顔が無く、懸命に頭を縮めた。

亀はこの時から、良く頭を腹まで縮めるようになって、今日に至っているという。

白庚勝 総主編『中国民間故事全書 雲南・大理巻』知識産権出版社 二〇〇五年

20 「哪有猴心挂樹梢」（どこに猿の心臓が樹に掛かっているか）（吉林省 漢族）

ある年、鯉の精と花果山の猿が義兄弟となった。二匹は仲が良く、ひとりの人のようであった。鯉の精は花果山で十分に飲み食いし、遊んだ。この年、東海に帰ると、ちょうど竜王が病気であった。どんな薬を飲んでも良くならず、聞くところによると、猿の心臓のみが効き目があるという。竜王が命令をして言った。

「誰でも猿の心臓を持って来たものは、東床駙馬に任じる」

鯉の精はそれを聞くなり心を動かされ、花果山へとって返した。猿の兄貴は、あるだけの美味しいものを全て出して鯉の精をもてなした。鯉の精は頭を振って言った。

「こんなのはたいしたものではない。東海の果物（自来果）のおいしさに及ばない。今、私はあなたに果物を食べてもらおうと迎えに来た」

猿はそれを聞くと、短気な性分が出て、鯉の精について東海へ行った。分水夜叉が海水を分け、二匹は竜宮に到着した。猿は竜宮で三日待ったが、鯉の精は果物をくれない。猿はこらえきれなくなり、鯉の精に聞いた。

「私にごちそうしてくれるという果物はどこだい。早く持ってきて味わわせてよ」鯉の精はそれを聞くと、顔色を変えて言った。

「あなたからある物を借りたい」

「何を借りたいの？」

「心臓を貸せ！」

猿はそれを聞くと笑って言った。

「ああ！　そんなこと。大したこと無い。どうして早く言わないのか。私は一日中、山や谷を動くので心臓を落とすことを心配して、樹に掛けてあるんだ。行こう、早く取りに戻りに」

鯉の精はそれを聞くと喜び、急いで猿の兄貴と花果山へ戻った。三日待ったが猿は心臓を持って来ず、猿も姿を見せなかった。鯉の精は猿を探しに行くと、猿が言った。

「もうおまえには会わないから、おまえも来るな。本当のことを言おう。義理知らずな友とは付き合わない。どこに猿の心臓を掛けた梢があるか！」

中国民間文学集成吉林巻編輯委員会『中国民間故事集成・吉林巻』中国文聯出版公司　一九九二年

21　「猿の生き肝」異文（吉林省　漢族）

張才と竜女が恋をして、結婚した。竜女が病となり猿の心臓が必要となる。張才は友人の果花山の猿を訪ねた。猿は「心臓は木の梢に掛けてあるので、少し待ってくれ、取ってくるから」と言って、樹に登っていった。そして張才を振り返って言った。「張才、もうつきあえない、何処に猿の心臓を掛けた梢があるか。おまえは竜宮に帰って聰馬になれ、私はあの高い山に帰って桃を食う」猿は言い終えると、ピョンピョンと遠くへ去った。

中国民間文学集成吉林巻編輯委員会『中国民間故事集成・吉林巻』中国文聯出版公司　一九九二年

22　骨がない海月（広東省）

海月は骨がなく、ただ波にまかせてながれる。これは東海竜王の罰による。

東海竜王の王女が重い病にかかった。多くの名医を招き、たくさんの貴重な薬を施したが効き目がなかった。王女の美しい容姿も枯れ木のようになってしまった。

東海竜王は焦り、先祖代々仕える名医を連れてきて、王女を診察させた。そして、「もし王女の病気が良くならなければ、生きて水晶宮からでられると思うな」と言った。

しかし、王女の病は既に膏肓に入り、治しようがなかった。この名医は王女の脈を診ながら、竜王に対する方法を考えた。脈を取り終え、筆を執って処方箋に「猿の肝を一つ、生で」と書いた。

このやり方は奥が深く、診察して処方を書いて、薬が手に入らず病人が死んでも医者の責任ではない。

東海竜王はすぐに百官を集め、薬を手に入れる相談をしたが、皆黙っていた。竜王が群臣を見回すと亀丞相や田螺御史、魚の兵、海老の将軍など、皆自分が使いに選ばれることを恐れていた。そこへ雑役の海月が薬を取りに行くと名乗り出た。

海月は竜王に必ず猿の肝を取ってくると約束した。これには訳があり、海月は良く浜辺の方でぶらぶらとしている時に、そこの猿達と友達になっていた。そして海月はこれを機に、ちょとした役職を手に入れ、もし王女の命を救ったら夫にもなれるのではないかと身勝手な計算をしていた。

海月が水晶宮を出て、目的の場所に着くと、猿達が楽しそうに遊んでいた。海月は水晶宮の美しさ、仙人界の果物があることを話して、猿達を水晶宮へ誘った。猿達は海月の話を聞いて皆行きたがった。海月は猿達を連れていき、竜王に選ばせて自分の才能を誇りたかったが、たくさん連れて行って反乱を起こされてもまずいとも考えた。そこで、海月は言い辛そうに「こんなに多くの皆を背負っては動けない」と言い、一回に一匹を背負っていき、全員を運ぶことを提案した。猿達は了承し、最も経験のある年老いた猿を最初に行かせて、後から来る皆のために準備をさせることにした。

年老いた猿は海月の頭に乗って海へと潜っていった。水晶宮が近づくにつれ、海月は思わず笑いを漏らした。猿は怪しんで、なぜ笑うのかと尋ねるが、海月は笑うばかりで答えない。猿が何度も尋ねると、海月は既に深海まで来ているので話しても差し支えないと思い、竜王の王女の病を治すために猿の肝が必要であると言った。猿は驚き、そして肝は木に掛けてあるので持ってきていないと残念そうに言った。それを海月が疑うと、海の生き物は活動量が多くないので肝を腹の中に入れていても大丈夫だが、猿は木の上を跳び回るので落とさないよう木に掛けていると猿が言う。

海月と猿は肝を取りに戻ることになり、砂丘の近くまで来ると、猿は岸へと跳び上がった。猿は砂丘で待っていた他の猿達に真相を話すと、猿達は逃げてしまった。

海月はがっかりとして水晶宮へ帰ると、竜王にこれまでのいきさつを報告した。竜王は大いに怒り、翌日王女が死ぬと、海月を死罪にしようとした。しかし亀丞相や田螺御史が海月の忠心を考え死罪を免じるように願い出た。竜王は怒りが収まらず、死罪は免じたものの、海月の骨をすべて抜くことにした。

こうして海月は骨がなくなり、波に漂うしかなくなる。

王潔・周華斌編『中国海洋民間故事』海洋出版社　一九八七年

23　「烏亀殻為何布満裂紋」（亀の甲羅にはなぜたくさんのひびの模様があるのか）（広東省　漢族）

昔、亀の甲羅は黒くてなめらかでひびの痕はなかった。亀は森の小川に住んでいて、猿と隣近所で仲良しだった。ある日亀は猿に、海底に行って遊ぼうと持ちかけた。猿はとても喜んで、海岸に着くと、亀は猿を乗せて海底に泳いでいった。

海底世界は案の定とても美しく、たくさんの珊瑚を積んでできた宮殿、珍しい草花が海底をとても美しく飾っていた。猿と亀が見ていると海の生き物たちが水晶宮の前で告示を囲んで見ていた。竜王が頭痛を煩っていて、広く良薬を求めており、布告には「もし、わしを治すことができれば、宰相に取り立てて、富貴を保証する」とある。

亀はずっと富貴に憧れ、告示を見てとても喜んだ。亀は猿の脳みそが頭痛の妙薬であることを聞いたことがあり、猿はちょうど横にいて、もし竜王に差し出せば、出世して金持ちになることができる。そこで亀は告示を外すと、猿に言った。「あなたはここで私を待っていてくれ。ちょっと行ってくる」言い終わると、向きを変えて竜宮に這っていった。竜王は亀を謁見して聞いた。「おまえは何か治療法があるのか。早く言え」そこで亀は言った。「臣は日頃から大王の恩恵を受けています。今、大王の病は一つの薬で治すことができます」亀は慌てず言葉を接いで言った。「猿の脳みそこそが大王の頭痛を治すことができます」竜王は怒った。「馬鹿な。海底に猿がいるものか。おまえはわしをからかっているな」亀は自信満々に言った。「猿は既に私が連れてきています。宮殿の外にいますので、人をやって捕まえてきてください」

ほどなく海老の兵が猿を捕まえてきた。猿は宮殿の中の雰囲気を見て、いくらか様子が分かった。そこで竜王が言った。「わしは病で、聞くところによるとおまえの脳みそだけが効くそうだ。今、おまえの頭を割ってわしに捧げることを命じる」猿はそれを聞くと、落ち着いて言った。「それは容易いですが、ただ今日は海に入るのに脳みそを持ってきていません。面倒ですが、亀が私を陸まで送って取ってきて大王に捧げるしかありません」

亀は大王の命令で猿を岸に送るしかなかった。岸に着くと、猿は亀の歩みが遅いので、無理矢理に亀を背負って、崖の上まで歩いた。そして「この恩知らずの馬鹿者。今日は思い知らせてやる」と言いながら、亀を山から落とした。

亀は谷に落ちて、長い間気を失った。ゆっくりと気がつくと、体に切られたような痛みを覚えた。目を開けてみると、亀の甲羅は既に一三に割れており、このため今日の亀の甲羅はたくさんのひびが入っている。

中国民間故事集成広東巻編輯委員会『中国民間故事集成・広東巻』中国 ISBN 中心出版　二〇〇六年

24　海母随風潮飄（海月が風に吹かれ潮に漂う）（浙江省　漢族）

伝えられるところでは昔々、海月は竜王の寵臣であり、人々は海母丞相と呼んでいた。

ある時、竜王が重い病気になった。竜宮の医者は、心臓に病気があると診断し、そして竜宮にはこの種の病気を治す良い薬はなく、山林の白兎の肝さえ取ってくれれば、治すことが出来ると言った。竜王はそれを聞いた後、すぐに文武百官を召して言った。

「白兎の肝を取ってきたものには、たくさんの褒美を与える」

文武百官はお互いを見合うばかりで、誰もこの役目を受けようとしなかった。

竜王は大いに怒って言った。「日頃わしがおまえたちに不当な待遇をしたことはないのに、今困ったことが起きても誰もわしのために心配しようとはしない。恨めしい、恨めしいぞ！」

この時、海母丞相が列から出て奏した。

「臣が我が王のために尽力いたします」

竜王は大いに喜び、すぐ前へ出るように命じた。海母丞相は王の意を受け、文武百官に別れを告げ、水に道をつくり、海岸へと一路急いだ。

海母は水面に出るや、一匹の白兎がちょうど岸の上で餌を探しているのを見た。海母はとても喜んだが、大急ぎで思いやりのある様子をつくろい、声高に叫んで言った。

「白兎さんよ！　あんたは一人でここで遊んでいて、すごく退屈でしょう！　私たちの竜宮は良いところですよ、どうして竜宮へ行って遊ばないのですか」

白兎は言った。

「竜宮は一面水でしょう、どこが山林より景色がよいと言うんだ！」

海母はしきりに頭を振って言った。

「そんなことはない！　私たちの海の中には、海の木や珊瑚、青玉、夜光玉があり、いろいろな草が青緑色をなし、いろいろな花が鮮やかだ。四季の風景は言い尽くせず、それぞれの景色は見尽くせない。それに慈悲深い竜王と客好きの水族もいる。これら一切、山林とどうして比べられよう」

兎はそれを聞くととても驚いて言った。

「あなたの海の中がこんなにも良いと言うことを聞いても、惜しいことに泳ぎの心得がなく、行きたくても行くことが出来ないよ！」

海母は白兎の言葉が柔らかくなったことを見て、胸を叩いて言った。

「それは心配する必要はないよ。もし竜宮へ行く気があるなら、私があなたを連れていける。私が前で水を分けるから、あなたは後ろからついてくれれば、陸の上を歩くのと同じようだよ。ちょっとの水もあなたを濡らすことはない」

白兎はためらっていたが、突然海母丞相が水に道をつくるのを見て、信用した。そこで海母丞相について水の底に着いた。兎はまず竜宮の門の外で風景を見て、確かにすばらしいと思い、楽しく遊ぼうという気になった。海母丞相は白兎の思いを見抜き言った。

「あなたはしばらくここで遊んでいなさい、私が先に竜宮へ行って竜王に上奏して、それからあなたを連れていきます」

海母丞相は竜宮へはいると、喜びあふれるさまで竜王へ上奏した。

「白兎はもう竜宮の外で待っています」

竜王はそれを聞くと喜び、急いで白兎を呼ぶように伝えた。

白兎は竜宮へはいると、礼をして尋ねた。

「大王、私を召されて、何か御用ですか」

竜王はズバリと本題に入り、白兎の胸のところを指さして言った。

「わしは重い病気にかかり、おまえの肝でしか治せない、おまえの肝をちょっと借りたい」

白兎は聞くと驚き、密かに考えた。私の肝は一つしかない、どうして貸すことが出来る？　これは私の命が欲しいと言うことではないか！　兎はとっさにいい知恵が浮かび、すぐ竜王に言った。

「大王、絶対にだめです。粗忽な海母丞相が悪いのです！　私を海底に来させたとき、大王が肝を必要だと言うことを全く言いませんでした。だから私は肝を持ってきませんでした。まだ山の巣に置いてあります。もし大王がどうしても借りたいとおっしゃるのでしたら、私はすぐ山へ取りに戻ります。大王のお考えはいかがでしょう」

竜王は聞くと海母丞相の方を怒りの目で見て、激怒したさまで言った。

「わしはおまえに肝を取りに行かせたのに、おまえはどうしてそのことを伝えなかった？　本当に役立たずだ！今おまえはもう一度白兎と一緒に行って、必ず肝を取ってこい！」

海母丞相は仕方なく、再び白兎を連れて海を出た。岸辺に着くと、白兎は身を踊らせ岸に飛び移り、海母丞相の方を振り返り大笑いして言った。

「はっ、はっ！　愚かな竜王、間抜けの丞相！　世界のどこに肝のない兎がいる」

海母丞相は聞くや、はっと悟り恥じて焦ったが、白兎が草むらの中へ飛び跳ねていくのをみすみす見逃してしまった。瞬く間に跡形も見えなくなり、やむなく竜宮へ戻り復命し、事の経過を話した。竜王は聞いてなんと悔やんだことか！　竜王は怒りをぶつけるところがなく、海母丞相の職を取り上げ、罰として永遠に竜宮へ入ることを出来なくした。海老や蟹の将兵は声を上げると、海母を竜宮から追い出した。

これ以後、海母は帰るべき家もなく、やむなく海の上を漂い、至る所放浪した。潮が寄せると、潮に乗って海辺へ漂い、潮が引くと、また潮に乗って海へ戻っていった。

王一奇・凉汀編『中国水生動物故事集』中国民間文芸出版社　一九八四年
中国作家協会福建分会「榕樹文学叢刊」福建人民出版社　一九八〇年一月
邱国鷹・管文祖・金濤編『東海魚類故事』浙江人民出版社　一九八一年
陳慶浩・王秋圭主編『中国民間故事全集二二　浙江民間故事集』遠流出版（台湾）一九八九年

25 「烏亀和梅花鹿」（亀と花鹿）（上海）

昔、亀の甲羅は、つるつるで、真っ黒でスッポンと同じようであった。亀は森の川に住んでいて、鹿と隣近所で、一緒にうまく生活していた。

天気が特に良く晴れ渡り、川の水もきらきらと光っていたある日、亀は鹿を連れて海底の水晶宮へ遊びに行くことを提案した。鹿は聞くととても喜んだ。海辺へ着くと亀は鹿を背負ってゆっくりと海底へ向かって泳いでいった。

海底世界はやはり陸とは大きく違っていて、いろいろな色の珊瑚礁で築いた宮殿が至る所にあり、様々な水の植物が海底をとても美しく飾っていた。鹿と亀は前を見ると、たくさんの水の動物たちが水晶宮の前を囲み、告示を見ているところだった。何と海竜王が頭痛を患い、広く良い医者や良薬を求めているということだった。掲示にはこう書いてある。「この竜王の病気を治せるものは、宰相の地位を与え、莫大な報賞金を与え、永く富貴の身とする」

亀はもともと利己心が強く、告示を見ると心中大いに喜んだ。彼は昔、鹿の脳髄は頭痛を治すことが出来て、しかも治ってしまえば二度と再発しないと人から聞いたことがあった。今、鹿はそばにいる。どうしてこれを竜王に捧げないという手があろうか。この機に乗じて昇進し金持ちになるのはたやすい。亀は両手で告示をはずすと、鹿にむかって言った。「少し待ってて、私はちょっと行って来る」

言うと、体の向きを変え、竜宮へ這っていってしまった。

海竜王はすぐに亀を召して尋ねた。

「どのような良い治療法がある、早く知らせろ」

亀は言った。

「大王の臣民である私は、大王の恩恵に深く浴しており、大王が病と聞くと、焦りに耐え切れませんでした。大王の病はただ一つの薬で治ります」

「どんな薬だ」

亀は竜王のそんなにも焦っているのを見ても、慌てずに言った。

「大王の病を治したいのなら、鹿の脳髄しかありません」

海竜王は聞くと大いに怒って、亀に向かって厳しい声で言った。

「たわごとを言うな、海底のどこに鹿がいる。おまえはこの王をからかう気だな。誰か！」

亀は胸に成算ありという様子で言った。

「大王の必要な鹿は私が既に連れてきています。今、王宮の外にいますので、海老の兵を遣わし捕まえると良いでしょう」

海竜王はすぐ命令を下した。少しして、海老の兵が鹿を捕まえて連れてきた。鹿は亀が竜王のそばに立っていることと王宮内の殺気がみなぎっている様子を見て、心中幾らか事情が分かった。鹿は竜王を臨み見て尋ねた。

「大王が私をここへと言うことですが、一体どのようなお申し付けですか」

竜王は言った。

「わしは頭痛を患っている、聞くところによるとおまえの脳髄でこの病が治るという。今、おまえの頭を割り、わしに捧げることを命ずる」

鹿は聞くと、これは亀から出た企みだと分かり、慌てずに言った。

「大王が病を得ているのでしたら、私が尽力するのは当然です。しかしちょうどまずいことに、今日は海に入るということで、私は脳髄をつけることを忘れてしまい、家に忘れてきてしまいました。大王どうか亀に私を陸へ送らせて下さい。私は取ってきて大王に捧げます」

竜王は鹿のこの話を聞くと、話に道理があると思い、亀のほうを向き言った。

「おまえは鹿を連れてもう一度行け、速く行って、速く帰って来いよ」

亀は仕方なく、鹿を背負って水面へ泳ぎ出るしかなかった。鹿は岸に上がると、一言も言わず亀を背負い、四本の足でさっと山へ駆けていき、最後は断崖の上でやっと止まった。

亀は鹿の背の上で震えた声で尋ねた。

「あ、あなたは何をするつもり」

鹿は言った。

「おまえは昇進して金持ちになるために、人のものを自分の贈り物としようとした。数年来、わたしはおまえを兄弟同様に扱い、どこでもおまえを守ったのに、恩義を忘れ仇で報いようとしている。今日はおまえを懲らしめてやる」

言うや、ドンと、鹿の角を使って亀を山の頂から押して落とした。

亀は谷間に落ちた後、しばらく気を失っていた。その後ゆっくりと意識が戻り、体に刀が撚り合わさったような痛みを覚えた。目を開いてみると、あの黒く輝いていた甲羅は既に一三角に砕けていた。


山海経編輯部編「山海経」一九八四年第二期

26　「兎子和烏亀」（兎と亀）梗概（朝鮮族）

亀はもともと水中に住んでいたが、今はしばしば岸に上がる。これには次のような訳がある。

ある年、南海の竜王が病気となった。医者や薬は役に立たず、竜王は臣下を集め知恵を出させた。そして鯉の博士が言うには、兎の肝が効き目があるという事だった。最初に、鯨が兎を捕まえにゆくと言ったが、亀の丞相が後から名乗りを上げ、岸に上がれることや聡明なことで、亀が兎を捕まえに行くことになった。亀は岸に着き、山に向かって歩くと兎を見つける。水晶宮行きを兎は最初いぶかしがるが、亀は兎を言いくるめて岸辺まで連れてくる。岸辺では、あなぐまが止めるが、結局、兎は亀に乗り水晶宮に行く。

兎は竜王に会うと、肝を要求される。兎は亀が迎えに来たときに肝が必要と言わなかったので、肝は山の洞穴に隠したままだと応える。肝を取ってきてもらうため、竜王は兎をもてなし、亀は竜王の言いつけで再び兎を背に乗せて肝を取りに岸に戻った。岸に着くと兎は笑って逃げてしまい、亀は竜宮に帰りたくとも帰れなくなる。この時から亀は陸で生活するようになり、どうしても我慢できなくなると少し水の中にはいるが、二度と竜宮に帰ることはなくなってしまった。

裴永鎮整理『朝鮮族民間故事講述家金徳順故事集』上海文芸出版社　一九八三年
陳慶浩・王秋圭主編『中国民間故事全集三四　吉林民間故事集』遠流出版（台湾）一九八九年
依田千百子・中西正樹訳『金徳順昔話集――中国朝鮮族民間故事集――』三弥井書店　一九九四年

27　賢い兎（朝鮮族）

昔、南海竜宮の竜王が重病となった。あまねく名医を集めたが、打つ手がない。ただ、一人の医者が、兎の肝から薬が作れると言った。文武百官は誰が取りに行くかを議論し、亀が名乗りを上げた。しかし亀は兎を見たことがないので、宮廷の絵描きに兎の絵を描いて貰い、それを持ち皆に送り出された。

亀は陸に着き、しばらく探すと兎を見つけた。そこで兎に対して、竜宮の美しさを話し、ここは狩人や猛獣がいて危ないので竜宮に来ないかと誘う。兎は始め躊躇するが、結局亀の口車に乗り竜宮へ行くことにする。

竜宮で兎はもてなしを受けるが、二日目、亀に竜王の所へ連れて行かれ肝を要求される。兎は虎口を脱するため、肝は泉で洗って山に隠してあるというが、竜王は信じない。なおも兎の肝は妙薬が作れ、人に狙われるので山に隠してあると兎が言うと、竜王はどこから肝を取り出すのかと問う。そこで兎が、兎には大便と小便と肝を出す三つの穴があると答えるので、竜王が僕のものに確かめさせると果たしてその通りであった。

亀が再び兎を連れて肝を取りに行くことになり、竜王は肝を取りに行く兎に礼として真珠を与えた。陸に着くと兎は、亀や竜王を罵り、逃げてしまった。

劉蘊傑編『朝鮮族民間故事講述家黄亀淵故事集』中国民間文芸出版社　一九九〇年

中国「鼠の嫁入り」日本語訳

（数字は第二章中の表の番号に対応）

1　「美麗的鼠姑娘」（美しい鼠の娘）（カザフ族）

昔、鼠が美しい鼠の娘を生んだ。世の中の生き物は、皆このためにしきりと驚き不思議に思った。鼠の娘が嫁入りの年になると、思った。「私は鼠に生まれついたが、私の同類と私とでは釣り合いがとれない。とにかく、私に似合う相手を探さなければ」彼女は、世界の内で太陽が最も美しく、最も価値があり、最も有能であると思い、自分の一生を任せようと願った。そこで彼女は太陽を訪ね、内心の情を打ち明けた。

「私は美しい鼠の娘であり、自分に似合いの、心にかなう相手を求めている。繰り返し考えた末、あなたが最も私の意にかなうと思った。世界中で、あなたのように強大で、こんなに暖かく、出色で、美しいものはなく、何ものもあなたとは較べられない。もしあなたが同意してくれるなら、私はあなたの妻になりたい」

「あなたは、確かに非常に美しい」

太陽は言った。

「だから、あなたは少しの欠点もなく、立派な相手を探すべきだ。正直言って、私にも欠点がある。私は昼間は出ているが、夜は隠れて見えなくなってしまう。月は私と較べずっと強く、漆黒の夜を非常に明るく変えることができる。あなたは彼を訪ねればいい」

美しい鼠の娘は月の傍らへ来ると、自分の来意を告げ、太陽が言った言葉をもう一度繰り返した。月は言った。

「そうだ、私がよく太っているときには、どのような漆黒の夜も私は昼間と同じように照らすことができる。しかし、私より優れているものがいる。四方八方から集まり重なり合った雲、彼は完全に私の顔を覆うことができる。あなたはやはり雲を訪ねて話しなさい」

美しい鼠の娘は、雲を訪ねて、ここまでの情況をもう一度話した。加えて自分の来意を明らかにして、同時に雲が月よりもすごいところを話した。雲は聞くと言った。

「あなたの言うことは正しい。時として月はもちろん、太陽さえも私に覆われてしまう。しかし、風は私よりまだすごい。彼がいったん吹き始めると、私をばらばらに引き裂き、そしてあちこちへ逃げてしまう。あなたは彼を訪ねるといい」

美しい鼠の娘は、風を訪ねた。彼女は、自分の情況を一部始終風に語って聞かせた。風はしばらく考えると、このように言った。

「雲の言うことに少しも嘘はない。私がうなると、全ての動物、植物を吹き倒し、揺り動かす。しかし、私がどのようにうなり声をあげても、山は悠然と微動だにしない。あなたは、あの堅固で崩すことができない高い山を訪ねなさいよ」

美しい鼠の娘は、高い山の前に来ると、自分の見てきたこと聞いてきたことを話し、同時に彼女の願いも明らかにした。高く雲にまでそびえる山は言った。

「確かにそうだ。怒濤のような大波も、私のかかとさえ濡らすことはできない。荒れ狂う暴風が襲ってきても、私の体は何も感じない。しかし、私の目は悪く、役に立たない。しょっちゅう、手のひらに載せても一杯にならないほどの小さい動物のからかいを受ける。鼠が穴を掘って、私の前から入り後ろから出て、自由に行き来する。私は確かに為すべがなく、彼に降参するしかない」

自分の同類を軽く見ていた美しい鼠の娘は、世界を歩き終わり、宇宙をあまねく回ったが、自分の同類に勝る相手を見つけることが出来なかった。最後は鼠に嫁入りするしかなかった。

新疆人民出版社編『新疆動物故事続編』新疆人民出版社　一九八四年

2 「鼠美人」（美人鼠）（カザフ族）

鼠の国に美人鼠が生まれた。その美しさは全ての動物を驚かせた。

鼠の娘が大人になって、嫁に行くこととなった。鼠の頭にはこのような考えがあった。「私は、鼠の父と母から生まれたとはいえ、私を鼠に嫁入りさせることには甘んじられない。私は似合いの夫を探して、その人と一生過ごしたい」

誰が最もふさわしいか。あれこれ考える内に、太陽のことを思いついた。広々とした世界の中で、太陽は最も高尚であり、最も容貌が優れ、最も才能がある。彼に嫁がないで誰に嫁ごうか。鼠は太陽のところへ走っていくと、太陽に自分が愛していることを打ち明けた。

「私は美人鼠で、私の宿願は一人の似合いの男を探し、その人に嫁ぐことです。深く考えた末、最後にあなたを選びました。この宇宙の万物の中で、あなたは最も偉大で、最も慈しみ深く、最も明るく、最も強大で、最も容貌に優れ、あなたと較べられるものはない。あなたさえ似合いだと思えば、私はあなたの伴侶になりたい」

太陽は言った。

「あなたは確かに美しい。あなたに似合いの伴侶を探し求めるべきだ。少しの欠点もない、少しの弱点もない。そのことは、私も理解できる。正直に言うならば、私は完璧ではない。昼間は私を見ることは出来るが、夜になると、私は姿を隠す。やはり月は私よりもすごい。夜中にも月は大地を昼のように照らすことが出来る。あなたは月を訪ねなさいよ」

美人鼠は、月に行くと太陽の言葉を月に語り、自分の慕う気持ちを表した。月は言った。

「あなたは、本当に世界に二人といない美人だ。あなたの仙女のような美人に対して、もし私がふざけて答えれば、それは冒涜になる。太陽の言った言葉はもちろん正しい。私が丸い時、漆黒の夜も私は隅まで照らすことが出来る。しかし世界には私よりまだ強いものがいる。それは雲だ。集まるほど厚くなる黒雲が、あちらこちらから集まると、私の顔を隙間なく覆ってしまう。私が思うには、やはりあなたは雲を訪ねるといいでしょう」

美人鼠は雲を訪ねると、心の内を雲に話した。

雲はそれを受けて言った。

「あなたの言うことは全て道理にかなっている。月はもちろん、時には太陽の顔も覆うことが出来る。少しの太陽の光も、私の体を通させない。しかしあるものは私よりまだ凄い。今に至るまで、私は依然としてそれに対抗する少しの方法も見つからない。私が言うのは大風である。もし大風が一吹きすれば、私のよい暮らしは終わってしまい、私の体は、ばらばらになる。あなたは風を訪ねなさいよ」

鼠は風を訪ね、自分の考えを話した。

大風は少し考え、このように美人鼠に話した。

「雲の言うことに嘘はない。私が怒れば、確かに駱駝を天まで吹き上げ、百年の大樹も根本から抜くことが出来る。しかし、私がどんなに力一杯吹いても、あの高い山はいつも微動だにしない。あなたは、やはりあの真の力持ちを訪ねなさいよ」

美人鼠は高い山の前に来ると、自分の見たこと、聴いたこと、考えたことを全て話した。高い山は、高く大きい体をまっすぐに伸ばすと冷たく言った。

「それは本当ではある。洪水も私の膝を濡らせず、大風も私をどうすることもできない。いっそう強く吹いても、私はただ誰かが一息吹きかけたように感じるだけだ。しかし、ある小さな動物がいる。私の目では、それをはっきりとは見づらく、手の内に握ることが出来ない。しかし、それは事もあろうに私を嘲笑い、弄び、私の左脇に穴を開け、右脇を囓り、私の全身を小さい穴だらけにした。私はそれに対しては少しの方法もなく、それには降服する。その強いのは鼠だ」

自分の同類を軽く見ていた美人鼠は天上地上を一回りして、最後にこの世で最もよく、最も力があるのは自分の同族であることに気づいた。そして、心を改め、一匹の鼠に嫁いだ。

陳慶浩・王秋桂主編『中国民間故事全集　三九』遠流出版（台湾）一九八九年

3 「耗子嫁女」（鼠の嫁入り）（四川省　漢族）

ある一匹の母鼠が、自分の娘がとても美しいと思って、才能があり意に叶う婿を選びたいといつも思っていた。ある日、母鼠は洞穴から出てきて、地面が暖かく、煌々と明るいのを感じた。頭を上げてみると天に太陽があるのが見えた。ああ、太陽の力は大きい、婿とするべきだ。母鼠は太陽に言った。

「あなたの力は大きい、私は美しい娘をあなたに嫁がせたい、どうでしょう？」

太陽は母鼠のことが可笑しく、言った。

「私は何も力がない、天に雲が有ったら、雲が私を遮る」

母鼠は思った、或いは雲が最も力がある。そこで、雲に向かって言った。

「雲よ雲、あなたは太陽を遮ることが出来る、あなたの力は大きい。私は美しい娘をあなたに嫁がせたい、いいですか?」

雲は言った。

「私は何も力がない。風があれば、風が私を吹き散らす」

母鼠は思った。確かに風は雲を吹き散らす、力は大きい。母鼠は娘を風に嫁がせようと思い、風に向かって言った。

「風よ風、あなたは雲を吹き散らすことが出来る、素晴らしい、私は美しい娘をあなたに嫁がせたい、いいですか?」

風は言った。

「私はだめだ。壁があれば、壁が私を遮ってたおす」

母鼠はまた思った。そうだ、やはり壁の力が大きい。母鼠は壁に向かって言った。

「壁よ壁、あなたは風を遮ることが出来る、やはりあなたの力は大きい、私は美しい娘をあなたに嫁がせたい、いいですか?」

壁はきまりが悪く言った。

「私はだめだ。鼠に遭えば、鼠は私に穴を開ける」

母鼠は思った。そうだ、やはり、鼠の力が大きい。後に、鼠はいい日を選んで娘を鼠に嫁がせた。

中国民間文学集成四川巻編輯委員会『中国民間故事集成・四川巻』(上)　中国ISBN中心　一九九八年

4 「鼠王選婿」（鼠の王の婿選び）（アチャン族）

ある鼠の王に一人の娘がいて、とてもきれいだった。ある日、鼠の王が言った。

「世界中で最も有名で、最も有能な者を探して私の娘婿としたい」

ある人が言った。

「あなたは、風神様を訪ねるのが最もよい。なぜなら、最も有能であり、家や木を全て吹き倒す」

鼠の王は、聞くとすぐ風神様を訪ねて言った。

「風神様、私はあなたが世界で最も腕が立ち、有能であるということを聞きました。あなたは家も木も全て吹き倒すことが出来る。私の娘はとても有能であり、また美しく、あなたと夫婦になるべきでしょう。あなたは私の娘婿になりなさいな」

風神様は言った。「私の力は小さくない。家も木も私は全て吹き倒す。しかし、角の長い水牛がおり、私はどうしてもそれを吹き倒せない。あなたは水牛を訪ねて娘婿としなさいよ。彼の才能は私よりも大きい」

鼠の王は、聞くとすぐ長い角の水牛を訪ねて言った。

「水牛さん、私はあなたが世界で最も有能であると聞いた。風もあなたを吹き倒せず、雨もあなたを叩きのめすことは出来ない。あなたは本当に才能がある。私はあなたを娘婿としたい」

牛は言った。

「私の頭の角は本当にすばらしい。しかし人はまだ私より才能があり、彼らが縄をとって私の鼻に通すと、私は少しも動けない。あなたはやはり、縄をとる人を訪ねるとよい」

鼠の王は縄をとる人を訪ねて言った。

「人よ、あなたは歩くのに二本の足しかないのに、あなたのとった縄は牛の鼻に通すことが出来て、牛はあなたの縄を見ただけで動こうにも動けなくなってしまう。あなたはかなり才能がある。私はあなたを娘婿にしたい」

縄をとる人は鼠の王に言った。

「縄は本当にたいしたものだ。牛が引いても切れない。しかし、縄は小さな鼠を恐れる。なぜなら鼠は縄を噛み切れるからだ。縄は鼠には及ばない。あなたは鼠を訪ねて娘婿とするとよいでしょう」

鼠の王は、やむなく鼠たちを集めて言った。

「私は、何ものも恐れない鼠の若者を探し娘婿としたい。私に知恵を貸して、方法を考えてほしい」

数匹の鼠の若者が言った。

「私たちは何も恐れないが、猫だけは恐れる。猫は私たちより腕が立つ。あなたは猫を訪ねて娘婿とするとよい」

鼠の王は仕方なく猫を訪ねたが、猫の前に着く前に、「欲しい、欲しい」と猫の叫びが聞こえた。鼠の王は考えた。

「もし猫を娘婿としたら、私の一家は皆猫に喰われてしまう。やはり、鼠を娘婿としよう」そして、「チューチュー

チュー」と鳴いて走って帰った。

鼠の王は鼠の若者を集め、娘婿を決めようとした。この時、鼠の若者たちが言った。

「鼠の若者から娘婿を選ぶことはよいことではあるが、あなたの家のお姫様を私たちは養いきれない」

鼠の王は言った。

「養う必要はない、自分で食べ物を探させればよい」

娘婿に選ばれた鼠は言った。

「それならよいでしょう。私が養う必要がないのなら、安心だ」そして、結婚式が行われた。

陳慶浩・王秋桂主編『中国民間故事全集　一二』遠流出版（台湾）一九八九年

5　「鼠王選婿」（鼠の王の婿選び）（アチャン族）

鼠の王がいた。王には娘がいて、美しく育っていた。ある日、王が言った。

「世界で最も有名で、最も能力があるものを私の婿としたい」

ある人が王に言った。

「風神を訪ねるのが最も良い。なぜなら彼の力は最も大きい。風神は家も樹も吹き倒すことが出来る」

鼠はそれを聞くと風神を訪ねて言った。

「風神よ、私はあなたが世界で最も力があって、最も能力があると聞いている。あなたは家や樹を全て吹き倒すことが出来る。私の娘は才能もあり、美しい。あなたと夫婦になるべきで、私の婿になりなさいよ」

すると風神は言った。「私の力は小さくはない。家も大木もみんな吹き倒すことが出来る。しかし角の長い水牛を私はどうしても吹き倒すことは出来ない。あなたは、水牛を訪ねて婿としなさいよ！　水牛の力は私より大きい」

鼠の王は聞いた後、水牛を訪ねて言った。

「水牛よ、私はあなたが世界で最も能力があると聞いた。風もあなたを吹き倒すことは出来ない。雨もあなたを打ち据えることは出来ない。あなたは本当に力がある！　私はあなたを私の婿にしたい」

水牛は言った。「私の頭の角は確かに素晴らしい。しかし、人は私よりまだ力がある。彼らが縄をなって私の鼻に通すと、私は少しも動けなくなる。あなたはやはり縄をなう人を訪ねるのがよい」

鼠は縄をなう人を訪ねて言った。

「人よ、あなたは歩くのに二本脚で歩くだけだが、あなたがなう縄は牛の鼻を通すことが出来る。牛はあなたの縄を見ると動くことが出来ない。あなたはたいそう力がある。私はあなたを婿にしたい」

縄をなう人は言った。

「縄は大きな力がある。長い角の牛も縄を引きちぎることは出来ない。しかし、縄は小さい鼠が怖い。なぜなら、鼠が縄を嚙み切ることが出来る。縄は鼠の力には及ばない。あなたは鼠を訪ねて婿にするのがよい」

鼠の王は多くの鼠を集めて言うしかなかった。

「私は何ものも恐れない鼠の仲間を婿にしたい。あなた達が考えを出して、方法を考えてくれ」

何匹かの鼠が言った。

「私達は何も怖くないが、猫が怖い。あなたは猫を訪ねて婿にするのがよい」

鼠の王は猫を訪ねるしかなかった。まだ猫の前に行く前から、猫の鳴き声が聞こえた。「私は……私は……」鼠の王は思った。「もし猫を婿にしたら、私の一家は皆猫に喰われてしまう。やはり鼠を婿にしよう」そこで、チューチューと鳴いて走り帰った。

鼠の王は鼠達を集めると婿を選ぼうとした。この時、鼠達が言った。

「鼠を婿にするのはいいのはいいが、あなた達のお姫様を私達は養いきれない」

鼠の王は言った。

「あなた達が養う必要はない。彼女は自分で食べるものを探せる」

婿に選ばれた鼠が言った。

「それなら良い、私が養う必要がないのなら、安心だ」そうして結婚式が執り行われた。

中国民間故事集成雲南巻編輯委員会『中国民間故事集成・雲南巻』（下）中国ISBN中心 二〇〇三年

6「耗子精嫁囡」（鼠の精の嫁入り）（雲南省 漢族）

鼠の精に珠のような女の子が産まれた。彼女は世界中で、自分の娘より美しい女はいないと思った。娘が大きくなると、鼠の精は、娘のために心にかなう婿殿を選ぼうと一心に考えた。いろいろ選んでいる内に、太陽が最もよいと思った。太陽は湿っぽい大地を乾かすので、娘を太陽に嫁がせることに決めた。太陽は言った。

「私はダメだ。私は湿った大地を乾かすとはいえ、雲が怖い。雲が来ると、私の光を遮ってしまう。あなたは娘を雲に嫁がせなさいよ、やはり雲が一番だ」

鼠の精は雲に言いに行った。

「私の娘は美しく、世界の女は誰一人として私の娘とは較べられない。あなたは世界で最も才能があり、大きい太陽もあなたは覆うことが出来る。だから、私は娘をあなたに嫁がせたい」

雲は、頭を振るとため息をつき言った。

「私は太陽の光を遮ることが出来るが、大壁が怖い。大壁が私を遮る。あなたは娘を大壁に嫁がせなさいよ」

鼠の精は太陽と雲の言う通りに、娘のために大壁に求婚した。

「腕が非常に立つ大壁よ、すばしっこく形を変え、速く飛び、遠くまで駈ける雲さえもあなたを恐れる。私の娘は世界で最も美しく、あなたは世界で最も腕が立つ。あなた達は最も似合いの二人だ、私はあなたに娘を嫁がせたい」

大壁は慌てて頭を振って言った。

「私は雲を遮ることが出来るが、何より鼠が怖い。もし鼠が私の脚に穴を開けたら、風一吹きで倒れてしまう。だから世界で最も腕が立つのは、あなた、鼠だ。そして、鼠の精は鼠よりさらに腕が立つ。あなたも知っていようが、人は最も鼠を嫌い、さらに鼠の精を嫌う」

鼠の精は大壁のこの言葉を聞いただけで、嬉しくなり、結局、世界で一番腕の立つ最も優れているものは自分だと思った。そこで、最後には娘を鼠に嫁入りさせることに決めた。

双柏県文化局編『双柏民間文学集成』雲南民族出版社　一九九二年

7　「老鼠嫁太陽」（鼠が太陽に嫁入り）（ワ族）

鼠の娘が、家の玄関の石の上に座って、手で首を掻いたり、小さい瓜実顔を擦ったり、得意げに艶めかしさをひけらかしていた。彼女は鼠の娘たちに対して言った。

「太陽の顔は赤くつやつやして、本当に美しい。皆も彼のことを、才能があり、よく人を助け、苦しみにも耐えられると誉めている。私は太陽のような夫を探したい。あなた達も、私が太陽に嫁ぐのは似合いだと思うでしょう」

「とても、お似合いだ」

「本当に似合いの二人だ」

「……」

鼠の姉妹たちは、即座に次々とおべっかを使った。鼠の娘は得意げに髪をすき、顔を洗って身支度をすると、一人で高い山の頂上の岩の上に走って来て、太陽と睦み合おうと待った。

太陽が大きい山の後ろから登って来たときに、鼠の娘は驚喜して立ち上がり、小さな瓜実顔を半分隠し、太陽に向かい愛を語った。

「太陽さん、あなたは才能があるだけでなく、美しい、私は……私はあなたのような才能のある人が好きです。私はあなたに嫁ぎたい。よろしいですか」

「あっ」と太陽はとても驚いた。

「鼠のお嬢さん、最も才能があるのは私ではなく雲です。彼は、私の何倍強いか分かりません。彼がひとたび出てくるだけで、私を全て覆ってしまい、何日も私は笑顔をだすことが出来ません」

鼠の娘は聴くと、口には出さなかったが、心には既に雲を慕う気持ちが生まれていた。彼女は思った。「思いもよらなかった。太陽さえ雲にかなわないとは」

彼女は自信一杯に南の山の頂上に登っていった。軽やかに漂っている雲を眺めると、矢も楯もたまらなく言った。

「雲さん、お疲れさまです。あちらこちらを回って。あなたはきっと見聞が広いことでしょう」

雲は鼠の娘が自分にまといついて邪魔をするのを見て、少し怒り、いい加減にあしらうように尋ねた。

「何か用か」

そして軽やかな足取りで歩き始め、道を急ごうとした。鼠の娘は、急いで雲の前に行き雲を押しとどめると言った。

「あなたはとても可愛い。あなたは本当に才能のある旅人だ。太陽があなたを私に紹介してくれた。私はあなたに愛を語りに訪ねてきた。私と結婚しましょう。私はあなたについて、いくつもの山河を越え、いつまでもいつまでも一緒にいます」

「おー、鼠のお嬢さん、あなたは騙されたのです。最も才能があるものがどうして私でしょう。まさかあなたは、風の才能を知らないのですか。それは、その名に違わない。彼はよく働き、一生、行く先々で歓呼の声がとどろく。いかなる人も、彼を敬っている。彼こそ有能な人である」

あ、何と風がさらに才能があったのか。鼠の娘は一心に誰よりも強い夫を求めた。そこで鼠の娘は雲を捨て、慌ただしく南の山の崖まで来ると、北に向かって急ぐ風を遮り、風に媚びて笑った。

「風さん、少しお話がしたいのですが」

風は歩みを止めて、鼠が自分に目配せをして媚びた様子を見せているのを見て、早くも幾分の嫌悪がわいてきた。

「鼠のお嬢さん、用事があるなら早く言いなさい、私の歩みを遅らせないで下さい」

「なるほど、人は皆あなたを働き者という。本当にその通りだ。私は、何とあなたが太陽や雲より有能であることを知っている。分かりますか。私はあなたを私の夫とする……」

鼠の娘は、顔を懐に隠した。

「何だ、そう言うことか」

風は驚いた。

「鼠のお嬢さん、あなたは騙されたのだ。最も才能があるのは、壁だ。彼は私より有能であり、彼が胸を張るだけで、私は遮られてしまい、地に伏せるのみで、身動きできない。鼠のお嬢さん、このことは確かなことです。もし信じないのなら、行って尋ねてみなさいよ」

風は去った。鼠の娘は恥ずかしいと思う余裕もなく、壁を好きになった。彼女は、花壇の前まで来ると、まっすぐな壁がその胸で色とりどりの花を守っているのを見て、才能があるのが分かった。そして、このような才能のある夫は求めがたいと思った。

「壁さん、あなたは本当に才能がある。この仙境のような世界で……、もしあなたがいなかったら、花壇の花はどうして咲くことが出来よう。風さんは本当に見る目がある。あなたは、私の願いにかなう夫となるのに十分だ」

この言葉に壁は驚き呆気にとられた。しばらくして、やっと正気を取り戻した。

「鼠のお嬢さん、私はどうしてあなたの夫となる資格があろう。あなたは、才能のある夫を探すのにあちらこちら歩き回る必要があろうか。あなたは宝の山にいながら、宝を分かっていない。最も才能がある男は、私の脚の隙間にいる。あなた達の分家です。才能は天下に並ぶものがない。彼らの兄弟は一日中私の脚の下で穴を掘り家を造り、夜はあちこち忙しく走り回り、食べ物を蓄え飢饉に備えている。私は遅かれ早かれ、彼らの手に落ちるであろう。あなたはこのような有能な者を夫としなければ、恐らく一生後悔するであろう。行きなさい、あなたは元々彼らと結婚するべきだった」

鼠の娘は壁の話を聴くと小さな目を丸くして、間が抜けたようであった。

最後、やはり鼠の娘は鼠に嫁いだ。

尚仲豪・郭思九・劉允編『佤族民間故事選』上海文芸出版社　一九八九年

8　誰做天下万物之王（誰が万物の王となるか）（ワ族）

伝えるところでは、大地が世界に現れた時には定まった形はなかった。広い地面は、今日は高い山、明日は平原、明後日は海となった。毎日の地形の変化は万物の生存と発展を大いに脅かしていた。当時の人、動物、植物の万物は、考える頭と、言葉を話す舌を持っていた。彼らの顔かたちは違っていたが、共通の考え、願いを持っていた。皆、地形の変化のために心配ではらはらして、恐れおののいていた。誰もが、彼らの中に地形を固めることが出来て、世界を治めることが出来る神の出現を願っていた。

この時、蛙が立ち上がり、自分は天使であり、大地を固めることが出来ると言った。皆の期待する中、蛙は石の上に登り、形がはっきりしない大地に向かい大声で叫んだ。

「大地よ大地、あなたの形が定まって欲しい。私の背のように、どこまでもつるつるに」

声が収まると、果たして大地は平らになった。万物は、このために声をそろえて歓呼した。

「蛙の長寿無窮ならんことを！」

皆が一致して蛙を世界の王に推挙した。

しかし、思いも掛けないことに、しばらくして水が猛然とその水位を上げ、大地を全て沈めてしまった。万物は、次々と木の船、枯れ枝、木の葉に這い上がって広々とした海を漂った。新たな災難に遭い、皆はそろって救いを求めて声を挙げた。

「尊敬する蛙の王様、どうか言葉を改めて新しく大地の形を定めて下さい」

頑固な蛙は言った。

「王は言葉を改める習慣はない。言葉を改めたら王ではない」

燃えている炭はそれを聞くと怒り、さっと蛙の背に崩れかかると、蛙の皮膚を焼き、疣蛙にしてしまった。蛙は罰を受けたが、皆の運命は危急の中にあり、相変わらず何の方策もなかった。この時、頭のいい蛇（馬鬃蛇とあるが蛇の種類は不明）が立ち上がった。蛇は木の梢に登り、広大な海に向かい叫んだ。

「海よ、海、どうか大地を私の背のように凸凹で、高低をはっきりさせて下さい」

声が収まると、水が引いていき、大地が様子を変えるにつれ、高い山、平原、河、湖、沼が現れた。そして、海もあった。万物は声をそろえて歓呼した。

「蛇の長寿無窮ならんことを！」

皆が一致して蛇を世界の王に推挙した。大地の形はここより定まって、世界の全てのものは平穏の内に増え広がっていった。蛇の王はこのように素晴らしいことをしたが、自分を天上の神には及ばないとして、一年に一度、皆に天上の神に生け贄を捧げさせた。しかし、祭祀を行うごとに、皆は一本の脚を残して、尊敬する蛇の王様に捧げた。

長い月日がたち、蛇の王様は死んだ。万物は悲しみ、また泣き叫び、その言葉がはっきりと聞き取れないほどだった。この時、驢馬が高い声で叫んだ。

「皆静かに、一人一人泣け」

全てのものは静かになり、茅が頭を伸ばして言った。

「私が泣きます。皆の気持ちを表すことが出来るでしょう」

茅は長いこと泣いた。「しゃおしゃおしゃお」「しゃーしゃーしゃー」泣くほどに聞くに耐えず、皆は止めることを勧めたが、茅は、耳が聞こえないふりをして泣き声をあげ、「しゃおしゃおしゃお」「しゃーしゃーしゃー」と泣き続けた。そこで炎が怒って、茅の体に飛んでぱちぱちと焼いてしまった。茅が止めると、今度は殿様蛙が飛び出してきた。「私が泣きます。皆の気持ちを表すことが出来るでしょう」

そう言うと「わ、わ」と泣き出した。泣くほどに聞くに耐えなかった。皆は止めることを勧めたが、蛙は却って喉を大きくして鳴いた。そこで泥が怒って、蛙を自分の手の中に握った。殿様蛙が止めると、蜥蜴が立ち上がった。

「私がやってみましょう」

言うや「しぃーしぃー」と泣き出した。憂い悲しむ気持ちを表し、耳に心地よい声を出した。万物はひっそりと静かになった。聞き入っているときに、穿山甲が「ふっ」と突然笑い出した。これは熊を怒らせ、熊の手が何回か穿山甲の横っ面を殴り、穿山甲の歯を全て落とした。蜥蜴は泣きやみ、皆は蜥蜴にきれいな緑の服を着せた。

その後、皆は蛇の王様のために一頭の豚を殺し、高貴な魂を祭った。思いも掛けないことに、これが天上の神を激怒させ、天上で何回か「ごう」と音が響き、天が降りてきた。万物は、大騒ぎとなった。大変な焦り様の中で、蜂が花から飛び出してきた。

「早く天を持ち上げることが出来る神を探し、そのものに豚の脚を与え、世界の王としよう」

白い花が言った。

「私は、月のみが持ち上げることが出来ると思う。月は自分の睡眠を捨ててまで、暗い夜に全てを照らしている。月は立派である。きっと出来る。月を訪ねよう」

皆もその通りと言った。雀蜂が巣から飛び出してきた。

「私に行かせて下さい。私は月が住んでいる場所を知っています」

皆は賛成し、すぐに豚の脚を持ってきて、雀蜂の腰にしっかりと結びつけた。しかし、雀蜂は飛んでしばらくしない内に帰ってきた。皆が見ると、雀蜂の腰が折れそうなほど紐がきつく締まっていた。この時、大鷲が木から飛んで来た。

「私が行こう。豚の脚を私はくわえていくことが出来る」皆は賛成し、大鷲は軽々と豚の脚をくわえて飛び去った。

大鷲は途中で一匹の猫に会った。猫は大鷲がくわえている豚の脚を見ると言った。

「この豚の脚を私に食べさせなさいよ」

大鷲は言った。

「ふん、おまえがどれほどの者だ。私は偉大な月に渡すのだ」

そう言うと、大鷲は飛び去った。

大鷲は月まで来ると、万物が月を王としたいという旨を告げ、豚の脚を月に贈った。しかし月は言った。

「私は太陽に及ばない。私の出す光は太陽がくれたものだ。あなたは太陽を訪ねなさい」

大鷲は太陽のところまで来ると、元の言葉を繰り返した。太陽は言った。

「私は雲に及ばない。雲が道を譲らなければ、私は地上を照らすことが出来ない」

大鷲は雲のところまで飛んでいくと、訪ねた訳を話した。雲は言った。

「私は大風に及ばない。私の動きは大風のあんばいに寄っている」

大鷲が大風のところへ飛んでいくと、大風は言った。

「私は蟻に及ばない。蟻を侮ってはいけない。私はどうしても吹き飛ばすことが出来ない」

大鷲が蟻のところへ飛んでいくと、蟻は言った。

「私は雄牛に及ばない。雄牛が押してきただけで、私はたまらない」大鷲が雄牛のところへ飛んでいくと、雄牛は言った。

「私は縄に及ばない、縄に頭を結ばれただけで、私はおとなしく従うしかない」

大鷲が縄のところへ飛んでいくと、縄が言った。「私は鼠に及ばない。一度鼠に噛み切られると、私は何もできない」

大鷲が鼠のところへ飛んでいくと、鼠は言った。

「私は猫に及ばない。猫が私を捕まえただけで、命が助からないと思う」

最後に、大鷲は猫のところへ戻るしかなかった。猫は言った。

「私が言ったろう、豚の脚は私が食べるべきだと」

そこで、大鷲は豚の脚を猫に渡した。猫は受け取り、臭いをかぐと罵った。

「ちぇ、豚の脚が臭くなっている」

こう罵ると、豚の脚で憎々しげに大鷲の尻を叩いて、なぶった。この時から大鷲は臭い鷲となった。

鷲は万物の願いを無にしたと思い、恥ずかしく感じ、草むらに隠れ、あまり出てこなくなった。

しかし、天が降りてくるのは止まらず、うなり声は次第に大きくなり、落ちてくるのも、速くなってきた。まず、そびえ立っていた竹の先が押し曲げられ、象の耳が押し崩され、続いて馬の硬い角がへし折られた。どんどん落ちてきて、米をついている婦人の頭を押し始めた。その婦人は米搗き棒をしっかりと握り、慌てずに上に向かい一突きした。「ごうごう」と音が聞こえると、天は弾き返された。高く高く弾き返され、二度と崩れ落ちなくなった。世界の万物は声をそろえて歓呼した。

「人のお母さんの長寿無窮ならんことを」

皆はその婦人を囲むと、一致して彼女を世界を治める王に推挙した。そして、それぞれが自分のもっとも美しい言葉を贈った。

ここより、人は万物の王となり、大地を支配して他のものと較べられないほどの知恵と言葉を持った。

楊仲禄・劉存沛編『雲南民族民間故事選』雲南人民出版社　一九六〇年

9　「猫和老鷹」（猫と鳶）（ワ族）

川獺と猫は仲が良かった。猫は魚を食べることが好きだが、泳ぐことは出来ず、水に潜り魚を捕まえることはなおさら出来なかった。川獺が魚を捕まえ猫に食べさせてあげていた。

ある日、川獺がいつものように、猫にたくさんの魚を捕まえてあげた。しかし猫は昨晩、主人を手伝い鼠を捕まえて、一晩中働いて非常に疲れていた。そこで猫は、昼寝をしたかったので、魚をインドワタノキの下に置いておき、起きてからゆっくりと食べようと思った。

思いも掛けないことに、この木の上に鳶が住んでいた。母親鳶は餌を待つ子供の鳶を孵したばかりで、食べ物を探しに行こうとしていた。突然、木の付け根で一匹の猫がぐっすりと寝ていて、傍らに一山の魚をおいてあるのを見つけた。母親鳶は、猫が食べ残したものと思い、飛んでいって魚をくわえ子供の鳶に食べさせた。

少しして、猫が起きた。猫は昼御飯を鳶にとられ子供に食べられたと知って怒り、木に登り子供の鳶を食べようとした。母親鳶はひどく驚き哀願した。しかし、猫は子供の鳶達が羽根が生えそろっていないのを見ると、柔らかそうで、涎が出るほどで、どうしても言うことを聞かなかった。鳶はどうしようもなくなり、助けを求めることを思いついた。鳶は、「太陽を訪ね自分を助けるよう口を利いて欲しいと頼み込み、もし太陽が助けを拒めば、その時は猫が子供を食べればいい」と猫に言った。猫は食べ物のところに着いたとはいえ、ゆっくりと食べていると逃げ切れないと思い、承知した。

鳶は、高い高い太陽のところまで飛んでくると言った。

「太陽よ、太陽。あなたは世界で最も高尚で、あなたの光は四方を照らしている。猫が私の子供を食べようとしているので、どうか私の子供の命を助けるよう頼んでください」

太陽は答えて言った。「あなたが言うことは正しいが、霧の方が私よりも腕が立つ。霧は私の光を遮ることが出来る。あなたは霧を訪ねなさいよ」

そこで、鳶は霧のところへ飛んでいくと話した。

「霧よ、霧。あなたは太陽よりも腕が立つ。あなたは太陽の光を遮ることが出来る。猫が私の子供を食べようとしている。どうか私の子供の命を助けるよう頼んでください」

霧は答えて言った。

「あなたの言うことは正しいが、風の方が私よりも腕が立つ。風は私を吹き散らすことが出来る。あなたは風を訪ねなさいよ」

そこで、鳶は風のところへ飛んでいくと話した。

「風よ、風。あなたは霧よりも腕が立つ。あなたは霧を吹き散らすことが出来る。猫が私の子供を食べようとしている。どうか私の子供の命を助けるよう頼んでください」

風は答えて言った。

「あなたの言うことは正しいが、蟻の方が私よりも腕が立つ。私は霧を吹き散らすことが出来るが、蟻を吹き散らすことは出来ない。あなたは蟻を訪ねなさいよ」

そこで、鳶は蟻のところへ飛んでいくと話した。

「蟻よ、蟻。あなたは風よりも腕が立つ。風はあなたを吹き散らすことが出来ない。猫が私の子供を食べようとしている。どうか私の子供の命を助けるよう頼んでください」

蟻は答えて言った。

「あなたの言うことは正しいが、牛の方が私より腕が立つ。牛が角を一振りするだけで、私は跳ね飛ばされてしまう。あなたは牛を訪ねなさいよ」

そこで、鳶は牛のところへ飛んでいくと話した。

「牛よ、牛。あなたは蟻よりも腕が立つ。あなたは角で、蟻を跳ね飛ばすことが出来る。猫が私の子供を食べようとしている。どうか私の子供の命を助けるよう頼んでください」

牛は答えて言った。「あなたの言うことは正しいが、ランカンの皮の方が私より腕が立つ。その皮でよった縄が鼻を通ると、私は動けなくなってしまう。あなたはランカンの皮を訪ねなさいよ」

そこで、鳶はランカンのところへ飛んでいくと話した。

「ランカンよ、ランカン。あなたは牛よりも腕が立つ。あなたの皮をよった縄を牛の鼻に通すだけで、牛は動けなくなる。猫が私の子供を食べようとしている。どうか私の子供の命を助けるよう頼んでください」

ランカンは答えて言った。

「あなたの言うことは正しいが、鼠の方が私より腕が立つ。私の皮でよった縄は鼠に噛み切られる。あなたは鼠を訪ねなさいよ」

そこで、鳶は鼠のところへ飛んでいくと話した。

「鼠よ、鼠。あなたはランカンよりも腕が立つ。あなたはランカンの皮でよった縄を噛み切ることが出来る。猫が私の子供を食べようとしている。どうか私の子供の命を助けるよう頼んでください」

鼠は答えて言った。

「あなたの言うことは正しいが、猫の方が私よりも腕が立つ。猫が私を捕まえただけで、私は命が助からないと思う。あなたは猫を訪ねなさいよ」

本当に会いたくないものには会うもので、鳶はあちらこちら頼んで歩く内に、猫のところに戻ってしまった。何ともしようがなく、猫の親友の川獺に頼みに行くしかなかった。

「川獺よ、川獺。あなたは猫の親友だ。私の子供が猫の魚を食べてしまったので、猫が私の子供を食べようとしている。どうか私の子供の命を助けるよう頼んでください」

川獺は人助けが好きで、二つ返事で引き受けた。再び河からたくさんの魚を捕ってきて猫に与え、遂にこのもめ事は解決した。

尚仲豪・郭思九・劉允編『佤族民間故事選』上海文芸出版社　一九八九年

10　「耗子嫁姑娘」（鼠の嫁入り）（貴州省　漢族）

鼠が自分の家の娘を力のあるものに嫁がせようと思った。鼠は太陽が力があると思い、太陽を訪ねた。太陽は言った。

「私の力は雲に及ばない。雲が私の前に来ると、私は遮られてしまう」

鼠は雲を訪ねた。雲は言った。

「私は風に及ばない。風がくると私を吹き散らしてしまう」

鼠は風を訪ねた。風は言った。

「私は壁に及ばない。壁に遮られると私は戻るしかない」

鼠は壁を訪ねた。壁は言った。

「私の何がすごい。鼠が下に穴を掘るだけで、崩れるよ」

鼠は言った。

「やはり我々鼠が力を持っている」

こうして、鼠は鼠に嫁いだ。

中国民間故事集成貴州巻編輯委員会『中国民間故事集成・貴州巻』中国ISBN中心　二〇〇三年

11　「老鼠子嫁姑娘」（鼠の嫁入り）（湖北省　漢族）

言い伝えでは、鼠が美しい娘を生んだ。十七、八歳になったが、まだどこからも縁談がなかった。鼠はとても焦って、自分で嫁ぎ先を探すことにした。鼠の目は高く、最高の婿を探そうと思った。あちこち探して、太陽が最も強いと思い、太陽に言った。

「太陽、私は娘をあなたに嫁がせよう」

太陽は言った。

「だめだ、ほら、雲が来て私を遮ってしまう」

鼠は娘を雲に嫁がせようと思い、雲に言った。

「私は娘をあなたに嫁がせよう」

雲は言った。

「だめだ、ほら、風が来て私を吹き散らす」

鼠は更に娘を風に嫁がせようと思い、言った。

「私は娘をあなたに嫁がせよう」

風は言った。

「だめだ、私が動くと、壁が私を遮る」

鼠は壁を自分の婿にしようと思い、壁に言った。

「私は娘をあなたに嫁がせよう」

壁は言った。

「だめだ、隣の鼠が私の全身を掘って空っぽにしてしまう」

鼠はそれを聞くと、とても得意になって、世の中でやはり鼠が一番強いと思い、娘を隣の鼠に嫁がせた。結婚したその日がちょうど一二月二四日であった。この言い伝えより、この日は鼠の嫁入りである。家では米をつけず、ひき臼を回せない。鼠の婚礼を邪魔するのを避け、翌年に鼠の害に遭うのを避けるのである。


中国民間故事集成湖北巻編輯委員会『中国民間故事集成・湖北巻』中国 ISBN 中心　一九九九年

12　老鼠嫁女（鼠の嫁入り）（湖南省　漢族）

ある灰色鼠が、娘を産んだ。長女は、賢くまた美しく育ち、既に嫁にいく歳となっていた。鼠は最も力のある嫁ぎ先を探して、後日、人の嘲りを受けないようにしようと思った。

この日の朝早く、鼠が贈り物を提げて出かけると、すぐに、頭をもたげ睨んでいる猫がいた。光る眼が自分を睨みつけていて、鼠はちょっと目をそらすと、考えた。今の世の中では猫の力が強い。もし娘を嫁がせたら、猫の庇護を受けることが出来るかも知れない。そこで、鼠は笑顔で言った。

「猫さん、私には娘がいて、聡明です。あなたは世の中で最も力があります。もしお嫌でなかったら、娶って妻にしてください」

猫は聞くと、こそばゆく、大笑いした。

「だめだよ、私たちは結婚できない。私はこの掟を破らない。あなたは雨を訪ねなさいよ。雨の力は私より大きい」

鼠は猫に別れを告げると、ぱっと雨を訪ね、懇願して言った。

「雨よ、猫があなたの力が大きいと言った。私の娘をあなたに嫁がせましょう」

雨は頭を振って言った。

「私はだめだ。太陽が出ると、私は消えてしまう。太陽の力は私より大きい。あなたは太陽を訪ねなさいよ」

鼠は太陽を訪ねると、懇願して言った。「太陽よ、雨があなたの力が強いと言った。私の娘をあなたに嫁がせましょう」

太陽は瞬きをして言った。

「私はだめだ。雲が来て私を遮ってしまう。雲の力は私より大きい。あなたは雲を訪ねなさいよ」

鼠は雲を訪ねると、懇願して言った。

「雲よ、太陽があなたの力が強いと言った。私は娘をあなたに嫁がせましょう」

雲は体を揺らして言った。

「私はだめだ。風が一吹きで私を散らしてしまう。風の力は私より大きい。あなたは風を訪ねなさいよ」

鼠は風を訪ねると、懇願して言った。

「風よ、雲があなたの力が大きいと言った。私の娘をあなたに嫁がせましょう」

風は口笛を吹き言った。

「私はだめだ。壁がそこに立っていて、通ることが出来ない。壁の力は私より強い。あなたは壁を訪ねなさいよ」

鼠は壁を訪ねると、懇願して言った。

「壁よ、風があなたの力が大きいと言った。私の娘をあなたに嫁がせましょう」

壁は怒って言った。

「私たち壁の力のどこが、おまえ達より大きいというのだ。鼠が穴を掘れば、私は立つのがままならない」

鼠は突然悟った。「そうだ、あちこち訪ねたが、この世の中で私たち鼠の力は大きい」そう言って、自分の頭をポンと叩いた。そこで鼠は娘に同族の中から若くて美しい鼠を選んだ。

婚礼が終わるこの日、新郎は紅い馬に乗り、新婦は輿に座り、迎えるのやら、送るのやら、婚礼の列は何里にも延びた。道々、鼠達は楽器を吹いたり、叩いたり、とても賑やかだった。猫は道の脇で、新鮮な魚を食べながら、交通の整理を手伝っていた。


中国民間故事集成湖南巻編輯委員会『中国民間故事集成・湖南巻』中国 ISBN 中心　二〇〇二年

13　「老鼠嫁女」（鼠の嫁入り）（河北省　漢族）

鼠の母親に美しい娘がいた。母親は娘のために誰も敵わない英雄を捜して婿にしたいと思った。母親はいろいろ考えて、月に思い至り、娘を連れて月に向かって言った。

「おらは誰もあんたに敵わないと思った。おらのきれいな娘を嫁がせよう」

月は笑って言った。

「私を負かすのがいる。私は雲が怖い」

鼠の母親は、雲を訪ねて言った。

「あんたは誰にも負けない。おらは娘をあんたに嫁がせる」

雲は首を振って言った。

「私は風が怖い」

鼠の母親は、更に風を訪ねて言った。

「誰もあんたに敵わないと聞く。おらは娘をあんたの嫁にしよう」

風は言った。

「私は壁が怖い」

鼠の母親は、壁を訪ねて言った。「あんたは最も素晴らしい。誰もあんたに敵わない。おらは娘をあんたに嫁がせよう」

壁は言った。「私は鼠が最も怖い」

その後、鼠の母親は一匹の若い鼠を選び言った。

「あんたは世界の英雄だ。おらの娘をあんたに嫁がせよう」

若い鼠は溜息をついて言った。

「ああ、私がどうして英雄か。猫に会えば、私は命がない」

鼠の母親はそれを聞き、突然悟った。おらは本当に馬鹿だった。猫こそがおらの娘に最もふさわしい。母親が一匹の猫を訪ねると、まだ何も言う前に、猫は鼠の母親と娘を食べてしまった。


中国民間故事集成河北巻編輯委員会『中国民間故事集成・河北巻』中国 ISBN 中心　二〇〇三年

14 「耗子嫁女」（鼠の嫁入り）（遼寧省　漢族）

昔、ある鼠がいた。その鼠は望みが高く、娘の鼠に身分の高い結婚相手をと思っていた。

ある日、鼠は太陽の所へ着くと言った。

「太陽さん、私は鼠です。私はあなたと親戚になりたい」

太陽は言った。

「私とどのような親戚に?」

「私には美しい娘がおり、あなたに贈りたい」

太陽は言った。

「私はだめだ。雲が来ると私を遮ってしまう。あなたは雲を訪ねなさいよ」

鼠は雲を訪ねた。雲の所に着くと言った。

「雲さん、私は鼠です。私はあなたと親戚になりたい」

雲は言った。

「私とどのような親戚に?」

「私には美しい娘がおり、あなたに贈りたい」

「私はだめだ。風が来ると私を吹き飛ばしてしまう。あなたは風を訪ねなさいよ」

雲も同意しなかった。

鼠は風を訪ねた。風の所に着くと言った。「風さん、私は鼠です。私はあなたと親戚になりたい」

風は言った。

「私とどのような親戚に?」

「私には美しい娘がおり、あなたに贈りたい」

颪は言った。

「私はだめだ。雨が来ると私を追い払う。あなたは雨を訪ねなさいよ」

鼠は雨を訪ねた。

「雨さん、私はあなたと親戚になりたい」

「私とどのような親戚に？」

「私には美しい娘がおり、あなたに贈りたい」

「私はだめだ。地上に降りて、石の硬いのに当たってしまうと広がり流れることが出来ない。あなたは石を訪ねなさいよ」

このようにして、身分の高い結婚相手を見つけられず、鼠は天から降りてきて、地上の石まで訪ねた。鼠は言った。

「石さん、私はあなたと親戚になりたい」

「私とどのような親戚に？」

「私には美しい娘がおり、あなたに贈りたい」

「私はだめだ。いずれ私は人に運ばれて、壁に積み上げられる。あなたは壁を訪ねなさいよ」

鼠は壁を訪ねると

「壁さん、私はあなたと親戚になりたい」

「私とどのような親戚に？」

「私には美しい娘がおり、あなたに贈りたい」

「私はだめだ。あなた達鼠がいくつか穴を掘り、雨が降って、水が流れ込むと、私は倒れてしまう。あなたの娘は、やはりあなたの穴に帰って相手を捜しなさいよ」

鼠はその通りであると思い、穴に帰っていった。

中国民間文学集成遼寧巻編輯委員会『中国民間故事集成・遼寧巻』中国 ISBN 中心　一九九四年

15　「老鼠嫁囡」（鼠の嫁入り）（浙江省　漢族）

鼠の子どもが嫁に行く歳になった。鼠の子どもとお母さんがヒソヒソと誰に嫁に行くのが良いかを相談した。鼠の子どもが言った。

「力のある人に嫁に行く」

鼠の母親は考えた。世界で太陽の力が一番大きい。命ある者全てが太陽から離れることは出来ない。そこで、母親は太陽へ言った。

「私の子どもが、世界で一番力があるものへ嫁に行きたがっている。私は世界であなたの力が一番だと思っている。娘をあなたに嫁がせたい」

すると太陽は言った。

「いや、世界には私よりすごいのがいる。私は雲が怖い。雲が来ると、私の光を遮ってしまう。あなたは雲を尋ねなさいよ」

鼠の母親はそれを聞き、雲の所へ走っていった。雲は言った。

「世界の中で風の力が一番だ。風が来ると私は流されてしまう。風が一吹きすると、私は跡形もなくなる。あなたは娘を颪に嫁がせなさいよ」

鼠の母親は颪を訪ねた。颪は言った。

「ああ、私に何の力があるか。力があるのは壁だ。前を壁が遮ると、私はどうやっても通ることが出来ない」

鼠の母親は急いで壁を訪ねて言った。

「私は娘を太陽に嫁がせようと思った。しかし太陽は雲が怖く、雲は颪が怖く、颪はあなたが怖い。私の娘はあなたに嫁がせましょう」

壁は言った。

「私もたくさん怖いものがある。そして最も怖いのは鼠だ。鼠が来て、私の体に穴を掘って巣を作る。私の体をたくさんの穴だらけにするが、私は何も出来ない」

鼠の母親は帰ってくると娘に言った。

「思うに、あなたはやはり鼠に嫁ぎなさいな」

中国民間文学集成浙江巻編輯委員会『中国民間故事集成・浙江巻』中国 ISBN 中心　一九九七年

16　「老鼠攀親」（鼠の婿取り）（海南省　漢族）

小鼠が鷹に捕まっているのを、ある魔術を使う老人が見た。小鼠が鳴くのが痛ましく、老人は魔術を使い鷹の爪から小鼠を助け出した。小鼠は老人が命を救ってくれたことに感謝して、老人の娘となることを願った。老人は魔術で小鼠を娘にした。

老人は娘を可愛がった。娘は大きくなると、自分を聡明で美しいと思い、偉くて幅をきかせている夫を持ちたいと思っていた。老人は考えた。偉いのを探すなら、天に行こう。生き物は皆太陽に頼っているので、太陽が最も力がある。そこで老人は太陽に言った。

「太陽よ、私の娘を妻にしなさいよ」

太陽は言った。

「だめだ、私は雲が怖い。雲が私を遮ると、誰も私を見ることが出来ない。やはり、あなたの娘を雲に嫁がせなさいよ」

そこで、老人は雲に言った。

「私の婿になりなさいよ」

雲は言った。

「できない。私は、風が怖い。風が吹くと、私は跡形もなくなってしまう。やはり、あなたの娘を風に嫁がせなさいよ」

老人は娘を連れて風に行って、尋ねた。風は言った。

「できない。私は壁が怖い。壁が私を遮ると、私は吹くことが出来ない」

老人は壁に言った。

「壁よ、あなただけが力を持っている。娘をあなたに嫁がせる」

壁は慌てて言った。

「だめだ、私は鼠が怖い。鼠が私に穴を開けると、私は立っていることが出来ない」

老人は娘にこう言うしかなかった。

「聞いたか？　鼠こそが最も力がある。おまえは鼠に嫁ぐのが良い」

娘が言った。

「鼠は穴に住んでいる。穴はあんなに小さい、どうやって入ることが出来るの」

老人は言った。

「難しいことはない」

そう言うや、魔術を使って娘を元の姿に戻した。鼠は壁の穴を見つけると、さっと潜り込んでいった。老人は感慨深げに言った。

「結局、鼠は鼠だ」

中国民間故事集成海南巻編輯委員会『中国民間故事集成・海南巻』中国 ISBN 中心　二〇〇二年

17 「老鼠嫁女」（鼠の嫁入り）

わが国の民間の木版の年画に「老鼠嫁女」または「老鼠成親」というのがある。絵は、一群の鼠が緑の服を着て、妙齢の少女を担いでいるもので、少女は輿に座り輿の前には、旗や銅鑼や傘や扇、打楽器や管楽器があり、まるで清朝以前の結婚式の儀仗隊のようであった。この絵には、さらに生き生きとした民話がある。

古い時代、一人の神仙の術を使える老人がいた。ある日彼は、一匹の鳶に捕まった鼠を見た。鼠は痛ましい泣き声をあげ、彼は聴くに耐えられず、術を使い鼠を鳶から助けた。鼠は老人が命を救ってくれたことに感謝し、老人の娘となって、一年中、老人の身の回りの世話をすることを願った。老人はそれもよかろうと思い、術を使い、鼠を女の子に変身させた。鼠は人となってから、なよなよとして、自分が最も美しく聡明であると思い、だんだんと老人の世話をしたくなくなってきた。老人の動きが遅く、何をするにも彼女に頼ることが嫌になった。鼠は老人に言った。

「私は既にこんなに大きくなりました。婿を探して私を嫁がせるべきでしょう」

老人は、それを聞くと言った。

「良いだろう、どんな男を望もうと、私は探してこよう」

鼠は言った。

「力があって幅をきかせているものが良い。富貴を極めることが出来る」

そして、太陽を指して老人に言った。

「ほら、彼ほどのものは他にないでしょう」

老人は聞くと、太陽を訪ねて言った。

「太陽よ、私の娘を妻にして下さいよ、彼女はあなたが最も尊いと思っている」

太陽は言った。

「ダメだ、私は雲が怖い、雲が私を覆うだけで、誰も私を見ることが出来なくなってしまう。やはり雲が最も力がある」

老人はそう聞くと、鼠に言った。

「聞いただろ、太陽は雲ほど尊くない」

鼠は言った。

「それなら、雲を訪ねなさいよ」

老人は、雲を訪ねると、雲に言った。

「私の娘婿になりなさいよ。太陽もあなたを怖れる、あなたはとても尊い」

雲は言った。

「そんなことはない、風が吹くだけで、私は影も形もなくなる。やはり風を訪ねなさいよ」

老人は聞くと、娘を連れて風を訪ねた。風は言った。

「私もダメだ、私は壁が怖い。壁が私を遮るだけで私は消えてしまう。やはり壁を訪ねなさいよ」

老人は娘と壁を訪ねて、壁に言った。

「あなたは力がある。私の娘をあなたに嫁がせましょう」

壁は言った。

「私は鼠が怖い、鼠が穴を掘るだけで私は立っていられなくなる」

老人は、鼠が最も凄いと思い、娘に言った。

「聞いただろう、鼠が力を持って幅をきかせている。おまえは、鼠に嫁ぎなさいよ」

娘は言った。

「鼠は穴に住んでいて、穴はとても狭い。どうして嫁ぐこと出来ようか」

老人は、それは簡単なことで、術を使って娘を鼠にすると言った。鼠は、穴を見ると入っていった。その日はちょうど正月の二五日であった。それゆえ、人はこの日を鼠の嫁入りの日とした。この日が来ると、家々は灯りを点けてはならないとして、鼠の嫁入りの列が無事に通れるようにした。

「民間文学」一九八一年第三期

18 「何能為人」（どうして人になれるか）

鼠が猫を恐れたので、猫になりたいと思った。しかし、猫は犬を恐れるので、犬になりたいと思った。犬は虎を恐れるので、虎になりたいと思った。虎は獅子を恐れるので獅子になりたいと思った。獅子は猟師を恐れるので、猟師になりたいと思った。そこで鼠の父親が言った。人が貴いのは、勇気があるからだ。おまえは恐れないものはなく、このように肝っ玉が小さい。どうして人になれるものか。鼠でいるのがよい。

江介石・林蘭『動物寓言与植物伝説』国立北京大学中国民俗学会民俗叢書一二　一九七〇年

19 「誰有本事」（誰が力を持っている）（ダフール族）

冬、一人の男の子が河の氷の上で遊んでいた。突然、仰向けに滑って転んでしまった。そこで、男の子は這い起きて、氷に向かって尋ねた。「氷よ、氷。誰が力を持っている？」

氷は答えた。「私が力を持っている。そうでなければ、あなたを滑らせて倒すことが出来るか、出来ないでしょう？」

男の子は再び尋ねた。「あなたに力があるなら、なぜ太陽に溶かされるの？」

氷は答えた。「あ、それなら太陽が力を持っている」

男の子は太陽に向かって尋ねた。「太陽よ、太陽。誰が力を持っている？」

太陽は答えた。「私が力を持っている。そうでなければ、氷を溶かすことが出来るか、出来ないでしょう？」

男の子は再び尋ねた。「あなたに力があるなら、なぜ雲に覆われるの？」

太陽は答えた。「あ、それなら雲が力を持っている」

男の子は雲に向かって尋ねた。「雲よ、雲。誰が力を持っている？」

雲は答えた。「私が力を持っている。そうでなければ、太陽を覆うことが出来るか、出来ないでしょう?」

男の子は再び尋ねた。「あなたに力があるなら、なぜ風に吹き散らされるの?」

雲は答えた。「あ、それなら風が力を持っている」

男の子は風に向かって尋ねた。「風よ、風。誰が力を持っている?」

風は答えた。「私が力を持っている。そうでなければ、雲を吹き散らすことが出来るか、出来ないでしょう?」

男の子は再び尋ねた。「あなたに力があるなら、なぜ岩壁に遮られるの?」

風は答えた。「あ、それなら岩壁が力を持っている」

男の子は岩壁に向かって尋ねた。「岩壁よ、岩壁。誰が力を持っている?」

岩壁は答えた。「私が力を持っている。そうでなければ、風を遮ることが出来るか、出来ないでしょう?」

男の子は再び尋ねた。「あなたに力があるなら、どうして獣に登られるの?」

岩壁は答えた。「あ、それなら獣が力を持っている」

男の子は獣に向かって尋ねた。「獣よ、獣。誰が力を持っている?」

獣は答えた。「私が力を持っている。そうでなければ、岩壁を登ることが出来るか、出来ないでしょう?」

男の子は再び尋ねた。「あなたに力があるなら、なぜ狩人に殺されるの?」

獣は答えた。「あ、それなら人が力を持っている」

男の子は笑って言った。「はっはっ、世の中でやはり我々、人が力を持っている」

このようにして、男の子は喜んで走り帰っていった。


陳慶浩・王秋桂主編『中国民間故事全集　三二』遠流出版（台湾）一九八九年

20 「誰最厲害」（誰が最も凄いか）（エヴェンキ族）（中国東北部雅魯河流域）

カワウソが氷の上を歩いていた。歩いていると、うっかりして、滑った二本の脚が這って開いて、腰の骨が二つに砕けてしまった。カワウソは怒って、氷に「氷よ氷、おまえは凄いのか？」と尋ねた。

氷は言った。

「私はどうして凄くないのか、凄くないならどうしておまえを滑らせて腰の骨を二つに砕けるのか？」

カワウソは問い返して言った。

「それなら太陽が一照りしたら、おまえはどうして溶けるのか？」

「それなら、当然太陽が最も凄い」

カワウソは太陽に行ってまた尋ねた。

「おまえは凄いのか？」

太陽は言った。

「もちろん！」

「それなら雲が遮ったら、おまえはどうして凄くなくなるのか？」

「それなら、雲が一番凄いのだろうよ」

太陽も負けた時は、雲の腕前に納得しない訳にはいかなかった。

カワウソは、「違う、雲も別の怖いものがある」と思った。そこで、雲に行ってまた尋ねた。

「雲よ雲、おまえはそんなに凄いのか？」

雲は驕り高ぶって言った。

「もちろん私が一番凄い！　凄くないのなら、太陽がどうして私を恐れるのか？」

「それなら、風が吹いたら、思い通りにおまえを何処へでも吹いていって、おまえは何もできなくて、影も形も無くなってしまう。これで最も凄いと言えるのか？」

「当然、風が最も凄い」

カワウソは風に行ってまた尋ねた。「風よ風、おまえは本当にそんなに凄いのか？」

「当然だ、おまえは見たことないのか。雲はみな、私を恐れ、私が来ると奴は跡形なく去ってしまう」

カワウソは、「違う、風も出来ないことがある」と思った。そこでまた問い返した。

「それなら塀を突き抜けることは出来るか？」

風は出来ないことを認めない訳にはいかず、「やはり塀が最も凄い」と言うしかなかった。

カワウソはまた、塀がどのようにこの「凄い」法則を考えているのか試そうと思い、塀に行って尋ねた。「塀よ塀、おまえは果たして、そんなに凄いのか？」

「もちろん私が最も凄い！　風は私に三分譲り、私に対して何も出来ないのを見たことがないか？」

カワウソは思案し、まだ気に入らず、また尋ねた。「それなら、そんなに凄いのなら、なぜ鼠が勝手におまえの体に穴を開けていくんだ？」

塀は頭を低くして、負けを認めていった。「やはり鼠が最も凄い」

カワウソはまた、鼠に探りを入れに行った。「鼠よ鼠、おまえはそんなに凄いのか？」

「もちろん私が最も凄い！　私が凄くないのだったら、城壁や家の中を思うように掘っていけるか？」

「それなら、猫がおまえ達を思いのまま殺すのに、おまえ達は少しも抗わず、逆に逃げるばかり……」

「あ！　やはり猫が最も凄い」

カワウソは徹底的に尋ねない訳にはいかず、猫のところに行って、また尋ねた。

「猫よ猫、おまえはそんなに凄いのか？」

猫は遠慮せず言った。

「もちろん私が最も凄い、やつらはそれぞれを恐れて、最も凄い鼠さえ私に喰われるのを恐れている、誰が最も凄いかね？」

カワウソはまた尋ねた。

「それならおまえはどうして人を恐れる？」

猫は言った。

「それならやはり人が一番凄い！」

この時、カワウソは考えた。人は何を恐れているのか？　何も恐れていない。カワウソは人に殺されることを恐れて、人に尋ねに行かなかった。そこで、やはり人が世界中で最も凄いことになった。

高聚成編『中国動物故事』中国広播電視出版社　一九九六年

21　「老鼠嫁女　一幅佛山民間木板年画的伝説」（鼠の嫁入り　仏山民間木版年画の伝説）（広東省　漢族）

五百年以上前の明代、仏山では既に木版の年画の印刷が始まっていた。仏山の千数百種の民間の木版年画中に、「ねずみの嫁入り」という年画があった。絵の中では、一列の鼠が右上の方向から左下に向かい、列の前には、笛を吹いているもの、銅鑼を打っているもの、灯籠を下げているもの、薄絹張りの傘を掲げているものがいる。列の真ん中には冠をかぶった鼠のお嫁さんが輿に座っていて、四匹の鼠に担がれている。そして花嫁を送る親族が大人も子供も入り交じって輿の後ろについている。列は大賑わいである。

面白いことに、年画の左上の隅に一匹の猫がいる。猫は片方の目を開き、片方の目を閉じ、この鼠の列を見て、しっかりと押さえた魚の頭を必死になって嚙っている。傍らには、半分ほどになった酒（原文は石湾米酒と書かれている）が置かれている。花嫁を花婿へ送る鼠の列は猫の顔の前を大いばりで通り過ぎていく。

話によると、これには一つの物語がある。

諺に「正月黒一七、老鼠嫁女日」とある。一七日の夜は月がなく、鼠が娘を嫁がせるのにちょうどよいということを言っている。

それでは猫は？　もともと、正月の一七日のこの日は、どうあっても忘れるはずはなかった。猫は鼠がこの日に娘を嫁がせることを知っていた。そこで遠大な志を立て、羽振りをよくするつもりだった。鼠の嫁入りに乗じて、鼠を一網打尽にして手柄を立て、罪を贖うつもりだった。なぜなら少し前に、猫は口卑しいため主人の二匹の魚を盗み、主人にひどく殴られたからである。

一七日の日が次第に近づいてきた。猫の計画は鼠に知られてしまった。鼠の父親、母親、伯父、叔父達は焦って当惑して、「ちゅーちゅー」と叫びまくった。気もそぞろに、行ったり来たり、寝返りを打ったりしても、危険を避ける一つの良い考えも浮かばなかった。

鼠の娘はというと、もうすぐお嫁に行くので、一日中、にこにこと大喜びだった。勝手に焦れとばかりに、鼠の娘は少しも焦らず、一日中部屋に隠れて、十数回も化粧をして、輿入れの準備をしていた。

鼠の父親、母親は娘のこの様子を見て、咎めた。

「ああ、あと二日経てば正月の一七日だというのに、おまえはどうして少しも焦らないのだ。猫のこの難局を避ける考えが浮かんだのか」

鼠の娘はそれを聴くと、「ちゅーちゅー」と笑って言った。

「はは、お父さん、お母さん。娘は既に良い方法を考えております。その日の夜は、危険がないことを保証します」

「本当か、ああ、良い娘だ、どんな良い方法があるのか、早く言ってくれ」

鼠の父親と母親は、焦りを押さえきれずに聞いた。

鼠の娘は落ち着き払って、悠然と言った。

「どこに生臭ものを食べない猫がいますか？　あの猫も私は見抜いております。やはり生臭ものが好きですよ。私達は何匹かの魚を猫に贈る方法を考えましょう。何本かの酒を加えれば、猫は朦朧としないはずはありません。ある古くからの言葉は、うまく言っています。『飯を食べさせてもらった人には頭が上がらない』どうして、個人の感情を売り渡さないことが出来ましょうか？　うん」

話し終わると、鼠の娘は、再び「ちゅーちゅー」と笑った。鼠の父親と母親は聞くと、続けざまに誉めて言った。

「よし、よし、そのようにしよう」

そして、鼠の伯父、叔父、それぞれの妻や兄弟姉妹は、あるものは魚を盗む方法を考え、あるものは酒を盗む計画を立て、あるものは猫の動きを偵察し、忙しくてんてこ舞いだった。

一七日には、魚も酒も全て盗んで来た。鼠達は隙を窺って、全ての魚や酒などを猫がいつも出入りする場所へ置いた。また鼠の娘は一枚の赤紙を取って来て、このような字を書いた。「鼠が娘を嫁がせます。手厚い贈り物はなく、魚三匹と酒一瓶を、猫さんに少しお贈り出来るだけですが、御笑納下さい」下の方にはさらに落款があった。「この家の鼠の一族拝」

正月一七日の夜、鼠の嫁入りの時。夜に入り、猫の動きを探りに行っていた鼠の兄が帰ってきた。皆に向かって猫の動きを報告するには、猫はちょうど魚をおいしそうに食べており、酒を半分ほど飲んでいるということだった。鼠の兄は勇気を出して猫の髭をなでたが、猫はただ酔って朦朧とした目で見るだけで、また魚を食べ始めたという。

鼠の父親、母親、伯父、叔父、兄弟姉妹は皆笑った。鼠の娘も笑った。鼠の娘が最も嬉しそうに笑ったが、それは無事に花嫁になれるからであった。

鼠の花嫁を送る列は出発し、列は蛇のように長く、非常に賑やかだった。銅鑼や太鼓が鳴り、笙や笛が響き、爆竹の音がする。この時の猫は、既に自分の遠大な志は忘れ去って、開いたような閉じたような酔った目でこのねずみの嫁入りの列を眺め、しきりに魚の頭を齧っていた。

陳慶浩・王秋桂主編『中国民間故事全集　三』遠流出版（台湾）一九八九年

22　「老鼠娶親」（鼠の嫁入り）（山西省　漢族）

昔、外国の使節が中国の皇帝に大きな大きな蠟燭を献上した。夜中、一匹の鼠によって齧られ裂け目ができると、中が鉄であることが分かった。なんと、二つの爆弾であったのだ。皇帝は鼠の功として、鼠を十二支の最初に置いて、宮廷の中で自由にさせ、誰も勝手に鼠を捕まえることを許さなかった。

天長地久。この鼠は鼠の精となり、美しい若者に変わった。さらに一番で状元になった。皇帝は喜んで自分の娘を状元の妻にした。婚礼の日、新郎と新婦は花の輿に乗り、銅鑼を鳴らすもの、旗を振るもの、結納品の箱を担ぐもの、太鼓を打つもの、チャルメラを吹くもの、鉦を叩くもの、笙を吹くもの、輿を担ぐものなど、前と後ろにお供がつき、百人以上、それはそれは賑やかであった。しかし、誰も分からなかったが、もともとそれらは鼠の精が邪法を使って、小鼠達を変えたものであった。何日か過ぎ、新婦はしっくりこないことに気がついた。毎日、夜中前は、新郎はベットで寝ているが、夜中を過ぎると、部屋を離れる。何をしに行くのか分からない。ある夜、新郎が出かけるのを待って、彼女はこっそりと跡をつけた。新郎が庭を歩くのが見え、地面の上で転がると、大きな鼠に変わった。チューチューと一鳴きすると、とても多くの鼠が走り出てきて、ほどなく、「嫁入り」遊びを始めた。新郎が花婿となって、花嫁もおり、チャルメラを吹くもの、太鼓を打つもの、銅鑼を叩くもの、鉦を叩くもの、旗を振るもの、結納品の箱を担ぐもの、輿を担ぐもの、必要なものは何でもあり、ちゅうちゅうと、何と賑やかなことか。この新郎は美しい状元などではなく、鼠の精であったのだ。

新婦は怒って、翌日の夜中前、新郎の鼠の精がぐっすりと寝ているのに乗じて、力を込めて絞め殺してしまった。彼女はその夜すぐに皇宮に帰って、泣いて皇帝に訴えた。皇帝は始め信じなかったが、人を遣って調べさせると、果たして大鼠がベットの上で死んでいた。

あなたがもしこの話を信じないのなら、毎年正月一〇日に、耳を水瓶の隅でそばだててみなさい。鼠の賑やかな声を聞くことが出来る。それは彼らが「鼠の嫁入り」遊びをしているところ。

中国民間文学集成山西巻編輯委員会『中国民間故事集成・山西巻』中国ISBN中心　一九九九年

【県官画虎】訳

1　「老爺画虎」（旦那さまが虎を描く）（チベット族）

昔、お世辞を聞くのが好きな司法官がいた。彼は暇な時に絵を描くのが好きだった。ある日、彼は一匹のどのように見ても猫に似ている虎を描いた。彼はこの絵をあちこちに持っていっては、自分の絵の腕前を吹聴し、またその絵を家の一番目立つところに掛けて、人々にお世辞を言わせ、おだてさせていた。この老人のたちを知っている人々は老人の絵の腕前が悪いことを知っているが、口では絶えずこの虎の絵がよく描けていると称賛した。老人はそれを聞き、ほくほく顔であった。

この時、ある一人の絵を見た人が、お世辞も言いたくなく、そうかといって本当のことを言い老人を不機嫌にさせるのを恐れていた。そこで彼は黙ってそこに立っていた。老人はそれを見ると、その人に自分の絵の批評を求めた。この人は仕方なく、含みを持たせて言った。

「この虎は本当に生き生きとしている。天の太陽も少しは恐れるだろう」

そこで老人は聞いた。

「それでは太陽は誰を恐れるか」

「雲が太陽を遮るので、太陽は雲を恐れる」

「雲は誰を恐れるか」

「風が雲を吹き散らすので、雲は風を恐れる」

「風は誰を恐れるか」

「壁が風を遮るので、風は壁を恐れる」

「壁は誰を恐れるか」

「鼠が壁の隅に穴を掘るので、壁は鼠を恐れる」

「鼠は誰を恐れるか」

「鼠はあなたの絵を最も恐れる」

老人はそれを聞くと、顔を曇らせ、何と言っていいか分からなかった。

中国民間故事集成西藏巻編輯委員会『中国民間故事集成・西藏巻』中国 ISBN 中心　二〇〇一年

2　**「県官画虎」（県長官が虎を描く）（四川省　漢族）**

昔、ある金持ちが金で七品官を買った。彼は学問が無く、政治も出来ない。しかし、彼は気取って、文筆を弄んだ。ある日、彼が一匹の虎を描いていると、一人の使用人が見て「虎ではない、猫のようだ」と言った。役人は怒って、使用人を百叩きにしたが、それでも怒りが解けず、従者に「虎に似ているか」と聞いた。従者が答えることが出来ずにいると、役人は使用人を指さして「似ているか」と聞いた。使用人は「怖い」と答えた。

「おまえは何が怖いんだ」

「あなたです」

役人は問い返した。

「おまえが私を怖いなら、私は誰が怖いか」

「皇帝が怖いです」

「皇帝は誰が怖いか」

「皇帝は天が怖いです」

「天は誰が怖いか」

「天は地が怖いです」

「地は誰が怖いか」

「地は鼠が怖いです」

「鼠は誰が怖いか」

「鼠はあなたのその絵が怖いです」

役人はそれを聞くと、満足していった。

「その通りだ」


中国民間文学集成四川巻編輯委員会『中国民間故事集成・四川巻』(上)　中国 ISBN 中心　一九九八年

3　「県官画虎」(県長官が虎を描く)(湖北省　漢族)

ある県の長官(注・中国の県はわが国に比べて行政レベルが低く、規模が小さい)が、虎の絵を描くのが好きだったが、どうしても似なかった。

ある日、彼は一匹の虎を描いて、役所の下級役人に聞いた。

「おまえはこれが何に見えるか」

役人は言った。

「こいつはとても猫に似ています」

長官は非常に腹を立て、罵って言った。

「ろくでなし、おまえは長官の虎を猫というか！　誰か、こいつを四十の棒打ちにしろ！」

長官は更に一人の走り使いの者を呼んで聞いた。

「これは何かな」

走り使いの者は、打たれるのが怖く、「長官、私には言えません」と言うしかなかった。

「おまえは何が怖いのか」

「私は長官が怖いです」

「それでは、私は誰が怖いのか」

「長官は天子が怖いです」

「天子は誰が怖いのか」

「天子は天が怖いです」

「天は何が怖いのか」

「天は雲が怖いです」

「雲は何が怖いのか」

「雲は風が怖いです」

「風は何が怖いのか」

「風は壁が怖いです」

「壁は何が怖いのか」

「壁は鼠が怖いです」

「鼠は何が怖いのか」

「鼠は何も怖くありませんが、ただ長官のこの絵が怖いです」


中国民間文学集成湖北巻編輯委員会『中国民間故事集成・湖北巻』中国 ISBN 中心　一九九九年

4　「県官画虎」（県長官が虎を描く）（湖南省　漢族）

昔、ある県の長官は絵を描けなかったが、画家を気どり始めた。彼は一匹の虎を描くと壁に掛け、自分で鑑賞しては、得意になっていた。この時、一人の下級役人がやってきたので、長官は聞いた。

「おまえはこの絵が何を描いていると思うか」

役人は、猫にそっくりと思ったが、力を込めて称賛した。

「いい絵です、いい絵です。生きている虎とそっくりです」

長官はそれを聞くと、相好を崩して、褒美として銀十両を役人に与えた。

翌日、別の下級役人が通ったので、長官はまた聞いた。

「これは何が描いてあるか」

この役人は言った。

「猫です。長官」

長官は聞くと、烈火の如く怒った。役人が驚いて、「長官、私は本当のことを言っただけです」と言うと、長官は「けしからん、長官の描いた虎を猫というとは、どんな罪に当たるか。誰か、こいつを四十の棒叩きにしろ」と怒鳴った。

三日目、長官は三人目の下級役人に聞いた。この役人は、言葉に詰まって言った。

「長官、私は言えません」

「おまえは何を恐れているか」

「私は長官が怖いです」

すると長官は言った。

「それなら私は何が怖いか」

「長官は皇帝が怖いです」

「皇帝は何が怖いか」

「皇帝は天が怖いです」

「天は何が怖いか」

「天は雲が怖いです」

「雲は何が怖いか」

「雲は風が怖いです」

「風は何が怖いか」

「風は壁が怖いです」

「壁は何が怖いか」

「壁は鼠が怖いです」

「鼠は何が怖いか」

「鼠は何も怖くありません、ただ長官のこの絵が怖いです」

長官はそれを聞くと、怒りのあまり呆然としてしまった。


中国民間故事集成湖南巻編輯委員会『中国民間故事集成・湖南巻』中国 ISBN 中心　二〇〇二年

5　「画虎成猫」（虎を描いて、猫になる）（福建省　漢族）

昔、ある県の長官が、虎の絵を描いて執務堂に掛けた。そこで役所の書記官や下役を呼んで見せた。ある官吏が見た後に「あなた様の猫はほんとによく描けている」と言うと、長官はたちまち「本県ではおまえは不用だ、帰れ！」と怒った。傍らの人は、一人一人こっそり抜け出し、最後に一人、捕り手役人が残ってしまった。

長官は彼に聞いた。

「おまえはどうして行かないのか」

捕り手役人は答えた。

「私はあなた様が怖い」

長官が何故だと聞くと、彼は「あなた様は私の長官様です。無茶なことは言いません」と答えた。するとまた長官は聞いた。

「では私は誰を恐れるか」

彼は答えた。

「あなた様は皇帝を恐れます」

「皇帝は誰を恐れるか」

「皇帝は天を恐れます」

長官は「うーん」と一声あげて、また聞いた。

「天は何を恐れるか」

彼は答えた。

「天は雲に遮られるのを恐れます」

「それでは雲は何を恐れるか」

「雲は風に吹き散らされるのを恐れます」

「それでは風は何を恐れるか」

「風は壁が遮るのを恐れます」

「それでは壁は何を恐れるか」

「壁は鼠が穴を掘って倒れるのを恐れます」

長官はまた聞いた。

「それでは鼠は何を恐れるか」

捕り手役人は執務堂の絵を手真似して言った。

「鼠はあなた様の絵を恐れます」

長官は喜び「おまえは私の良き捕り手役人だ」と言った。そして、彼に銀十両を取らせた。

中国民間文学集成福建巻編輯委員会『中国民間故事集成・福建巻』中国 ISBN 中心　一九九八年

6 「老爺画虎」（旦那様が虎を描く）（チベット族）

昔、ある国王がおり、彼の王宮には賢く腕の良いコックがいた。そして国王に可愛がられている猫がいた。この猫がいつも厨房にやってきては、国王の料理用の肉を盗み食いして、何度もコックの仕事の邪魔をした。ある時、その猫が非常にコックのことを怒らせてしまう。コックは思った。もしこの猫を殺さなければ、私の毎日の仕事はうまくいかない。そこで、彼は包丁を振り上げ、猫を二つに裂いてしまった。

猫が殺された報せはすぐに国王の耳に入り、国王はコックをひどく叱った。コックはどうすることも出来ず、猫を殺したわけを国王に報告した。国王はそれを聞いて言った。

「おまえは私に終わらない丸い話を語らなければならない。国王は誰が怖いか言ってみろ」

「天が怖いです。国王の行いが正しくなければ、雷に撃たれるのを恐れます」

「それでは天は誰が怖いか」

「雲が怖いです。天は雲に塞がれてしまいます」

「それでは雲は誰が怖いか」

「雲は風が怖いです。風に四方八方に吹かれてしまうのが怖いです」

「風は誰が怖いか」

「風は壁が怖いです。壁にぶつかるのが怖いです」

「壁は誰が怖いか」

「壁は鼠が怖いです。鼠に掘られて倒されるのが怖いです」

「鼠は誰が怖いか」

「猫が怖いです。猫に喰われ腹に入れられるのが怖いです」

「猫は誰が怖いか」

「コックが怖いです。肉を盗み食いした時、コックに殺されるのが怖いです」

「コックは誰が怖いか」

「国王が怖いです。猫を殺して国王に罰を受けるのが怖いです」

国王はコックの答えを聞くと、罰を与えないだけではなく、彼を褒め称えた。


中国民間故事集成西藏巻編輯委員会『中国民間故事集成・西藏巻』中国 ISBN 中心　二〇〇一年

アジア諸国「古屋の漏り」類話

「古屋の漏り」（モンゴル）梗概

昔、テグルトルという二人の爺婆がいた。草の家に住んでいて、一匹の牛を飼っていた。ある雨の日、爺婆は牛を草の家に入れてやった。すると虎がやってきて、牛を食べようとして、捜しあぐんで家の前で横になっていた。聞き耳を立てていると家から「雨漏りは恐ろしい。雨漏りは恐ろしい」と聞こえてくる。

そこへ盗人が一人やって来て、虎を牛と勘違いして屋根に上がって虎の背中へ飛び下りた。虎は「雨漏り」という物だと思って山の方へ駆け出す。虎が森林の中へ飛び跳ね、駆け込み、一むらの木立の中程へ走り込んだところ、盗人が木に抱きついた。なおも虎は逃げ、山の頂上で休んでいると狐がどうしたのかと声をかける。虎がいきさつを話すと、狐は虎の言う「雨漏り」とは人間ではないかと言う。しかし虎は信じず、二匹は互いの首を縛って確認に行く。盗人は虎と狐が来たのを見て木の上で震えていた。それを虎が見て、むちゃくちゃに飛び跳ね駆けたので、狐は首が締まり死にそうになった。そして虎が手を振り上げざまにひっぱたいたので、狐は死んでしまった。そして虎は爺の牛は食べないようになり、盗人も牛を狙わず、爺婆は草の家を雨漏りの無いようにつくろった。

児島信久・荒井伸一・橋本勝 編訳　世界民間文芸叢書第七巻『モンゴルの昔話』三弥井書店　一九七八年

「お爺さんとライオン」（モンゴル）梗概

昔、お爺さんとお婆さんが住んでいた。お爺さんが、目を覚まして外に出るとライオンが近づいてくる。お爺さんがお婆さんに相談すると、お婆さんは「馬を捕らえる竿を持って、ライオンの所へ行き、どこへ行くんだと聞かれたら、食料のライオンを捕らえに行くところだと答えろ」と言う。

お爺さんがライオンの所へ行き、その通りに言うとライオンは驚き、お爺さんにどちらが強いか力比べをして、負けた方が家来になろうと申し入れる。草原へ行き、お爺さんは小石を拾い、ライオンに渡して汁が出るまで握りつぶせと言う。ライオンは握りしめたが、汁が出ない。お爺さんはガチョウの卵をポケットから出して、握りつぶし、これが石の汁だと言う。

ライオンは負けを認め、お爺さんの家来となり、お爺さんは三日の間、ライオンを乗り回した。四日目、お爺さんは弓と矢を作ろうとして、柳の木を折ろうとしたが折れない。ライオンは怪しみ、お爺さんは家に帰り、お婆さんに相談をする。お婆さんは「ライオンが帰ってきたら、夕食に何を出すつもりだと私に聞け」と言う。

朝になってライオンが帰ってくると、お爺さんはお婆さんに夕食は何にするのかと怒った声で聞く。お婆さんは、年寄りのライオンの肉の残りと一緒に、若いライオンのすね肉を煮ると答える。それを聞いたライオンは逃げ出す。逃げていると、狐が声をかける。ライオンが事情を話すと、狐は「ライオンは爺さんに騙されたのだ。襲って捕まえよう」と言う。

ライオンと狐が戻ってくると、お爺さんはお婆さんに相談する。お婆さんは「ずる狐、若いライオンを連れてくると言ったのに、どうして老いぼれを連れてくるのか」と叫ぶ。ライオンは腹を立て狐を殺し、森に逃げ込む。

松田忠徳訳編『モンゴルの民話』恒文社　一九九四年（オーエン・ラティモア編『モンゴルの民話と伝説』『ツァルツァー・ナムジルの伝説――モンゴル民話』よりの抄訳）

「虎と干し柿」（韓国）梗概

虎が村へ忍び込む。ある家の庭で窓に耳を当てると子供の鳴き声が聞こえる。そして母が子供に向かって「泣きやみなさい。虎が来るよ！」と言うが子供は泣きやまない。母親が「柿の干し柿があるよ」と言うと子供は泣きやむ。虎は干し柿を恐ろしい生き物だと思い、子供をさらうのをあきらめる。その代わり牛を捕まえるため牛小屋へ入ると、そこに泥棒がいた。泥棒は虎を牛と思い、その背中に乗ると、虎は驚いて逃げる。明るくなると、泥棒は虎に乗っているのに気がつき飛び降りる。しかし虎は振り返らずに山へ逃げる。

鄭寅燮編訳　世界民間文芸叢書別巻『温突夜話』三弥井書店　一九八三年

「干柿」（韓国清南道大田市）梗概

奥深い山の中に小さな村があった。裏山に虎が一頭棲んでいた。ある年の冬、全世界が真っ白な雪に覆われた時、虎が里に下りてきた。

虎はある家の窓辺に来て家の中を覗いた。その時、赤子が泣き出した。母親が「そんなに泣いていると狼が来るよ。早く泣きやみなされ」と言うと、赤子は「母ちゃん、狼は目をむいて口を大きく開けているの」と言ったが、また泣き出した。母親が今度は「ほれあそこをご覧。今度は熊が来るよ」と言って大袈裟に震えて見せた。どのように生まれついた赤子なのか、狼も熊も恐れない様子だと虎は怪しんだが、腹が空いているのを思い出して、さっと起きあがった。すると赤子が「母ちゃん、あそこを見てよ。窓の下に裏山の虎が来ているよ」と言った。虎は赤子の言葉を聞くと、胸がどきんとしてまた窓の下にうずくまってしまった。しばらくして虎は再び部屋を覗いたが、赤子はまだ泣いていて、虎を恐れる様子は少しも見せなかった。赤子が虎も恐れずに泣き続けているので虎は疑問にとりつかれ、いったいどのような赤子が虎を恐れないのか確かめたいと思った。

その時母親が「ほれ、これをご覧、干柿よ」と言うと、赤子は泣きやんだ。干柿はそれほど恐ろしいものか、恐らくは狼より熊より虎より恐ろしいものに違いない、干柿がここへ来たらただでは済むまいと虎は思い、山の中へ戻っていった。

宇野秀弥『朝鮮文学試訳六九　古典四三　民話選』自家出版　一九八八年（韓相寿「韓国民話選」正音社　一九七四年からの訳）

中国「古屋の漏り」類話（「聞き違い」のモチーフはないものの「古屋の漏り」から派生した話と思われる）

「猴子和老虎」（猿と虎）（トン族）

昔、猿と虎は仲が良かった。二匹の厄介者は天性、怠け者の食いしん坊であった。猿は一日中農作物を駄目にして、虎は一日中家畜を襲っている。

この年の立冬が過ぎた後、農作物は家の中に、牛や羊は小屋に入れられた。猿と虎は喰うものが無く、ひどく腹を空かせた。猿は虎に言った。

「虎の兄さん、トン族の村には肥えた馬がいるので、それに手を出せば、腹を空かせることはないよ」

虎も言った。

「猿の兄弟、トン族の家には、もち米やトウモロコシが山ほどあるので、それに手を出せば、あなたも腹を空かせることはないよ」

二匹は相談の後、それぞれ密かに腹の中で方法を考えていた。二匹はトン族の鉄砲のすごさを知っていたのである。

暗くなった後、猿はトン族の村に入りキョロキョロすると、果たしてもち米やトウモロコシがいっぱいに干してあるのを見た。しかし、村の犬が吠えるのをやめず、手を出せなかった。猿が行ったり来たりしていると、はずれの静かな家に来て、そこでは犬の鳴き声がなかった。猿は飛び上がると、作物の上で跳ね、食べながら、もぎ取って忙しく動いた。トウモロコシを引っ張った時、落としてしまい、床に当たって大きな音を立てた。家の主人は泥棒と思い、銃を持って上がってきた。見ると猿がちょうどトウモロコシを盗むところで、主人は銃を撃とうとした。猿は慌てて、あちこち逃げ回り、馬に乗れば、あるいは生きて逃げられるのではないかと考えた。

虎も空が暗くなるのを待って、こっそりと村に入り、肥えた馬の居場所を探していた。虎が道々においを嗅ぎながら歩いていると、ある家の馬小屋の戸口に来た。見ると肥えた馬がちょうど草をはんでいた。虎は喜んで、飛びかかろうとしていると、馬が虎のにおいを嗅ぎつけ、驚いて鳴き始めた。この時ちょうど逃げていた猿が、黒いものを見て馬だと思い、虎の背中に飛び乗り、その背を蹴ったり殴ったりした。ちょうど手を出そうとしていた虎は、馬の鳴き声を聞いて、また背中に人が乗って、突然摑んで殴ってくるのを感じた。虎も鉄砲の腕がすごい猟師のことを知っているので、慌てて頭を巡らして走りだした。虎は森を抜け、山を越え、背中の人を振り落とそうとしたが、どうやっても振り落とせなかった。

猿は虎の背中に乗ると、後ろから「ささっ」という音が聞こえるので、猟師に追いつかれると思って、思い切り「肥えた馬」を叩いた。

乗られた虎が一晩中走って、一本の古い樹の下まで来ると、どうにも疲れて動けなくなった。この時、空も白み始めていた。疲れて息の切れた猿は、自分が乗っているのが馬ではなく虎であることが分かると、肝を潰して、急いで身を躍らせて樹に登った。虎も目ざとく、自分を痛めつけたのが猿であると知り、怒り心頭に発し、猿が体を起こし樹に登ろうとした時に、その猿の尻の肉を咬みちぎった（だから今でも猿の尻は赤い）。猿は樹の先端に登り、尻をなで、耐えられぬほどの痛さに歯を剝き出して「チーチーチー（恥じろ恥じろ恥じろ）」と虎の恥ずべきことを罵った。また、虎の体の黒と白の模様は、全て猿に叩かれた時の傷跡である。これ以後、猿と虎はかたき同士となった。

中国民間故事集成貴州巻編輯委員会『中国民間故事集成・貴州巻』中国 ISBN 中心　二〇〇三年

中国「小鳥前生譚」補足資料日本語訳（梗概）

（数字は第四章中の表の番号に対応）

【兄弟葛藤】

3　「布呵鳥的伝説」

保今と玖今の兄弟がいた。保今は弟の面倒をよく見ていた。また、魚を釣るのが好きで、魚が釣れるごとに弟に身の部分をやり、自分は頭の部分を食べていた。しかし弟は頭の部分を食べたことがなかったので、そこが美味しいものだと思い、兄は心根が悪いと思っていた。魚を釣っている時に弟は兄を騙して川に突き落としてしまう。弟は、魚の頭を煮て食べると、不味く骨ばかりであった。弟は、兄を捜して河原を昼も夜も歩いた。「布呵ー布呵！　布呵ー布呵（お兄さんー、お兄さんー）」と痛ましく呼んでいた。その後、弟は布呵鳥に変わった。

中国民間文芸研究会貴州分会主編『苗族民間故事選』上海文芸出版社　一九八一年

【親子の葛藤】

19　「鳥になった兄弟」

母親が兄弟の世話をしない。母親が芋を掘り、煮て、食べる間中、兄は弟に乳をやるように頼むが、母親はその都度、待てという。芋を食べた母親は出かけてしまい、帰って来ない。兄は弟をあやしながら、おぶい紐を尻尾にして、おぶい布を背中から羽織って羽にし、着物を頭からかぶる。弟は「ガガーイ」兄は「チョグルーイ」（いずれも鳥の名）と鳴いて、鳥（話者によると梟）になって飛んでいった。夕方、遠くへ行っていた父親が帰って来て、息子達がいないことに気づく。鳥になった息子達を見て、母親から訳を聞いた父親は、母親の尻を板きれで叩いた。母親は、たちまち鼠になって暗い隅に逃げ込んだ。

小林保祥著　松沢員子編『パイワン伝説集』風響社　一九九八年

【継母との葛藤】

31「苦呀鳥」

ある娘の母親が早くに死んだ。後妻が来て、その娘に辛く当たった。やがて、娘は村の若者を好きになる。しかし、後妻は娘を地主の嫁にしようとしていた。後妻は、娘を暗い部屋に閉じこめる。間もなく、若者は兵隊に取られた。若者は十数年経っても戻ってこない。娘は、若者を待った。ある日、一群の鳥が飛んできて、娘の部屋の上を廻っていると、娘は、気持ち悪くなり、血を吐き倒れた。すると、部屋から「苦呀！　苦呀！（苦しい、つらい）」と鳴く鳥が飛びだして、若者が兵隊に取られている方へ飛んでいった。

中国民間故事集成寧夏巻編輯委員会『中国民間故事集成・寧夏巻』中国ISBN中心　一九九九年

35 「野鶏的来歴」

ある土地の有力者に六人の息子と一人の娘がいた。父親は妻に先立たれたので、後妻を迎えたが後妻が子供たちを目の敵にするので、子供たちを山にやって生活させた。後妻は巫女に食べると鳥になる果物を七つ作ってもらい、山にいる子供たちに会いに行く。末娘はキノコ取りに行っていて留守だったが、六人の兄たちは、後妻の前で果物を食べて鳥になる。後妻は鳥を追い出して帰る。末娘が帰ってくると兄たちはおらず、探し回り、泣き伏して寝てしまう。夢に仙女が現れ、兄が後妻によって鳥にされたこと、服を作って、六日後に戻ってくる鳥に着せればもう一度人になることを告げられる。末娘は仙女の言葉に従い、兄たちを人に戻す。兄妹達は残った一つの果物を持って父親に訴えに行く。父親に問いつめられた後妻は「果物を持っていったのは私だが、どうして果物を食べて鳥になるのか」とじらを切る。残った一つの果物を見せられた後妻は、兄たちが人に戻っているのを見て、食べても大丈夫と思い、果物を食べる。後妻は鳥に変わり、父親はそれを鳥かごに入れ外の樹に吊す。人々は「鶏であって鶏でない、雀であって雀でない、野鶏婆だ」といい、それを野鶏（雉）と呼んだ。

成都民間文学集成編委会『成都民間文学集成』四川人民出版社　一九九一年

【嫁ぎ先（夫・姑・小姑）との葛藤】

38 「鶏的来歴」

嫁と姑の仲が良く、夫の妹がこき使われていた。ある日、夫の妹は母親が居ない隙に、家の鏡を盗む。母親にそのことを問われると夫の妹は「きっと兄嫁が盗んだのだろう」と答える。母親が嫁に問いただすと、嫁も知らないという。夫の妹は母親が嫁を信じる様子を見ると、憎々しげに「盗んだ奴は、卵に変われ！」といった。すると夫の妹は卵に変わってしまい、そこからヒヨコが生まれた。嫁は子供にヒヨコを「姑姑（おばさん）」と呼ばせて世話をさせた。今もヒヨコを「咕咕咕」と呼ぶのはこのため。

中国民間文学集成吉林巻編輯委員会『中国民間故事集成・吉林巻』中国文聯出版公司　一九九二年

42　「鶏的伝説」

あるところに、母親とその息子、娘、息子の嫁とその子供がいた。ある日、娘が母親の物を盗む。娘はそれを嫁のせいにする。疑われた娘は「盗んだのが私なら、私はヒヨコになる」と天に向かって誓いを立てる。娘は、疑われるのを恐れ、「天よ、盗んだのが私なら、私を卵にしろ」と誓いを立てるふりをする。翌日の朝、娘は卵になっいてる。卵からヒヨコが生まれる。息子は自分の子供たちがその鳥を呼ぶ際「姑姑（叔母）」と呼ばせる。ある時、鶏が壁際の巣で卵を産んでいて、外から帰ってきた兄が無意識に箒を投げた。鶏はそれをわざとだと思い、「哥打、哥打、哥哥打（兄が打つ、兄が打つ）」と鳴く。

成都民間文学集成編委会『成都民間文学集成』四川人民出版社　一九九一年

63　「我想郎君鳥」

金持ちの娘と貧しい若者が恋をする。金持ちの娘の親は、若者の貧しさを嫌い、若者に金儲けに行かせる。若者は北方へ金儲けに行く途中、娘の親は人を遣わし、若者を殺してしまう。一年経っても若者が戻って来ないので、娘は四方を捜し回る。「郎君、郎君（妻の夫に対する呼称）」と叫び、捜す内に娘は倒れてしまう。

それ以後「我想郎君、我想郎君（あなたを想う）」と鳴く鳥が陰暦の五月に現れ、二ヶ月後にはいなくなる。

中国民間文学集成吉林巻編輯委員会『中国民間故事集成・吉林巻』中国文聯出版公司　一九九二年

74　「苦哇鳥」

ある夫婦に娘がいた。家は貧しく、娘だったので、父親と母親は可愛がらなかった。娘はお腹がすいて、寒いときなど「苦哇苦、願做男人不做女！（つらい、女ではなく男に生まれたかった）」と泣いた。ある飢饉の年、父親と母親は娘を養いきれず、嫁に出した。娘は姑にこき使われた。娘は耐えきれなくなり「苦哇苦、願做男人不做女！」と泣いた。姑が死んだ後は、娘の亭主が姑以上にひどかった。よく殴られ、娘は耐えられなくなり「苦哇苦、願做男人不做女！」と泣いた。ある日、彼女は生きていても楽しいことがないと思い、身投げをしてしまった。娘は苦哇鳥となり、「苦哇苦、願做男人不做女！」と鳴いている。その声は水を口に含んでいるようである。

鄭亭生編『中国民間伝説集』上海華通書局　一九三三年

81　「包谷雀雀」

賢い娘が、ぼうっとして、忘れっぽい男の元へ嫁にいった。ある年の春、娘は母親が病気なので実家に帰る際、男にトウモロコシの種をまく時期を忘れないように念を押し、板にその日を書いた。男は承知したが、ある日風が吹いて、鶏の囲いが壊れ、うっかりその板を修理に使ってしまう。男は、種まきを忘れる。帰ってきた娘は、男と徹夜で種まきをするが倒れてしまう。娘が死のうとする時、男も死のうとするが、娘が止める。次の年の春、娘の墓に生えた木に鳥が現れ、男の家の周りを飛び「快点包谷、快点包谷（早くトウモロコシの種をまけ）」と鳴く。

成都民間文学集成編委会『成都民間文学集成』四川人民出版社　一九九一年

82 「狗餓鳥」

ある家に将来嫁になるために養われている娘がいた。養母はけちで、娘をこき使っていた。ある日、養母は豚の足を買ってきて、火にかけて、おしゃべりに出かけた。その隙に腹を空かせた犬が入ってきて豚の足を食べてしまう。帰ってきた養母は、豚の足を食べたのは娘だと思い、火挟みで殴る。娘は死んでしまい、魂は灰色の鳥になる。鳥になった娘は盗み食いをした犬を探し、養母に説明しようとして飛び回るが見つからない。ずっと山の中を「狗餓、狗餓（狗が腹を空かせている）」と鳴いて飛んでいる。

成都民間文学集成編委会『成都民間文学集成』四川人民出版社　一九九一年

【地主・金持ち・権力者との葛藤】

94 「棒槌鳥」

夏、人参が紅くなる頃。「汪剛哥！」「麗姑ー」という鳥の鳴き声がする。以前、麗姑という娘がいた。美しく、刺繡が上手く、弓も上手かった。地主が、麗姑をさらおうとするが、汪剛という若者が助ける。麗姑は汪剛に想いを寄せる。地主は縁談をとりもつ婆さんをたてて、結婚を申し入れるが、麗姑はすげなく断る。地主は、計略を立てて、皇帝の勅令で野生の人参を貢ぐように、村に強要する。汪剛が人参掘りに行く。立派な人参を見つけるが掘るに忍びなく、偽物を持っていく。汪剛は帰る途中、毒気に当たり「麗姑ー」と叫び息絶える。地主の執事が、汪剛の人参を奪い、地主はそれを皇帝に貢ぐ。麗姑は汪剛の死を聞き、執事を射殺そうとしたが、執事がよけ、後ろにいた縁談をとりもつ婆さんに矢が当たり、麗姑は大岩の上に追いつめられる。この時、都から使者が到着し、人参が偽物であったことから地主に死罪の勅令が下る。執事が娘を皇帝に献上しようといて、岩に登るが、麗姑の最後の矢に射殺される。麗姑は岩から「汪剛哥！」と叫び、岩から飛び降りる。岩の下から、小鳥が飛び立ち「汪剛哥！」と鳴き、汪剛が倒れた所へ飛んでいくと、そこから「麗姑ー」と鳴く小鳥が飛び立った。

中国民間文学集成遼寧巻編輯委員会『中国民間故事集成・遼寧巻』中国ISBN中心　一九九四年

96「脱了衣睡鳥」

長白山の麓のある村に、金持ちの家があった。その村に住む老夫婦は、金持ちに借りた金が返せず、十二歳の女の子を連れて行かれた。女の子は寝る間もなく働かされた。四年目の夏、金持ちはちょうど出かけており、女の子は暑さに耐えきれず、服を脱いで居眠りをした。ちょうどそこに金持ちが帰って来てしまい、女の子を呼び、水を持ってこさせようとした。女の子が来ないので、怒った金持ちは様子を見に来ると女の子はちょうど服を着ているところだった。金持ちは「まだ、服を脱いでゆっくり寝たいと思うか」といって棒で殴り続け、女の子は死んでしまった。それ以後長白山に「脱了衣睡（服を脱いで寝る）」と鳴く鳥が現れ、人はこの鳥を少女の生まれ変わりだといった。

中国民間文学集成吉林巻編輯委員会『中国民間故事集成・吉林巻』中国文聯出版公司　一九九二年

【農作業・仕事の失敗】

138　「旋黄鳥」

昔、兄弟がいて、父親を早くに亡くしていた。病気がちな母親が彼らを育てていたが、生活は苦しかった。だが、兄弟は怠け者で、母親をいたわらなかった。

ある夏の収穫期、母親は兄弟が大きくなったのを見て、二人にお茶を持たせて、小麦の収穫に行かせた。兄弟は喜んで行った。

昼の太陽は暑く、麦は熟し切っており、村の人は汗を流して働いていた。しかし兄弟は、太陽が沈んでから収穫をしようと言って、お茶を飲んでいた。村人が収穫を終えた頃、兄弟は空腹を覚えた。そこで母親には、まだ熟していないので、明日早くに刈ると言うことにして、家に帰る。二日目の朝早く、兄弟はまじめに働くふりをして、目的地に着くと寝てしまった。そして、午後になってしまい兄弟はまた母親を騙して帰った。

この日の夜、大きな雹が降り、麦は全滅してしまった。母親と兄弟は泣いたが、既に遅く、皆餓死してしまった。兄弟は死んだ後、ホトトギスとなり、初夏の季節になると声高に「麦が熟したところから刈れ、スープを飲まずに、子供をつないで」と血を吐くまで鳴き続ける。

中国民間故事集成甘粛巻編輯委員会『中国民間故事集成・甘粛巻』中国ISBN中心　二〇〇一年

143　「輸急狗子雀」

賭博の好きな男がいた。しかし、いつも負けており、家には牛と妻を残すのみとなった。人は彼のことを「輸急狗子」と呼んだ。彼は残った牛も賭に負けて、取られてしまう。ある日、賭場を開いている王二と賭をして負け、自分の妻も取られてしまう。妻を取られた輸急狗子は王二に殴りかかるが、その手下にやられ、ひどい傷を負う。輸急狗子は家に戻るが夜中前に息をひきとる。次の日、家の木に雀がとまり「激了！　激了！　激了！」と鳴く。その雀は輸急狗子の声に似ており、人は「輸急狗子雀」と呼んだ。

中国民間文学集成吉林巻編輯委員会『中国民間故事集成・吉林巻』中国文聯出版公司　一九九二年

149　「鬼灯哥」

ある県令が訴訟の際、賄賂を受け取る。そのことが上役にばれて、上役が査察にくる。県令は悔やんで死んでしまう。県令は死んだ後、閻魔大王に牛馬に変えられようとするが、県令は二度と人に会わせる顔がないので、人に会わないものに変えてくれることを願う。閻魔大王は、県令を昼間は人に会わず、夜、ネズミをとって罪滅ぼしをするフクロウにする。

成都民間文学集成編委会『成都民間文学集成』四川人民出版社　一九九一年

初出一覧

第一章　「猿の生き肝」の比較研究
「『猿の生き肝』の変遷」　日本昔話学会『昔話と呪物・呪宝』「昔話――研究と資料――」二五号　三弥井書店　一九九七年七月
「中国『海月骨なし』の分析」　昔話伝説研究会「昔話伝説研究」第一九号　一九九九年三月
「日中『猿の生き肝』の比較研究」　國學院大學「國學院雜誌」第一〇六巻一一号　二〇〇五年一一月

第二章　「鼠の嫁入り」の比較研究
「日中『鼠の嫁入り』の比較研究」　説話・伝承学会「説話・伝承学」第七号　一九九九年四月
「『老鼠娶親』と『逼鼠蚕猫』をつなぐ話」　野村純一編『伝承文学研究の方法』岩田書院　二〇〇五年三月

第三章　「古屋の漏り」の比較研究
「日中『古屋の漏り』の比較研究」「國學院大學大學院紀要――文学研究科――」第三一輯　二〇〇〇年三月
「日中『古屋の漏り』と諺の関係性」　日本昔話学会「昔話――研究と資料――」三四号　二〇〇六年七月
「『嘻談録』の法螺吹き話と昔話の関係性」　國學院大學中國學會「國學院中國學會報」第五七輯　二〇一二年三月

第四章　「小鳥前生譚」の比較研究

「日中『小鳥前生譚』の比較研究」　日本口承文芸学会「口承文芸研究」第二七号　二〇〇四年三月

第五章　中国貴州省でのフィールドワーク　トン族を例として

「中国貴州省でのフィールドワーク　～トン族を例として～」　日本昔話学会「昔話――研究と資料――」四〇号　二〇一二年三月

第六章　日本の山姥と中国の変婆の比較研究

「日本の山姥と中国の変婆の比較研究」　日本昔話学会「昔話――研究と資料――」三九号　二〇一一年三月

あとがき

日本と中国の民間説話を比較してみたいと感じたのは、一九九一年の頃だった。大学三年だった私は、國學院大學で野村純一先生の講義を受け、その中で、「鼠の嫁入り」を題材に、インドから中国、そして日本へと話が伝わったことを教えていただいた。国を越えて口伝えで話が広がるダイナミズムに魅了されたことを良く覚えている。一九八〇年から一九九〇年代は、日本口承文芸学会や日本昔話学会の研究者が積極的に中国の研究者と交流を持っていた時期でもあり、野村先生ご自身も中国に足を運んで、現地の語り部から語りを聞かれていた。中国には三百話以上の語りをする語り部が何人もいることを講義で紹介され、その時は中国の豊かな伝承世界に驚かされた。

講義の後、中国の昔話を研究してみたい旨を野村先生に伝えると、研究室に招いてくださり、中国での体験談や中国の研究者のお話をいただいた。これがきっかけとなり、爾来、卒業論文、修士論文、博士論文とご指導を賜った。大学院時代は、野村先生という大樹の下で好き勝手に研究をさせていただいた。なにしろ日本と中国の民間説話を比較するという物好きなテーマを受け入れてくださる先生と出会えたのだから、幸運であった。

今ひとつの幸運は、家庭環境に恵まれていたことだろう。三十歳近くまで大学院に在籍していたにも拘わらず、両親から就職を急かされることもなく研究を続けられた。そして、父母とも中国古典音韻学、文字学関係の研究者であったことが、私の研究の方向性に影響を与えている。私と両親の研究分野は違うものの、中国は幼い頃から身近に感じる国であった。また、父は研究テーマにこそしなかったものの、民間説話に興味を持って、私が生まれる前から関係する本を購入していた。私がそのことを知ったのは、大学で日中民間説話の比較研究を進めようとしていた時で、研究のスタートから資料を引き継げたのは随分とありがたかった。実は、父も大学院時代に中国民間説話を研究しようとした時期があったそうだが、当時はこのテーマでは研究がまとまらないと思ったと教えられ、親子で物好きなものだと、血は争えないことに感心をした。

また、本書の基となる博士論文をまとめたのは、結婚後に大学院へ再入学をしてからであった。結婚後、専任教諭として働いていた高校を非常勤待遇にしてもらい、二年かけて論文を書き上げた。これも職場の理解とその時に背中を押してくれた妻の理解なくしては、とうてい叶わなかった。しかも高校には博士号取得の後に再び専任教諭に戻していただき、当時の同僚と高校のはからいに、頭が下がるばかりだった。

本書の第一章から第四章までの内容が、博士論文の中心であるが、その博士論文の主査を野村純一先生が、副査を倉石忠彦先生と繁原央先生が、お引き受けくださった。お忙しい中、また体調の優れない中にも拘わらず、ご指導、ご精査を賜った。

第五章と第六章は、中国貴州省での調査が基となっている。調査は、花部英雄先生を団長として二〇〇七年から始まった。繁原央先生、常光徹先生、米屋陽一先生、繁原幸子先生ら國學院大學に関係する先生方の末席に私も加えていただけた。他のメンバーには、清野知子さん、内藤久義さん、荒石かつえさん、そして素晴らしい通訳を担当してくれた曹咏梅さんも加わり、また一度だけ、妻も同行できた。三年に亘った調査は、いずれも思い出深い有意義な調査で、個人ではなかなか入りづらい土地での調査を進められ、中国民間説話への理解を更に深めてくれるものだった。

思い起こすにつけ、非才の身を支えて育ててくれた全ての方々に感謝ばかりである。師、先輩、友人、同僚、家族との出会いと助けでここまでの歩みができた。

最初に民間説話に興味を抱いて以来、二〇年ほどの時をかけて、ようやく一冊にまとめられた。学恩をいただいた野村先生と父には、既に本書を手渡しての報告ができなくなってしまった。これだけの時をかけてしまったのは、ひとえに私の力不足であり、忸怩たる思いは強い。そして、ここにまとめることにより、次の課題も見えてきた。民間説話に関する資料はまだまだ多く、心が躍る反面、時に膨大な資料に押しつぶされそうになる。しかし、一歩一歩進むことで、これまでいただいた恩に報い、そして次の世代を育てる一助になれればと思いを新たにしている。

最後に、本書を刊行できたのは汲古書院の石坂叡志氏と飯塚美和子氏の御蔭であり、お二人の温かいお言葉がけとお力添えに心より感謝申し上げたい。

二〇一三年三月一日

立石展大

な行

は行

ま行

や行

ら行

索　　引

あ行

か行

さ行

た行

著者略歴

立石　展大（たていし　のぶあつ）

1970年、東京都生まれ。

2005年、國學院大學大学院文学研究科日本文学専攻 博士課程後期修了。博士（文学）の学位を取得。

浦和ルーテル学院中等部・高等部の教諭を経て、現在、立教女学院短期大学専任講師、國學院大學兼任講師。國學院大學の野村純一教授に師事し、主に民間説話の日中比較研究を行う。所属学会は日本口承文芸学会、日本昔話学会、説話・伝承学会、日本民俗学会、比較民俗学会、國學院大學中國學會、國學院大學伝承文化学会。

日中民間説話の比較研究

二〇一三年三月三十日　発行

著　者　立　石　展　大
発行者　石　坂　叡　志
整版印刷　富士リプロ㈱

発行所　汲　古　書　院
〒102-0072 東京都千代田区飯田橋二-五-四
電　話　〇三（三二六五）九七六四
ＦＡＸ　〇三（三二二二）一八四五

ISBN978 - 4 - 7629 - 3609 - 8　C3090